中国古代监察法制简史

苟继楠 著

黑龙江人民出版社

图书在版编目（CIP）数据

中国古代监察法制简史 / 苟继楠著. -- 哈尔滨 : 黑龙江人民出版社, 2025. 5. -- ISBN 978-7-207-13601-5

Ⅰ. D691.49

中国国家版本馆 CIP 数据核字第 2025MU4545 号

责任编辑：滕文静

封面设计：姜　丽

中国古代监察法制简史

ZHONGGUO GUDAI JIANCHA FAZHI JIANSHI

苟继楠　著

出版发行　黑龙江人民出版社
地　　址　哈尔滨市南岗区宣庆小区1号楼
印　　刷　武汉市卓源印务有限公司
开　　本　710×1000　1/16
印　　张　18
字　　数　295千字
版　　次　2025年5月第1版
印　　次　2025年5月第1次印刷
书　　号　ISBN 978-7-207-13601-5
定　　价　98.00元

自序

略览国史，见古之王庭，无不立宗庙、设藩篱、制钱谷、收精兵、选贡举、细教化，欲使民养生丧死无憾，图社稷之长远，慕九族之彰明，历万世而不衰。然除汉分东西，宋立南北，无三百年之国祚，胡虏控弦，马肥骑精，偶有会猎中原，旋而逐鹿宇内，亦少百年之运，兴亡忽焉，何也？

有言封邦建国之盛，有言丁口财赋之贫，有言文物人伦之弊，有言胡虏边警之祸。然封建之盛自两汉以降而同国之编户，有尊少力；丁口财赋自赵宋制谷而多属京畿，郡国少归。文物人伦，华夏雄于宇内，胡虏边警亦为发肤之疾，不至毁其躯干，此等非为重也。

夫人之为疾，必有内之寡失；坚城将摧，必有毫末之痕；他人为辱，必有自辱之事。宗庙焚、藩篱失、钱谷虚、精兵亡、贡举乱、教化嬉必不在封邦建国之盛，丁口财赋之贫，文物人伦之弊，胡虏边警之祸，而在之吏治不彰也！

治国之本不在治民，而在治官。若贤才在位，上施仁政，下抚黎庶，内劝农桑，外振工商，以至国富民殷，谁可毁其千秋之业？若墨吏横多，豪族挥应，侵渔无度，富者田连阡陌，家资无算，贫者立锥无地，售妇鬻儿，口无犬彘之食，身无牛马之衣，人有倒悬之苦。如此之世，陈、吴一夫作难而七庙隳，王、黄伸臂一招而唐纪亡，亦非少见。然吏之难治何在？吾必曰：人性之难测与督责之乏力也！

古之儒者多以人性趋善，如水之就下，仁义礼智，仿人之四体。尧除害群马，舜孝感动天，禹三过不入，汤网开一面，文武伐纣，皆仁义礼智之端，顺天应民之举。然舜逼尧、禹迫舜、汤放桀、文武伐纣，此五世贤君，皆人臣弑其君也。圣君如此仁义礼智何在？孔丘周游列国，以践仁礼；管子九合诸侯，一匡天下；吴起破秦守魏，革楚鼎新；陈平谋运长远，以安社稷。皆仁义礼智之端，然孔有南子之非，管有蓄妓逾百，吴有杀妻求将，陈有盗嫂受金，贤臣如此仁义礼智何在？子路百里负米，为欢双亲；刘恒亲尝汤药，孝母至诚；王祥卧冰求鲤，以奉疾母；吴猛恣蚊饱血，欲安父寝。皆仁义礼智之端，然由莽勇而亡，恒卖官鬻爵，祥背魏侍晋，猛离家为道，孝子如此仁义礼智何在？故知人性之难测也。

严父持家，家多忠孝之子；慈母坐堂，室多纨绔之儿。五千年国史，忠臣孝子如跃门之鲤，百难存一；贪官污吏如大河之沙，斗量亿载。观之众人，多畏威而不畏德者也。御史在旁，宠臣不敢造次；督责术缺，名臣亦为不非。历朝治术，虽曰“外儒内法”，然此法非法治之道，是为法家之道，重术笃势。术势之权，集之君上，督责有缺，吏治腐败，无异于纵百万虎狼于民间，黎庶之苦，由之可知矣。

余本愚陋之人，略涉国史，感志士仁人杀身成仁，忠孝为国之迹，亦明乱臣贼子，贪墨侵渔，多行不法之心。忠臣可敬，孝子可崇，乱臣可杀，贼子可辟，吾之心志，九死不悔。

苟继楠
2023 年 4 月于兰州

前言

自辛亥革命以降，举凡中国数千年之政治、经济、文化和社会，部分国人皆以“封建、黑暗、专制”六字概括，且不论中国古代社会是否符合西欧之“封建”，单论一种政权的组织形式和施政方针，若完全为“黑暗”“专制”，岂有延续数千年之理？

清道光二十年（公元 1840 年），英国殖民者以坚船利炮打开清朝闭关自守的大门，至此天朝上国的梦开始幻灭。面对数千年未有之变局，我们以为自己器械不如人，于是进行了洋务运动；我们以为自己制度不如人，于是进行了维新变法；我们以为自己文化不如人，于是进行了新文化运动。中华民族的优秀儿女，无论是地主阶级，还是农民阶级；无论是资产阶级，还是无产阶级，都奋力以自己的政治理想和政治实践去设法拯救我们这个多灾多难而依然屹立不倒的民族。

中国古代任何一朝立国之初，必然有出于实际情况的立国形势，亦可将此形势称为立国规模。以立国规模为基础，君主与文臣武将产生政治理想和施政方针，此种政治理想和施政方针即为政治思想。在政治思想的指导下建立政治制度和施行生养教育，随着现实的发展，又需对此政治制度和生养教育进行一定的修订或者全部推翻进行新建，此即为政治思想和政治现实的发展。

无论是监察思想的发展、监察法规的制定，抑或监察体制的构建，均出自政治现实和政治思想。所以，不明中国古代历朝的政治现实和政治思想，难以切实了解中国古代的监察，对其不满之处即以“封建、黑暗、专制”进行批判，此过于苛责与藐视古人。对于历史本身应具有“温情与敬意”①，对于历史人物及其思想应抱有“了解之同情”②，此为对于历史真正的态度。

本书以中国古代朝代排序为经，共分为先秦、秦汉、魏晋南北朝、隋唐五代、宋辽夏金、元朝、明朝、清朝八章，每章以朝代背景、监察思想、监察法规、监察体制与监察特点为纬，分为五节。简述中国古代监察法制的发展，不期对中国古代监察的研究有所创新，而是对其系统性地总结。本书主要内容如下。

第一，朝代背景。朝代背景为每章的第一节，简述各个朝代的政治和社会背景，以便读者对该时期的政治和社会问题有大体的了解。限于篇幅，本书未对该时期的政治思想进行详细讲述。

第二，监察思想。就监察思想而言，中国古代主流的监察思想和政治思想一致，呈现出“外儒内法”的特征。儒家以礼乐、孝悌、忠信、仁义、爱民等等级秩序和人格修养约束官吏的行为；法家以刑罚、赏赐、法制、权术、威势等外在控制和相互牵制督责官吏的行为。就某一阶段而言，监察思想和皇帝个人的监察思想、重视程度绝对相关，若皇帝个人厉行督责，则监察较为有效；若为政松缓，则监察亦较松弛。因此，本书在监察思想的叙述中，以历代皇帝和少数可以影响局势重臣的监察思想为主。

第三，监察法规。在监察法规方面，中国古代皇帝的命令、诏书具有等同甚至超过国家法律的作用，监察法规可以分为五个方面的内容：一、监察部门的监察立法；二、行政部门的监察立法；三、行政部门的条例准则；四、皇帝命令、诏书式的特别立法；五、国家其他法规中的监察性条款。这五个方面的法规越往后期，内容越渐详密。

第四，监察体制。中国古代的监察体制大体可以分为属于皇帝控制的对官吏的监察系统和属于宰相控制的对皇帝的谏议系统。但在皇权和相权的斗争中，皇权不断加强，相权持续削弱。及至宋朝，谏议系统不再归于宰相管辖，政府对皇帝的牵制不断减弱，最终监察系统完全变为君主控制群臣的工具，成为天子耳目。若另行划分亦可将其分为中央监察系统和地方监察系统，

---

① 钱穆．国史大纲 [M]．北京：商务印书馆，2010：8.

② 冯友兰．中国哲学史（下）[M]．上海：华东师范大学出版社，2015.

各个系统内部又有相互监察体制的存在，使得监察更为系统、严密。

第五，监察特点。中国古代监察的特点如古代四足方鼎，主要表现为“一体四足”，“一体”在于监察思想、监察法规、监察体制一体化发展，“四足”之一在于既有对政府官吏的监察又有对皇帝的谏议；之二在于既有行政系统的监察又有监察系统的监察；之三在于既有内在的道德柔性监察又有外在的法制刚性监察；之四在于监察的有效与否既依赖于皇帝的支持又依赖于监察官吏的实际能力。

中国古代的政治远远不是“封建、黑暗、专制”六字可以概括，中国历史也并非二十四姓的“家谱”，历朝为君、为上、为官者，虽然资质不同、贤愚相差、明庸有别，但大多数都在依照事实的基础上形成一定的政治思想。秦汉以后大一统王朝形成，中国古代的统治阶级形成了以学术和理想指导政府、社会行为的特征，此过程虽非一帆风顺，但前进方向大体如此。

今天，我们在发展中国特色社会主义，实现中华民族伟大复兴的历史征程中，如何在党的领导下实现社会的有效治理，解决腐败问题依然是一个重要课题。历览中国古代监察法制，虽不可完全知其兴替，但殷鉴不远，以古鉴今，亦别有一番意义。

苟继楠

2023 年 10 月于兰州

目 录

第一章　先秦：中国古代监察法制的起源

一、先秦时期的政治和社会背景

论中国历史之源，必以三皇五帝为先，但对于三皇五帝确指何人，看法颇有不同。“三皇”说法自始皇帝时已有，是为天皇、地皇和人皇。汉朝因三皇的事迹无有确切凭据，于是选取伏羲、女娲、燧人、有巢、神农其中三位，而“五帝”在西汉时得到官方有限确认，是指黄帝、颛顼、帝喾、尧和舜。①

伏羲氏制作八卦，女娲氏造人补天，燧人氏钻木取火，有巢氏构木为巢，神农氏教民耕稼。但对于信史而言，三皇之事迹不及五帝，除去其事迹中的神话色彩，可知黄帝一族在其带领下修德备武，先后在阪泉之野和涿鹿之野击败以炎帝为首的东夷部落和以蚩尤为首的九黎部落，黄帝被诸侯尊为天子。战国时代的学者将天文、历法、军制、音乐、舟楫、宫室、服装等文化和制度上的一切贡献均归为黄帝，五帝的后四人及夏、商、周的先祖亦为其苗裔。②

后人认为深受后世儒家推崇的五帝之间禅让制是部落联盟首领之间的选举方式，唐、虞和夏三部落保持着相对稳定的部落联盟关系。但也有人认为根本就不存在禅让制，五帝之间的更替是后继者的暴力夺权，“舜逼尧，禹逼舜，汤放桀，武王伐纣，此四王者人臣弑其君也”③。以现代的观点，五帝或为从游牧后期转为农耕初期这一阶段的部落联盟首领，初步改变了原始社会的军事民主制度，在向国家体制过渡中发挥了重要作用。④

禹之子夏后氏启夺伯益位而为君，与有扈氏大战于甘。约公元前 2070 年

---

① 傅乐成．中国通史（上）[M]．北京：中信出版社，2014：10.

② 《史记》卷一《五帝本纪》。

③ 《韩非子》卷十七《说疑》。

④ 钱穆．国史大纲 [M]．北京：商务印书馆，2010：31－32.

建立夏朝，其中除去太康失国而远逃，夏后氏的统治范围约在现在的山西省南部、河南省中北部、陕西渭河流域及山东省西部，共历十四世、十七君，约公元前1600年为成汤所灭。①

商朝自成汤创立，国运曾多次兴衰，开国不久功臣伊尹将汤孙太甲放逐于桐，待其悔过修德才得以迎回复位。大抵商朝国家兴衰系于君主的贤明与否，盘庚贤明可挟众臣迁都于殷，武丁贤明可讨伐鬼方而胜，但自武丁之后的君主多游于田猎，宴饮无度，因此政治日趋腐败。商朝的君位继承以兄终弟及为主，辅之以父死子继，政府组织建设中已经出现御史、卿士、宰、太史寮、士、史、射、宅正、牛正、小臣、有司等官名，表明了职业分工和官制的出现，同时常备军事组织也相对健全。②地方以方、伯、侯、子、田等诸侯统治为主，地方诸侯负担着对商王征战、戍边、纳贡、服役等相关责任，但地方诸侯与商王之间的政治关系并不稳固，经常叛服无常，地方诸侯彼此之间也是相互攻伐。商人的精神生活几乎被宗教思想笼罩，他们认为最高主宰为“帝”，具备降福致灾的能力，商王既为众人之王也为群巫之首。③

周为商朝末期在今陕西渭水流域兴起的国家，始祖姬弃相传为帝喾后裔，死后被周人尊奉为农神，号为“后稷”，后世因戎狄之祸，先迁于彬，再迁于岐。自周人首领季历起，周人受殷商册封成为西方诸侯之首的“西伯”，在与殷商交通中，接受其先进文化，并发挥自己本族的农业优势。季历之子姬昌力行仁政，尊老用贤，大开疆土，先后消灭密须、阮、共等国以屏蔽岐地，稳定战略后方，随后率军东向，横扫虞、芮、崇之地，其统治区域接近殷商领土的核心区域。

姬昌逝世后被追封为文王，其子武王约公元前1046年率领包括诸侯和土族军队在内的“戎车三百两（辆），虎贲三百人”④自孟津渡河北上，于商都朝歌附近的牧野誓师，然后击溃了商纣王帝辛以奴隶改编的七十万军队，帝辛回宫自焚而死。以武王《牧誓》中的观点来看，周受命于天，帝辛残暴不

---

① 翦伯赞．中国史纲要（上）[M]．北京：北京大学出版社，2006：9－10.

② 《中国历代战争史（第一卷）》第一章《商代全般形势》。

③ 程丽芳．从神权至上到民为神主：论先秦鬼神观念的起源与发展[J]．青海社会科学，2018(2)：173－178.

④ 《尚书·牧誓》。

仁，唯女子小人之言是从。但从甲骨文的记载看，帝辛似乎为一位英明之主，抑或武王伐纣时商军主力在平定东夷而未及调回。[①] 牧野之战武王只是推翻了商朝的中央政府，对其广大领土和所效忠的诸侯似无能为力，所以武王姬发让帝辛的儿子武庚继续统治殷朝遗民，将己弟管叔、霍叔、蔡叔分封在殷地周围号为“三监”，以便遥相监视。

武王姬发克殷后七年而逝，其子成王年幼，由武王弟周公旦辅佐，管、蔡二叔不服，暗中散布流言中伤周公，并联合纣王子武庚和奄、淮夷等部落背叛周室，周公亲率大军用时三年平定叛乱，后大封诸侯。如：

《荀子·儒效》言：

“（周公）兼制天下，立七十一国，姬姓独居五十三人。”[②]

以周初的国家建制而言，周公之功大于武王，周公开拓以武装殖民的分封制，以宗法制为主的血缘等级制，以井田制为主的奴隶制经济和以礼乐刑法为主的教化刑罚制度，促进了西周时期国家的稳定。

西周自武王、成王后，又历康、昭、穆、共、懿、孝、夷、厉、宣、幽十代君主。周幽王时朝政腐败，天灾不断，百川沸腾，山冢卒崩，再加上日食出现，对周人的物质和精神都产生了巨大的影响。幽王宠爱其妃褒姒，遂废申后及其子宜臼太子之位，以褒姒之子伯服取而代之，申后父申侯联合犬戎起兵反抗。[③] 公元前 771 年，犬戎攻陷周都镐京，劫掠而走。后申侯、许公和鲁侯等拥立宜臼于申，是为平王。因旧都镐京遭受犬戎劫掠而破敝，周王遂将驻地迁往成周洛邑，将镐京故地封给救驾有功的秦襄公，于是王畿西半不复为王室所有。[④]

周自公元前 770 年平王东迁遂开始东周时期，东周自平王至赧王而为强秦所灭，共历二十五君、五百一十五年（公元前 770 年—公元前 256 年），所谓春秋按照孔丘《春秋》史书中的纪年为周平王四十九年（鲁隐公元年，公元前 722 年）至周敬王三十九年（鲁哀公十四年，公元前 481 年）。目前我国史学界一般以公元前 770 年作为春秋时代的开始，以公元前 475 年作为战国

---

① 钱穆．国史大纲 [M]．北京：商务印书馆，2010：40－43.

② 《荀子》卷八《儒效》。

③ 钱穆．国史大纲 [M]．北京：商务印书馆，2010：46－47.

④ 吕思勉．中国通史（下）[M]．武汉：长江出版传媒（崇文书局），2015：281－285.

时代的开端，也有以周威烈王二十三年（公元前403年）韩、赵、魏三家被册封为诸侯，周初封邦建国的政治秩序被公开破坏为战国时代的起始，战国终结于公元前221年，是年秦王政统一六国。①

春秋时代，王室逐渐衰微，但周王依然维持着天下共主的地位，虽有郑庄公箭射桓王和楚庄王问鼎中原，但欲称霸天下的诸侯依然需要举起“尊王攘夷”的大旗，灭国之战较少。所以，无论是齐桓公、晋文公、宋襄公、秦穆公和楚庄王，抑或吴王夫差和越王勾践，其理想的政治状态均是“称霸”。但是，到战国阶段完全礼崩乐坏，春秋时期大体维持的封邦建国制度被公开破坏，鲁之三桓、晋之六卿、齐之田氏皆行不臣之举，列国相率进行富国强兵的军国主义改革，停止分封，建立郡县，加强中央集权，改革旧有官制，多以横扫六合为己任。

在经济上，以井田制为主的贵族土地所有制渐遭破坏，齐有“相地而衰征”，晋有“作爰田”，鲁有“初税亩”，楚有“书土田”。土地改革的方式虽略有不同，但在本质上都是对井田制的反动，在不同程度上承认土地私有，计亩征税，工商业也较为发达。在学术上，旧有制度的灭亡和兵祸连年的现实，不仅促进了学术下移，而且，使社会各个阶级都提出了自己的主张，成为中国之后两千年间各种思想体系的源头。② 因秦国的改革最为彻底，且位于西部，后方稳定，前有崤山、函谷之固，奋六世之余烈，终一统天下。

二、先秦时期的监察思想

中国人在认识客观世界的过程中，其中的优秀分子形成一种善于自我评价的特有的生活方式，拥有一种审视、规范自己行为的倾向，③ 将以往的经验和认识成果应用到未知事物上。在思想和制度的演化过程中，一般经验性演进的成分较多，而人类发挥主观能动性进行完全理性构建的演进成分较少。先秦时期是中国古代思想发展的草创时期，监察思想来源于三皇五帝及夏、

---

① 傅乐成．中国通史（上）[M]．北京：中信出版社，2014：44－73.

② 张万强．从战国初期诸国变法管窥改革对社会的影响 [J]．陕西社会主义学院学报，2016(3)：35－38.

③ （美）贺凯．明朝监察制度 [M]．谢天译，武汉：中国方正出版社，2021：5.

商和西周时代政治、社会的现实，后儒法两家对此进行总结。儒家进行经验性总结，将其形成自己学派的监察思想，法家在经验性总结的基础上契合了富国强兵的时代要求，对监察思想进行了理性构建。

（一）夏、商、西周时期的监察思想

1. 夏朝时期的监察思想

在原始社会，社会生产力水平低导致个体难以有效生存，人民群众采取群居的方式获得生活资料，进行有效防卫，促进集体生产，借助于母系血缘关系维护集体之间的凝聚力。如：

《吕氏春秋·恃君》言：

“昔太古尝无君矣。其民聚生群处，知母不知父，无亲戚、兄弟、夫妻、男女之别，无上下、长幼之道，无进退、揖让之礼，无衣服、履带、宫室、畜积之便。”①

再如：

列宁在《论国家》言：

“国家并不存在，公共联系、社会本身、纪律以及劳动规则，全靠习惯和传统的力量来维持，全靠族长或妇女享有的威信和尊敬来维持。”②

原始氏族社会，氏族成员一律平等，所有的氏族重大事务，均由全体氏族成员共同参加的氏族公共集会协商解决。虽然有所谓的氏族首领，但其权力十分有限，不仅不会脱离生产，而且对氏族成员不遵命令的行为没有特殊和强制的惩罚手段。如果氏族首领不称职，氏族成员有召开氏族集体会议罢免氏族首领的权利。可见氏族时期权力分离和分化程度较低，没有完整的国家制度和暴力机器，但存在着从生活习俗中产生的监察意识和监察规范。

随着生产力水平的提高，母系氏族社会逐渐向父系氏族社会过渡。氏族以往以选举制推选首领的模式遭到破坏，改为一般由最为富有和最具权势的父系家族族长担任，由多个氏族组成氏族部落，多个氏族部落组成部落联盟，联合发动对外侵略或进行自卫。③ 如：

---

① 《吕氏春秋》卷二十《恃君览第八·恃君》。

② 列宁．列宁选集（第四卷）[M]．北京：人民出版社，1972：45.

③ 杨群．试论史前中国母系制向父系制过渡的历史进程 [J]．考古学研究，2013：211－243.

《商君书·画策》言：

“神农之世，男耕而食，妇织而衣，刑政不用而治，甲兵不起而王。神农氏－既殁，以强胜弱，以众暴寡，故黄帝内行刀锯，外用甲兵。”①

再如：

《史记·五帝本纪》言：

“天下有不顺者，黄帝从而征之。平者去之。披山通道，未尝宁居。东至于海，登丸山及岱宗。西至于空同，登鸡头。南至于江，登熊、湘。北逐荤粥，合符釜山，而邑于涿鹿之阿。”②

再如：

《竹书纪年》言：

“昔尧德衰，为舜所囚也。舜囚尧于平阳，取之帝位。舜放尧于平阳。舜囚尧，复偃塞丹朱，使不与父相见也。”

可见在母系氏族向父系氏族过渡及父系氏族社会自身发展中，虽然依然遗留部分原始氏族会议的成果，能够达到治理氏族不需“甲兵”。但整体上看，部落联盟最高首领已经具备凌驾于一般氏族首领之上的权力，能够通过强制对外战争征服不服从自己者。部落联盟首领、部落首领、部落民众之间形成了等级差别，以往原始氏族部落之间的平等状态逐渐被破坏，出现权势显赫的家族，也形成了效忠显赫家族的亲信势力。权力的分离和分化逐渐形成，逐渐出现的国家机构取代了以往的部落联盟，部落联盟的首领成为奴隶制国家的君主，亲信集团成为国家官吏。以往氏族会议中对氏族首领从下至上的监督成为对君主的谏议，新出现了君主从上至下对官僚组织的监督制度。

2. 商朝时期的监察思想

夏、商和西周时期的统治阶级较重视汲取前代监督思想、监督体制中的有益之处，使自己本朝的监督思想不断发展。如：

《尚书·汤誓》言：

“有夏多罪，天命殛之。今尔有众，汝曰：‘我后不恤我众，舍我穑事，而割正夏？’予惟闻汝众言，夏氏有罪，予畏上帝，不敢不正。今汝其曰：‘夏罪其如台？’夏王率遏众力，率割夏邑。有众率怠弗协，曰：‘时日曷丧？予

---

① 《商君书》卷十八《画策》。

② 《史记》卷一《五帝本纪》。

及汝皆亡'。"[①]

成汤汲取了夏桀亡国的经验教训，表现出“网开一面”的仁慈，明确自己愿意接受众人的监督，以显示商政权的优越性，[②]同时又对百官严加要求。如：

《尚书·汤诰》言：

“毋不有功于民，勤力乃事。予乃大罚殛女，毋予怨。”[③]

百官必须接受君主的监督，如果没有做到君主要求的事情，将会受到君主严厉的惩罚。商朝中期贤明之主盘庚也对百官提出不要骄傲和怠慢的要求，并声称自己将对百官进行监察。

3. 西周时期的监察思想

与夏朝、商朝相比，宣称“顺乎天，应乎人”的西周统治阶级更清楚地认识到权力监督的重要性。商朝如此虔诚地敬天，却并没有维持自己的统治，周人在反思中得到了“敬天”之外更需“保民”的结论。因此，一方面，汲取商朝统治思想中的有利之处，以“天命观”作为政权合法性的基础，从王权至上的角度提出了对诸侯和百官控制的思想，指出诸侯和百官的权力来源于君主，所以必须接受君主的监督；另一方面，强调君主需要以德配天，重视自身的德道修养，进行“保民”，如此统治才可长久。

（二）春秋战国时期的监察思想

春秋战国时期是中国历史上大变革、大发展时期，面对王政衰微、诸侯兼并的局面，各国统治者出于动员国家力量进行统一战争的需要，在政治和经济领域都进行了改革。不断加强中央集权，完善官制，由此带来了系统化和理论化的监督思想，这是春秋战国时期监察思想新的特点。

1. 民本主义思想的兴起[④]

春秋战国时期天下动乱纷纭，原有的社会等级秩序逐渐瓦解。众诸侯问

---

① 《尚书·汤誓》。

② 王进锋．商朝如何治吏［J］．决策探索（上半月），2016（11）：64－66.

③ 《尚书·汤诰》。

④ 张可越．先秦儒家的民本思想与政治美学［D］．厦门大学博士论文，2019.

鼎中原者有之，[①] 射王退兵者有之，[②] 公室子弟“八佾舞于庭”[③]，国之权臣“陪臣执国命”[④]，社会的大动荡促使了社会等级秩序的变化，传统的部分官僚阶级成为平民阶级，学术下移，这些具备政治能力的平民阶级成为扩大后的官僚阶级的统治基础。如：

《孟子·离娄章句下》言：

“君子之泽，五世而斩；小人之泽，亦五世而斩。”[⑤]

此外，各国因对外战争的需要，国人或为之战士，或为之耕夫。出于国家战略的考虑，各国君主需要尊重平民阶级的政治地位和利益归属。如：

《左传·庄公三十二年》言：

“虢其亡乎！吾闻之：‘国将兴，听于民；将亡，听于神。神，聪明正直而壹者也，依人而行。虢多凉德，其何土之能得？’”[⑥]

此处，将西周初期“敬天保民”的思想发展成为“重民”思想，其意在于重视百姓的意见。不仅要求统治阶级实施仁政于百姓，更需要接受百姓对国家的舆论监督，才能够深刻领会百姓的利益诉求，更好地维护统治。如：

《国语·周语上》言：

“厉王虐，国人谤王。召公告曰：‘民不堪命矣！’王怒，得卫巫，使监谤者。以告，则杀之。国人莫敢言，道路以目。”[⑦]

“召公曰：‘是鄣之也。防民之口，甚于防川。川壅而溃，伤人必多，民亦如之。是故为川者决之使导，为民者宣之使言。故天子听政，使公卿至于列士献诗，瞽献曲，史献书，师箴，瞍赋，蒙诵，百工谏，庶人传语，近臣尽规，亲戚补察，瞽、史教诲，耆、艾修之，而后王斟酌焉，是以事行而不悖。’”[⑧]

此后，儒家学派的孟子和荀子二人，以民本思想为出发点对君主进行监

---

① 《左传·宣公三年》。

② 《左传·桓公五年》。

③ 《论语·八佾》。

④ 《论语·季氏》。

⑤ 《孟子》卷八《离娄章句下》。

⑥ 《左传·庄公三十二年》。

⑦ 《国语》卷一《周语上》。

⑧ 《国语》卷一《周语上》。

督产生了不同认识。孟子从“可以为民父母”[①]的角度探讨了君王如何选官和对官吏加强监督，表示只有君主选贤举能、倾听意见才能成为一位优秀的君主，明确提出了以民意为本的官吏选举原则。如：

《孟子·梁惠王章句下》言：

“国君进贤，如不得已，将使卑踰尊，疏踰戚，可不慎与？左右皆曰贤，未可也；诸大夫皆曰贤，未可也；国人皆曰贤，然后察之，见贤焉，然后用之。左右皆曰不可，勿听；诸大夫皆曰不可，勿听；国人皆曰不可，然后察之，见不可焉，然后去之。”[②]

然而，

《荀子·非相第五》言：

“凡言不合先王，不顺礼义，谓之奸言，虽辩，君子不听。法先王，顺礼义，党学者，然而不好言，不乐言，则必非诚士也。”[③]

荀子认为，百姓的存在不以君主的存在为前提，而君主的存在是以百姓的存在为前提的。但在监察君主行为方面不应以民意为出发点，而应以规矩和礼仪为原则，防止有裹挟民意的情况出现，出现公元前 841 年西周王室改良派大臣共伯和、周公定、召公虎和凡伯等人利用民众愤怒情绪引发国人暴动的情况，[④]从而危及君主的统治和国家的稳定。

2. 君臣谏议理论的发展

在先秦诸子看来，君王自身有所不足，但此不足面对臣子的谏议时出现了三种思想认知。第一种，认为君主应承认自己的不足，虚心接受臣子的谏议，并进行改正。如：

《国语·楚语上》言：

“近臣谏，远臣谤，舆人诵，以自诰也。”[⑤]

再如：

《左传·襄公三十一年》言：

“郑人游于乡校，以论执政。然明谓子产曰：‘毁乡校，何如？’于产曰：

① 《孟子》卷二《梁惠王章句下》。

② 《孟子》卷二《梁惠王章句下》。

③ 《荀子》卷三《非相第五》。

④ 张晋藩主编．中国古代监察法制史 [M]．南京：江苏人民出版社，2017：27.

⑤ 《国语》卷十七《楚语上》。

‘何为？夫人朝夕退而游焉，以议执政之善否。’”①

郑国执政者子产认为乡校存在的作用之一就是让人民去评论国家政策的优良，如果人民认为执政者施行的政策良好，那么执政者就应该继续执行；反之，人民认为执政者施行的策略不好，执政者就需改正。为什么要毁坏乡校呢？毁坏乡校就如同以威势来防止人民生怨，这是根本错误的。

君主在执政过程中，需要认识到尺有所短，寸有所长，取人之长补己之短，是君主夺取天下和统治天下的必备素质。荀子也认为君主应喜爱臣子美好的言行和道德，接受臣子的劝谏，以此来警诫自己。

第二种对君臣之间谏议的认知，认为君主应该掩饰自己的不足，对臣子的谏议保持警惕，防止臣子怀有不臣之心，窥视君主之位。如：

《韩非子·八经》言：

“人臣忠论以闻奸，博论以内一，人主不智则奸得资。明主之道，己喜，则求其所纳；己怒，则察其所构；论于已变之后，以得毁誉公私之征。众谏以效智故，使君自取一以避罪，故众之谏也败。”②

在韩非看来，君主不应该完全相信任何臣子的谏言。他将奸者归为八种，分别是“同床、在旁、父兄、养殃、民萌、流行、威强、四方”。明君对臣子可以允其谏议，但一定要严查臣子的言论，在听取他们的意见之前应让臣子知道言论不实的后果，而且不能让群臣猜度到君主的“上意”。否则，群臣将“行小忠”，这是“大忠之贼”。③

第三种对君臣之间谏议的认知，认为君臣各有其“道”，君主有君主应该遵守的法则，臣子有臣子应该坚持的规章。君主纳谏之道在于勇于接纳臣子正确的谏议，臣子的谏议之道在于敢于向君主提出谏议。如：

《国语·晋语六》言：

“见范文子，文子曰：‘而今可以戒矣，夫贤者宠至而益戒，不足者为宠骄。故兴王赏谏臣，逸王罚之。吾闻古之王者，政德既成，又听于民，于是乎使工诵谏于朝’。”④

---

① 《左传·襄公三十一年》。

② 《韩非子》卷十八《八经》。

③ 《韩非子》卷二《八奸》。

④ 《国语》卷十二《晋语六》。

由此可见，是否诚心纳谏是君主贤明与否的标准，若在谏议过程中，臣子竭力劝谏君主却不虚心接受，则臣子没有再次劝谏的必要。君主勇于纳谏的根本目的在于匡正自身的失误，促进国家事业的发展，而不是让臣子盲目地服从君主。如：

《孟子·万章章句下》言：

“王曰：‘请问贵戚之卿。’

曰：‘君有大过则谏，反覆之而不听，则易位。’王勃然变乎色。”①

君主有大的过错，臣子应该多次进谏，之后君主仍然不知悔改，则臣子可行革命之举，更换君主。

3. 完整监察理论的出现

春秋战国时期民本思想的进一步发展成为统治阶级监察思想的理论来源，君臣关系的三种理论成为臣子对君主谏议思想的理论来源。与以下对上的谏议理论相反，随着专制主义中央集权制度的发展，以上对下的监察理论在法家思想的设计中趋于完善。经管仲、李悝、商鞅、韩非等人的鼓吹，形成了一整套完整的监察理论体系。

首先，法家强调了君主监察官员的重要性。韩非主要从三个方面进行阐释。第一，韩非从君主地位稳定性的角度阐释了对群臣监督的必要性。如：

《韩非子·爱臣》言：

“爱臣太亲，必危其身；人臣太贵，必易主位；主妾无等，必危嫡子；兄弟不服，必危社稷。”②

韩非认为君主对宠臣过于亲近必定危及君主本身，如果臣子地位过高必定会取代君主的位置，妻妾不分大小一定会危及嫡长子的地位，君主的兄弟相互不服会危害国家。所以，一定要在保持等级观念的同时加强对臣子的监督。

第二，韩非从国家稳定性的角度强调了对群臣监督的必要性。如：

《韩非子·爱臣》言：

“昔者纣之亡，周之卑，皆从诸侯之博大也；晋之分也，齐之夺也，皆以群臣之太富也。”③

---

① 《孟子》卷十《万章章句下》。

② 《韩非子》卷一《爱臣》。

③ 《韩非子》卷一《爱臣》。

“是故大臣之禄虽大，不得藉威城市；党与虽众，不得臣士卒。故人臣处国无私朝，居军无私交，其府库不得私贷于家。”①

商朝的灭亡和周室的衰微都是因为诸侯国的强大，晋国被韩、赵、魏三家所分，齐国被田氏所篡夺都是因为大臣的势力过大。所以，英明的君主即使给予大臣高官厚禄、众多僚属，也会对大臣严加监察，不使其势力过大，造成政治上的潜在危险。

第三，韩非从人性的角度强调了对群臣监督的必要性。如：

《韩非子·解老》言：

“人无羽毛，不衣则不犯寒。上不属天、而下不着地，以肠胃为根本，不食则不能活。是以不免于欲利之心。”②

再如：

《韩非子·外储说左上》言：

“利之所在，民归之，名之所彰，士死之。”③

再如：

《韩非子·外储说右下》言：

“恃人不如自恃也，明于人之为己者不如己之自为也。”④

韩非将荀子“人之性恶，其善者伪也”⑤的观点进行了发挥，他从人的本性出发论证人难免有利益之心。所以，君主与臣子处于对立关系，需要以名利引诱臣子为自己效忠，但有为的君主不会过于相信任何人。⑥韩非甚至将儒家所强调的君臣、父子、夫妻、朋友之间的人伦关系解释为彼此的算计之心，所以君主不应依靠别人，而应依靠自己。可见，在法家看来，人性是靠不住的，君主不应相信任何官员，应加强对官员的“督责”。⑦

其次，法家强调了监察中“定分”的重要性，使监察有法可依。慎到在

---

① 《韩非子》卷一《爱臣》。

② 《韩非子》卷六《解老》。

③ 《韩非子》卷十一《外储说左上》。

④ 《韩非子》卷十四《外储说右下》。

⑤ 《荀子·性恶篇》。

⑥ 夏海．从人性恶到法、术、势：论韩非思想的主旨［J］．孔学堂，2021，8（4）：88－99．

⑦ 《吕氏春秋》卷二十《骄恣》。

论及法律制度的重要性时，认为法律的目的就是奉公去私，强化监督，要做到这一点，就需要对官员的职责和地位进行明确的划分。如：

《慎子·逸文》言：

“一兔走街，百人追之，贪人具存，人莫之非者，以兔为未定分也。积兔满市，过而不顾，非不欲兔也，分定之后，虽鄙不争。”①

在明确官员职责和地位的基础上，君主需按照客观化和标准化的规章制度来监督、品评臣子的行为，不允许臣子有超出自己职权范围的行为，不该臣子管辖的事情坚决不许其参与，否则即使臣子办事有功，也应遭受严厉惩罚，以便控御臣下。如：

《韩非子·二柄》言：

“故明主之畜臣，臣不得越官而有功，不得陈言而不当。越官则死，不当则罪。”②

春秋战国时期法家的“定分”观念成为后世法家立法思想和监察制度建设的原则之一，对健全监督制度、依法进行监督具有十分重要的意义。这促进了官僚阶级监督标准的建立，不因具体的人或事而变化，体现了法家监察思想中高效务实的精神，尤其是李悝《法经》的颁布，使国家对官吏的监督有了成文法的明确规定。

最后，法家设计了“法”“术”相结合的监督方法。这种“法”“术”相结合的监督方法在韩非的思想中得到了完整体现。如：

《韩非子·难三》言：

“人主之大物，非法即术也。法者，编著之图籍，设之于官府，而布之于百姓者也。术者，藏之于胸中，以偶众端，而潜御群臣者也。故法莫如显而术不欲见。”③

可见“法”为监督群臣的“阳”面，以制度、条文、规矩来监督群臣；“术”为君主监督群臣的“阴”面，“术”对澄清吏治、减少腐败、提高效率、富国强兵、巩固政权等具有一定的积极作用。但是，“术”中也有不少纯属阴谋诡计和玩弄权术的内容。

---

① 《慎子·逸文》。

② 《韩非子》卷二《二柄》。

③ 《韩非子》卷十六《难三》。

纵观先秦时期的监察思想，可以看出此时监察思想尚处于草创阶段，整体理论基础并不完整，在其指导下的监督制度设计和法规制定有所欠缺。但是，先秦时期的监察思想随着中央集权体制的发展而逐渐完善，为秦汉时期监察法制的初步建立奠定了理论基础。

三、先秦时期的监察法规

国家是阶级矛盾不可调和时出现的产物，在进行阶级统治过程中国家建立起军队、法庭、监狱等暴力机关，由国家暴力机关组成国家专政机关。在先秦奴隶制的夏、商和西周时期，“刑”和“法”是难以分开的，刑就是法，法就是刑。无论是君主对臣子的直接监察，还是国家政权中某些机构对百官的监察，根本目的都是统治阶级内部的自我矫正，使其政权不至于在内斗或无限的虐民中走向灭亡，这种自我矫正式的监督机制发挥了一定的积极作用，有效促进了官僚阶级权力运行的规范性。

（一）夏、商、西周时期的监察法规

1. 夏、商时期的监察法规

根据相关资料，尧帝之时即有“鞭作官刑”[①]之言，此处的官刑应是上古时代针对官员违法犯罪活动给予的刑事处罚。如：

《荀子·君道》言：

“书曰：‘先时者杀无赦，不及时者杀无赦。’”[②]

此处强调官员需在正确的时间做正确的事，否则将会受到严厉制裁。

在我国古代文献中也有“商有乱政，而作汤刑”[③]和“先王之书，汤之《官刑》有之”[④]的记载。可见，商朝或有一整套法律规范，其中有专门针对官员违法犯罪行为进行惩处的《官刑》，《官刑》的主要内容如下：

《尚书·伊训》言：

“敢有恒舞于官，酣歌于室，时谓巫风。敢有殉于货色，恒于游畋，时

---

① 《尚书·尧典》。

② 《荀子》卷八《君道》。

③ 《左传·昭公六年》。

④ 《墨子》卷八《非乐上》。

谓淫风。敢有侮圣言，逆忠直，远耆德，比顽童，时谓乱风。惟兹三风十愆，卿士有一于身，家必丧；邦君有一于身，国必亡。”①

由此可见，“三风十愆”对君主和臣子都是一种约束和监察。禁止君主在宫中饮酒作乐；禁止君主和官员贪财好色，游猎无度；禁止君主欺辱圣人，拒绝忠臣劝谏，或远离德高年老者，亲近不着边际的人。可见，《官刑》对统治者自身和官员产生了震慑作用。

2. 西周时期的监察法规

西周时期，随着社会生产力的发展，对官僚阶级权力监督的法规建设也在不断地丰富和发展。此时，社会氛围相比夏、商时期具有更强的等级色彩，对官员的监察也改变了以往粗犷的模式，加大柔性和刚性同时监察的力度，柔性监察以礼乐制度为主，刚性监察以刑政制度为主。如：

《史记·太史公自序》言：

“夫礼禁未然之前，法施已然之后。”②

在柔性礼乐制度的监察方面，即需礼乐的作用，强化自我监察。如：

《礼记·乐记》言：

“礼以道其志，乐以和其声。”③

礼制在监督和规范官员行为方面的作用居于首位。为了巩固政权，维护阶级统治，确立社会不同等级之间的行为规范和惩罚标准，周公及其后来者总结夏、殷时期的礼仪制度，结合西周政权的实际需要，制定出“周礼”制度，对国家军事、政治、文化、祭祀、司法、教育、婚姻、家庭等各个方面皆有较为全面的规定。《礼记》中以“君君、臣臣、父父、子子”的等级观念为原则，化家为国，化国为家，将维护王权和父权作为核心，促使家庭伦理和国家政治相互统一。在这套等级森严的礼制要求下，尊卑亲疏各有分别，确立自周王而下公、侯、伯、子、男、士、庶人、奴隶的等级秩序和各自的权利、义务。可见，礼制在西周时期对官员行为起到重要的规范作用④。如：

《礼记·曲礼》言：

---

① 《尚书·伊训》。

② 《史记》卷一百三十《太史公自序》。

③ 《礼记》卷十九《乐记》。

④ 丁鼎.《周礼》的行政制度设计及其对后世政治的影响[J]. 山东省社会主义学院学报，2021(3)：14-22.

“道德仁义，非礼不成；教训正俗，非礼不备；纷争辩讼，非礼不决；君臣上下，父子兄弟，非礼不定；宦学事师，非礼不亲；班朝治军，莅官行法，非礼威严不行。”①

周礼的作用在于明确等级秩序和各个阶层的区别，而乐的作用在于追求社会各个阶层的认知共识，陶冶社会不同阶级的情操，缓和等级秩序之下尖锐的社会矛盾。如：

《礼记·乐记》言：

“乐者为同，礼者为异。同则相亲，异则相敬。”②

“乐”作用的充分发挥，有利于促使诸侯、臣子服从王命，积极履行自己的权利和义务，减少刑罚等国家暴力的使用。

西周时期的“政”通过《周礼》一书来进行构建，通过设立官制、明确责任以规范官吏的行为。《周礼》一书中对天官冢宰、地官司徒、春官宗伯、夏官司马、秋官司寇、冬官司空有着系统性的介绍，通过每章的“叙官”明确设立此官职的意义、官员的职责和属员的分叙等，突出“礼主法辅”的社会治理主张和对官员进行监督的思想。《周礼》是先秦所有典籍中言“刑”、言“法”最多的一本著作。如：

《周礼·天官冢宰》言：

“四曰政典，以平邦国，以正百官，以均万民；五曰刑典，以诘邦国，以刑百官，以纠万民。”③

再如：

《周礼·秋官司寇》言：

“掌建邦之三典，以佐王刑邦国，诘四方。”④

“布刑于邦国都鄙，及县象刑之法于象魏，使万民观刑象。”⑤

由此可见，西周时期天官大冢宰在自己的职责范围内有“以正百官”“以刑百官”的监察与处罚职责，而秋官大司寇有辅佐周王监督诸侯国，防止诸侯阴谋叛乱、暗中结盟、伪称王命、操纵政权、妖言惑众的职责。从国家制

① 《礼记》卷一《曲礼》。

② 《礼记》卷十九《乐记》。

③ 《周礼》卷一《天官冢宰》。

④ 《周礼》卷五《秋官司寇》。

⑤ 《周礼》卷五《秋官司寇》。

度的角度建立起对官员的监督体系。

西周政权建立后，周成王时期制定了成文法《九刑》，后来《九刑》的详细内容虽已遗失，但《左传·文公十八年》对其有部分记载。如：

《左传·文公十八年》言：

“毁则为贼，掩贼为藏，窃贿为盗，盗器为奸，主藏之名，赖奸之用，为大凶德，有常无赦，在《九刑》不忘。”①

《九刑》中规定了不遵守礼仪就是贼，窝藏贼人不予举报就是赃，暗藏财物、接受贿赂就是盗，偷盗宝器就是奸。举凡官员或百姓有窝赃的名声，利用奸人的宝器，这就是较大的凶德。国家对这些问题有明确的处罚措施，记载在《九刑》之中，一般以墨、劓、刖、宫、大辟和流、赎、鞭、扑等刑罚为主。这些法律条文和精神原则，体现了西周时期权力监督的严密性和强制性。②

此外，西周时期的法令尚有《吕刑》，《吕刑》为《尚书》中一篇谈及法律的文章，其时吕侯劝导周穆王勤于国政，采用中刑，最终穆王接受吕侯的劝谏，以诏令的形式颁布。有关官员责任的内容如：

《尚书·吕刑》言：

“王曰：‘吁！来，有邦有土，告尔祥刑。在今尔安百姓，何择，非人？何敬，非刑？何度，非及？’”

“哀敬折狱，明启刑书胥占，咸庶中正。”

“今尔罔不由慰曰勤，尔罔或戒不勤。”③

《吕刑》中君主对诸侯、百官提出需要安定百姓，谨慎对待百姓，在审理案件时要做到有法可依，公正用法。亦提出“慎罚明德”的刑罚指导思想，规定了以罪量刑的原则，如若不然将会受到“五刑”的制裁，形成先秦时期较为完整的刑法思想体系。周王在处理日常国事中以最高统治者的身份颁布的诰、誓、命等，也可作为中央和地方各级官员的行为准则，对官吏的监督起到一定的作用。

“诰”不仅仅是册命仪式上的文件，而且包含各类宗庙祭祀等国家大型仪

---

① 《左传·文公十八年》。

② 李力.《九刑》、“司寇”考辨[J].法学研究，1999(2)：123-130.

③ 《尚书·吕刑》。

式上主管祭祀者假借祖先名义发出的训诫词;“誓”多是君王或诸侯作战之前向官兵发布的军令;“命”是君王对国家部门发布的命令。

(二)春秋战国时期的监察法规

进入春秋战国时期，世卿世禄制度逐渐解体，立法和司法的目的发生了变化，由传统的维护宗法等级制度向富国强兵、维护君主专制统治转变，立法主体由西周时期的多级主体向单一主体转变，法律内容由不公开向公开转变。天下之事不分大小皆由国君决定，国君拥有最高立法权和司法权。如在鲁昭公六年（公元前536年）三月，郑国执政者子产“铸刑书”，将国家法律、天文刻于书上，作为国家常用之法；晋献公时大司空士蔿制定“士蔿之法”；晋文公四年晋国制定“被庐之法”。如：

《汉书·刑法志》言：

“搜于被庐之地，作执秩以为六官之法，因以名之也。”①

“被庐之法”的主要内容如下：

《国语·晋语十》言：

“公属百官，赋职任功。弃责薄敛，施舍分寡。救乏振滞，匡困资无。”②

可见，晋国的“被庐之法”应为选贤举能、规范官员行为、对官员提出具体行政要求的法规。鲁文公六年（公元前621年），晋国赵宣子担任国家执政，制定“常法”③；鲁成公十八年（公元前573年），晋国范武子制定的“范武子法”④；鲁昭公二十九年（公元前513年），晋国赵鞅和荀寅制作“刑鼎”⑤。由此可见，三晋地区受法家思想影响之大。

战国时期，各国争相变法，其中以魏文侯之师李悝所制的《法经》最为完备，根据《晋书·刑法志》中记录的《魏律·序》中的内容，《法经》共有六篇，其中《盗法》是关于侵犯财产所有权犯罪的惩治措施;《贼法》是关于个人人身伤害、寻衅滋事及无端破坏社会秩序稳定的惩治措施;《网法》也可以称为《囚法》，是关于囚禁罪犯和审判犯罪嫌疑人的法律规定;《捕法》是

---

① 《汉书》卷二十三《刑法志》。

② 《国语》卷七《晋语十》。

③ 《左传·鲁文公六年》。

④ 《左传·鲁成公十八年》。

⑤ 《左传·鲁昭公二十九年》。

关于追捕盗窃、贼人及其他犯罪嫌疑人的法律规定，《网法》和《捕法》二篇可以归属于诉讼法；《杂法》是关于以上四篇规定之外的其他犯罪行为和量刑的规定，主要规定“六禁”，即淫禁、狡禁、城禁、嬉禁、徙禁、金禁等；《具法》是关于定罪量刑中从轻或从重的相关规定。根据历史学家考证，《杂法》中有众多对官吏违法行为的惩处条款。

法律的基本作用之一是保持社会秩序的稳定性和维护统治阶级利益，但法律也是一种历史现象，只能从暂时性方面去考虑。对于代表国家政权进行管理工作的官员来讲，需要有普遍性和强制性的监察法规来约束他们的行为。春秋战国时期颁布的一系列成文法，对当时政治的稳定、经济的发展、监督不法行为、维护君主权力及对中国法制史的发展都具有重要的历史意义。客观上改变了西周以前习惯法以血缘伦理等人际关系治理国家的传统，也改变了“分争辨讼，非礼不决”① 的现象，更改变了“不为刑辟，惧民之有争心也”② 的统治方式。进一步规范了官员的行为，对官员的监督初步做到了有法可依，有助于减弱监督的随意性，提升了权力监督的系统化、严密化、法治化水平。

四、先秦时期的监察体制

纵观中国古代监察官制的设定，一般分为两个体系，即匡正君主过失，监督君主行为的言官言谏体系和监督百官群僚的御史监察体系。谏官可称为垣官或言官，通过谏诤封驳，审核君主诏令、章奏来匡正君主的行为。御史可称为宪官、察官和台官，是为君王耳目，在某些历史阶段可“风闻言事”，主要职责在于运用弹劾手段监察官邪。③ 值得注意的是，在中国监察史上这两个体系的划分并不是十分明确，只是大体上的职责划分，言谏系统的官员也可以参与御史的监察工作，反之亦可。

（一）传统习俗监察体制

在原始民族社会所有民族成员集体推举首领，召开民主议事会解决公共事务，这种长期形成的传统习俗在奴隶制社会对约束统治者的行为依然有十

---

① 《礼记》卷一《曲礼》。

② 《左传·昭公六年》。

③ 邱永明．中国古代监察制度史 [M]．上海：上海人民出版社，2006：2－5.

分重要的作用。如帝尧询问能治水的人，重臣四岳有言：

《史记·夏本纪》言：

“‘(四岳曰)鲧可。’

尧曰：‘鲧负命毁族，不可！’

岳曰：‘异哉！试不可用而已。’”①

再如帝尧年老之时，召集众多臣子讨论首领继承人的人选问题，双方谈话内容如下：

《尚书·尧典》言：

“帝曰：‘咨！四岳，朕在位七十载，汝能庸命，巽朕位？’

师锡帝曰：‘有在下，曰虞舜。’

帝曰：‘俞？予闻，如何？’

岳曰：‘瞽子，父顽，母嚚，像傲；克谐以孝，烝烝乂，不格奸。’

帝曰：‘我其试哉！女于时，观厥刑于二女。’”②

帝尧本不想接受四岳推荐的鲧作为治水之臣，但在四岳的坚持下依然选用了鲧。尧帝年老时在选择接班人的问题上，四岳都自认为不能胜任，最终尧帝接受了四岳的举荐，愿意给舜成为接班人的机会，进行“试哉”，并将自己的两位女儿嫁给了舜。

再如：

《国语·周语》言：

“穆王将征犬戎，祭公谋父谏曰：“不可。先王耀德不观兵。夫兵，戢而时动，动则威；观则玩，玩则无震。”③

周穆王想要征伐犬戎，祭公谋父对此进行劝谏，但并未使周穆王打消征伐犬戎的想法。由此可见，随着专制主义皇权的逐渐加强，传统习俗的约束性监察作用不断减弱，谏议的有效与否越发取决于君主个人的喜好和贤明程度。盘庚为了迁都于殷地，不仅拒绝了众臣反对迁都的谏议，而且用君主至高无上的权力对众臣进行人身威胁。④

---

① 《史记》卷二《夏本纪》。

② 《尚书》卷二《尧典》。

③ 《国语》卷一《周语》。

④ 《史记》卷三《殷本纪》。

再如：

《史记·宋微子世家》言：

“王子比干者，亦纣之亲戚也。见箕子谏不听而为奴，则曰：‘君有过而不以死争，则百姓何辜！’乃直言谏纣。

纣怒曰：‘吾闻圣人之心有七窍，信有诸乎？’

乃遂杀王子比干，刳视其心。”①

由此可见，在夏、商、西周时期，越往后期，传统习俗的约束性监察作用越弱。进入西周时期后，周公及其后继者制定礼制，明确君王、诸侯、卿大夫、士、平民、奴隶的阶级差别，传统习俗的约束性监察作用有所减弱。春秋战国时期，各国争相进行富国强兵的军国主义改革，传统习俗的约束性监督作用继续减弱，统治阶级对于传统习俗的约束有利则用，无利则弃。

（二）社会公共舆论监察体制

统治阶级收集并倾听民间的政治意见，既来源于传统氏族社会所有氏族成员一律平等的民主性监督传统，也来源于“敬天”思想下君主需要践行“仁政”的政治需要。所以，黄帝设立“明台”，尧帝设立“衢室”，舜帝有“告善之旌”，武王有“灵台之复”，② 这些都是古代君主采纳官员和人民谏议的渠道。传说夏禹非常重视社会舆论，在门上悬挂铜钟木铎，等待前来谏议的人敲响。统治阶级不仅重视百姓在公共场合的批评建议，而且派人四处收集百姓劳作时的歌谣，从中体会民意，以警示自身。如：

《左传·襄公十四年》言：

“故《夏书》曰：‘遒人以木铎徇于路，官师相规，工执艺事以谏。’”③

再如：

《公羊·宣公十五年》言：

“五谷毕入，民皆居宅，男女有所怨恨，相从而歌，饥者歌其食，劳者歌其事，男年六十，女年五十无子者，官衣食之，使之民间求诗。乡移于邑，邑移于国，国以闻于天子。故王者不出牖户，尽知天下所苦；不下

---

① 《史记》卷三十八《宋微子世家》。

② 佘文博．民意表达机制视角：尧、舜、汤、武谏议遗制的观照［J］．法制博览，2017（5）：1－8.

③ 《左传·襄公十四年》。

堂而知四方。”①

由此可见，当时社会确实出现了官员“遒人”或由政府给予报酬的“采诗人”，百姓通过传唱诗歌等形式对国家政治发表个人意见，针砭时弊，部分讽刺诗歌对统治者具有舆论监督作用。根据《周礼》规定，小司寇掌管外朝的事务，具有询问万民的职责，需要按时征求社会底层人民的意见，这在当时是一项比较重要的行政事务。君主对朝中高级官员的劝谏需要虚心接受。在君主年少时，朝廷重臣可以辅佐君主行政，甚至可以放逐不符合政治要求的君主。如伊尹放逐汤孙太甲于桐、周公辅佐成王等。若有数次劝谏君主仍然不听或其他特殊情况，朝廷重臣甚至可以对君主行废立之举。

（三）君主亲自监察的体制

1. 君主巡视监督

根据《尚书》《周礼》《史记》等古籍记载，舜帝曾三年（或五年）巡视一次，在巡视中，各地官员按时朝觐，照实向舜汇报自己属地的民情和自己的政绩。舜帝根据调查、汇报的情况决定各地官员的功过，对有功者进行奖励，对有过者进行惩罚。《尚书·尧典》中也记载了舜三年巡视一次，奖功罚过的事迹。夏禹因治水成功，身负民望，曾召集诸侯举行“涂山之会”，会中为了维护自己的权威，处死了迟到的防风氏。如：

《左传·哀公七年》言：

“禹合诸侯於涂山，执玉帛者万国。”②

再如：

《国语·鲁语》言：

“昔禹致群神于会稽之山，防风氏后至，禹杀而戮之。”

君主出巡的主要目的是对下属官吏的行为进行监督，即所谓“巡所守也”，确保中央政府能够及时掌控地方的经济、政治、文化和社会状况。殷商时期，君王对于巡视十分重视，在“敬天”思想的影响下，巡视之前必须进行占卜和祭祀，还需注重天气的变化，商王巡守对象主要是名义上臣服于中央但与中央关系不完全稳定的方国。周天子在巡视中经常对地方官员进行赏

① 《公羊传·宣公十五年》。

② 《左传·哀公七年》。

罚，维护中央权威，督促地方官吏勤于国事。如：

《礼记·王制》曰：

“山川神祇有不举者为不敬，不敬者君削以地。宗庙有不顺者为不孝，不孝者君绌以爵。变礼易乐者为不从，不从者君流。革制度衣服者为畔，畔者君讨。”①

可知周天子在巡守中制定官员行为规范，官员不祭拜山川神灵就是不敬，宗庙祭祀不按照顺序排列就是不孝，随便改变礼乐制度就是不服，有了“不敬”“不孝”和“不服”的行为，官员会遭受削减封地、降低爵位或流放驱逐的惩罚。

再如：

《逸周书·职方解》言：

“王将巡守，则戒于四方曰：各修平乃守，考乃职事，无敢不敬戒，国有大刑。及王之所行，先道，帅其属而巡戒令。”②

此则为周天子巡守过程中对众官员发布的警告性命令，以此来监察诸侯和百官。

春秋战国时期，各国专制主义中央集权制度不断发展，在法家理论学者管仲、李悝、韩非、慎到、申不害等人的鼓吹下，君主统治技巧中“法”“术”“势”三者合一，国君更习惯于亲自巡视，进行监察。如齐桓公常常微服私巡于百姓之家，赵武灵王曾于国中巡视，秦惠文王巡视至北河，秦昭襄王巡视至宜阳，始皇帝政也曾多次巡视。这些巡视在一定程度上强化了中央集权，促进了政治稳定，也促进了对官僚阶层的监察。

2. 官员朝觐式监督

君主对官员的监督除了巡视监督外，诸侯和官员的朝觐述职也是一种监督考核方式。“朝觐”是诸侯朝见君主的专用词；“述职”是诸侯在朝见时向天子汇报自己封地内的相关事务。如：

《孟子·梁惠王》言：

“天子适诸侯，曰巡狩，巡狩者，巡所守也，诸侯朝于天子，曰述职，述

---

① 《礼记》卷十一《王制》。

② 《逸周书》卷八《职方解》。

职者，述所职也。”①

述职的时限如下：

《礼记·王制》曰：

“诸侯之于天子也，比年一小聘，三年一大聘，五年一朝。”②

由上可知，诸侯朝见天子时并不完全需要亲自前往，可在一年、三年时派遣自己封国内的卿大夫前往汇报，但五年时则需亲自前往。此项规定在加强君主对诸侯和官吏监督的同时更为灵活机动，防止因路途遥远，往来花费过多时间，耽误正常的地方治理。

（四）分封和监国体制监督

西周初年，武王虽在牧野之战中击败商军，纣王自焚而死。但是，商朝统治集团依然势力强盛，商朝立国数百年，民心归附。周人从西部边陲而起，文化、经济、政治相比殷商处于落后地位，为了收买民心，促进政治稳定，周武王册封纣王之子武庚于殷商故地，保其祭祀，利用武庚的身份安抚殷商遗民。

但是，武王又担心武庚未真心归附，于是派遣自己的弟弟叔鲜在殷都以东建立卫国，叔度在殷都以西建立蔡国，叔处在殷都以北建立霍国，对殷商旧地形成战略包围的态势。若武庚率殷商旧民叛乱，“三监”可以率领自己封国内的军队直接平定叛乱，形成“监国”制度。武王逝世后，周公辅佐成王，尽心竭力，吐哺而天下归心，引起“三监”的嫉妒。武庚趁机勾结“三监”并联合东夷部落发动叛乱，周公亲率大军联合吕尚三年平定叛乱，为了有效统治叛乱之后的广阔地区以屏周室，周公大封诸侯。

众诸侯在自己的封国内拥有最高权力，在分封初期，诸侯和周王室及其他诸侯之间有着较为亲密的血缘、姻亲等关系，但日久之后相互之间的血缘、姻亲等关系逐渐淡薄，分封制本身所具有的地方割据性显露出来。为了加强中央政府对诸侯国的控制，监察诸侯国的行为，周天子向诸侯国派遣监国大臣，监视诸侯国国君及公室的不法行为。如：

《左传·僖公十二年》言：

---

① 《孟子》卷一《梁惠王下》。

② 《礼记》卷十一《王制》。

"臣，贱有司也，有天子之二守国、高在，若节春秋来承王命，何以礼焉？"①

齐国的国氏和高氏是周天子派遣到齐国的监察官吏，位高权重。管仲改革时齐国建立三万常备军队，国、高二氏可与国君各率一万。这应是周天子吸取了"三监"之变的经验教训，所采取的监察改革措施，有利于中央政府对诸侯国的调遣和控制，同时削弱了诸侯国国君的权势。

（五）专业官员监察体制

设立专业的监察官员是实施有效监督的重要方式。监察官吏的设置和先秦时期礼治、法治一样，都是君主为了维护自身权力、调节社会矛盾、稳定社会秩序、制御群臣的方式。根据史书典籍记载及考古研究显示，夏、商两朝的监察官员多为兼职，主要有各类史官、东西吏和某侯，如御史、太史、小史、左史、右史、内史、外史等。其中，太史掌管国家典籍制度，小史掌管国家法律监察，内史掌管王命档案，外史掌管巡视四方的事务，左史记录君王言行，右史记录国家史事。后代的监察官员称为御史，可见与夏、商官制有着承袭关系。最早的史官身兼多职，兼有监督百官、进行惩处的权力。在殷商甲骨文中有"东吏""西吏"等记载，后人推测他们应为商王派遣至东方或西方的使者，身负监察方国的责任。殷商施行内外服制度，外服并非商王直接掌控的土地，外服某些官员被称为"某侯"。有人认为他们肩负中央政府对外服地区的监察、情报搜集等任务，还是商王对外服地区进行剥削的代理人。

西周时期，国家组织中出现了具有监察职能的大宰、小宰、宰夫、宫正、御史等官职。《周礼·天官》记载，西周时期中央政府设有太宰一人，位居群臣之首，掌管八法、八则，辅佐周王治国理政，负有监察百官的责任。但是，由于大宰总揽朝政，政务繁忙，实际监察工作由他的副职小宰承担，小宰具体工作职责如：

《周礼·天官》言：

"小宰之职，掌建邦之官刑，以治王宫之政令，凡宫之纠禁。掌邦之六典八法八则之贰，以逆邦国都鄙官府之治。"②

---

① 《左传·僖公十二年》。

② 《周礼·天官冢宰·小宰》。

由此可见，小宰的职责与后世的御史中丞有类似之处，其俨然为当时朝中宪官之首。此外，周天子对官员三年进行一次“大计”，即官员三年一次的工作汇报，也是由司会、小宰等先行考察，再将结果呈递太宰及至周王，最终由周王或太宰赏罚官吏。宰夫是国家审计监督的实际主持者。如：

《周礼·天官》言：

“掌治法，以考百官府、群都、县、鄙之治，乘其财用之出入。凡失财用物辟名者，以官刑诏冢宰而诛之。其足用长财善物者，赏之。以式法掌祭祀之戒具，与其荐羞，從大宰而眡涤濯。”①

可知，宰夫考察百官府、群都、县、鄙的治理，考察核对各级部门的财务报告，审计收入和支出的详细情况。凡浪费财物、支出不当或冒用财物、虚作假账者，都要受到严厉制裁，而善于理财、节用财物、府库充盈者将会受到奖励。

御史在西周时期属微末小吏，主要代替君主起草诏令，兼任君主身边的记录人员，约和后代记录皇帝起居注的官吏职责类似。但：

《周礼·春官》言：

“御史，御史掌邦国都鄙及万民之治令，以赞冢宰。凡治者，受法令焉，掌赞书，凡数从政者。”②

可见，御史在西周时期也负有监察职责。进入春秋战国时期，御史的监察职责更加明显，因他们同时掌管宫廷文书，与国君之间接触良多，关系密切，逐渐成为天子近臣。重要的机密事件皆有御史参与其中，他们反映官员的功过行为，君主也较为相信，所以御史的监察与震慑作用逐渐显著。如：

《史记·滑稽列传》言：

“威王大悦，置酒后宫，召髡赐之酒。问曰：‘先生能饮几何而醉？’

对曰：‘臣饮一斗亦醉，一石亦醉。’

威王曰：‘先生饮一斗而醉，恶能饮一石哉！其说可得闻乎？’

髡曰：‘赐酒大王之前，执法在傍，御史在后，髡恐惧俯伏而饮，不过一斗径醉矣。’”③

---

① 《周礼·天官冢宰·宰夫》。

② 《周礼·春官宗伯第三·司巫神仕》。

③ 《史记》卷一百二十六《滑稽列传》。

因御史侧立身旁，齐威王的宠臣淳于髡感到畏惧不敢放开饮酒，限制了自己的酒量，导致饮酒一斗就醉。

此外，春秋战国时期许多诸侯国在政府机构中设置谏官，对君主的行为进行劝谏。如楚国设立箴尹作为谏议之臣，赵国设立左司过和右司过掌管谏议，齐国设立大谏一职。如：

《吕氏春秋·审分览》言：

“蚤入晏出，犯君颜色，进谏必忠，不辟死亡，不重贵富，如东郭牙，置大谏臣。”①

齐威王听取邹忌的谏议之后，国力蒸蒸日上，燕赵韩魏皆朝于齐，决胜于朝廷。可见，君主接受谏议监督在治国安邦、富国强兵中的重要作用。

五、先秦时期监察的特点

先秦时期是中国古代从奴隶制社会向封建制社会的过渡时期，更是数千年封建政体的政治、经济、思想、社会等各项制度的草创阶段，对后世产生了深远影响。这个时期的监察主要具有以下特点。

其一，不充分的权力分化阻碍了监督体制的发展。从逻辑上看，权力在所有者和行使者之间逐渐出现的分离态势是权力监督出现的本质原因。就整个先秦时期而言，各国无论是中央政府抑或地方政府，权力的划分并不是十分明确，行政系统和军事系统、君主体系和国家体系、中央政府和地方政府职权划分并不明晰，上下级或同级官员之间职责相互交错。就中央政府而言，政府组织过于粗略，无法做到各司其职、明确责任，专制主义中央集权尚未强化到足以取代原始氏族社会的平等权及封邦建国制度约束下的礼教权力，未能形成拥有独立地位和专职职权的监督机关，监督体制不够完备。

其二，不充分的监察思想孕育出不完善的监督立法。在权力监察思想方面，无论是对君主言行进行监察的言谏系统，还是对官员进行监察的监察系统，都未能形成系统化、理论化的监察思想。除了李悝、韩非、商鞅、申不害、荀子、墨子等少数思想家从“术”的观点出发，提出若干监察思想。儒家思想甚至在此方面有些许反动，在“以德治国”的指导下，反对成文法的

① 《吕氏春秋》卷十七《审分览》。

颁布，这使监察法治建设严重落后，在量刑方面存在随意化倾向。整个先秦时期，未有一部监察法律流传后世。只能在其他文献中寻取先秦监察法律条文的只言片语以推测当时的具体情况。

其三，权力的监督表现出过渡性的特点。先秦时期是封邦建国的奴隶制转变为专制主义中央集权的封建制阶段，对官员权力进行监督的政治基础——君主专制理论体系尚未形成，君主对整个国家的控制远未达到秦汉之后的状态。但是，在权力博弈中君主逐渐获得了主动权，因此监督制度的专业性有所发展。例如，天子近臣御史的监督职能逐渐增强，身份和权力的专门化有所彰显，御史不仅在中央政府中发挥着监察作用，而且能够监察地方政府的郡、县级官吏，以便君主控制地方，加强中央集权。

第二章　秦汉：中国古代监察法制的初步建立

一、秦汉时期的政治与社会背景

周赧王五十六年（公元前259年），秦王政生于赵国，后奋秦孝公、秦惠文王、秦武王、秦昭襄王、秦孝文王、秦庄襄王六世余烈，于秦王政二十六年（公元前221年），挥剑浮云，诸侯西来，完成秦国历代先君一统天下的壮志。始皇帝自认德兼三皇，功过五帝，继承姬氏而为水德，内部废除封建而以郡县制代之，初设三十六郡，后增加至四十一郡，一千余县。中央建立三公九卿制度，统一文字、度量衡，南取东瓯、西瓯、闽越、南越之地，北派遣三十万军队以驻长城而守卫藩篱。[①]建立起中国此后数千年大体之政治制度及本部版图，秦王政为天下一流之人物。

秦朝统治者并未明白社会与国家之区别，自商鞅变法以来秦耕战立国的战略，不再适应大一统后休养生息的国家需要，滥用民力无度。[②]秦二世元年（公元前209年），陈胜、吴广在押送戍卒途中，因天降大雨而延误日期，按照秦法应当斩首，于是他们在大泽乡发动起义。此后，旧六国贵族纷纷起兵，秦朝在内外交困中走向灭亡。楚国贵族项羽破坏“怀王之约”，自封西楚霸王，分封了十八个王。[③]项羽的分封并非一味出于私心，他自己所占的九个郡对诸侯并没有绝对优势，而十八个王中，属于楚国势力范围的只有四个。项羽以列国分封为原则，但其不知天下战乱已久，人心思定，秦之天下一统观念已深入人心。他行此封建之反动制度，必然难以持久，及至楚汉相争，

① 傅乐成．中国通史（上）[M]．北京：中信出版社，2014：99－111.

② 吕思勉．中国政治思想史 [M]．北京：中华书局，2015：51－53.

③ 《史记》卷七《项羽本纪》。

刘氏建立西汉，不过数年而已。①

刘邦建国之后，在汉袭秦制的基础上，对嬴秦制度进行了反思，进而认为周因众建诸侯而有八百年天下，秦行郡县因而二世而亡，所以建立了郡国并行制度。封韩信、张耳、彭越等七人为王，封列侯达一百四十余人，后又畏惧异姓封王，除长沙王吴芮外尽皆废止，杀白马为盟，众建同姓诸侯王，以屏刘室。② 但其后又导致了景帝之时以吴王刘濞为首的七国之乱，汉初大将周勃之子周亚夫绝其粮道，三月而平。③

西汉初年崇尚黄老之道，行政宽厚，官少扰民，务行节俭。自武帝时国力渐增，采纳贾谊、主父偃之策颁布推恩令，众建诸侯，削弱藩国。同时“罢黜百家，独尊儒术”加强思想统治，以桑弘羊主财政，外戚卫青、霍去病等北击匈奴，稳定国防，开疆拓土，以改汉初之宽厚，形成政治上积极进取的气象。武帝崇尚儒术仅为治国之表，实际上重用的依然是可以集中国力，充分利用资源，进行有效统治的法家人物，如桑弘羊、张汤、赵禹、杜周等。此后外儒内法式的统治方式，成为中国历代统治之术的根本。④

武帝以降，昭宣二帝继位，以宽和待民，改变了武帝时期征伐无度、役民过勤以致国内不安的现象。但因即位之时年幼，重用宦官与外戚，及至汉元帝、汉成帝、汉哀帝、汉平帝及孺子婴时中央政府的大权被外戚掌握。同时，因儒家地位提高，儒家出身的政客成为朝廷之臣的主干，但此时之儒非为后世宋明之儒，亦非先秦之儒，而是接受经由董仲舒改造后的儒家思想之儒。董仲舒的《春秋繁露》及刘向所解《穀梁传》皆有附会之言，接受天人感应的道德学说。西汉末年更是出现了“谶纬学说”，以阴阳五行、神鬼怪言来解经，士大夫之政治道德风气为之一降。⑤

王莽其人似有雄才大略，然而他完全接受西汉时期的儒家思想，行为沽名钓誉，其迹甚虚伪，但此绝非莽一人之过错，实为当时修儒术者的风气。王莽改革措施中的“王田”“私属”“五均”“赊贷”等政策皆为儒家之民本主义思想的发挥，但因王莽沽名钓誉，所用非人，再加不知时代之变化而妄图

① 傅乐成．中国通史（上）[M]．北京：中信出版社，2014：121.

② 《史记》卷八《高祖本纪》。

③ 《史记》卷十一《孝景本纪》。

④ 《史记》卷十二《孝武本纪》。

⑤ 傅乐成．中国通史（上）[M]．北京：中信出版社，2014：187.

以《周礼》实现改制，最终满盘皆输。[①]此后，数千年之中国历史，再无此等以个人之力而行的整体性变革。

王莽因改制之举而民怨沸腾，同时青州、徐州、荆州等地水旱蝗灾不断，灾民揭竿而起，号为赤眉、绿林。汉室宗亲刘玄、刘演、刘秀等人建立“更始”政权，以刘玄为帝。后刘秀崛起河北，定都洛阳，歼灭群雄，改元建武，建立东汉政权。光武以没落宗亲而为帝，似守成有余，开拓不足，东汉之开国器象不如西汉的博大。王莽受老子影响颇多，崇尚节俭，政治宽和，未有屠戮功臣的举动。鉴于新莽时代的政治风气，光武提倡名节，秉持高风，对于社会风气的改良有一定的作用，但在实际行政中，光武帝信任自己身边近臣，极大提高了尚书台的政治地位。

明帝、章帝共在位三十一年，为东汉时期的盛世，文治武功都有较大成就，例如窦固北伐匈奴、班超出使西域、王景治理黄河，都值得永载史册。明帝鉴于西汉外戚干政以有王莽篡汉之举动，遂坚持光武遗诏，不以私家利益追求为念，但明帝缺点为用法严苛。章帝在位时，废除明帝时期的苛政严法，敬儒尊孔，制定相关礼仪，但东汉宦官、外戚干政，亦自章帝时开始，光武、明帝时的法治精神有所松弛。

自和帝开始，东汉皇帝大都幼年继位，因皇帝年幼，遂以太后临朝，重用外戚，形成外戚集团。东汉外戚的能力远较西汉外戚低下，而飞扬跋扈有过之而无不及。等到皇帝年长，利用宦官势力与外戚势力相互抗衡，又形成宦官集团，朝中除少数有政治操守的官员外，大都或谄媚于外戚，或依附于宦官，政治风气日坏，国家制度建设名存实亡，朝令夕改。[②]

经和、殇、安、顺、冲、质帝而至汉桓帝，汉桓帝延熹八年（公元165年），司隶校尉李膺以贪残为名杀掉中常侍张让之弟朔，引发第一次“党锢之祸”，朝廷众臣及太学生二百余人被杀。汉灵帝建宁二年（公元169年），督邮张俭因罪杀中常侍侯览家属及宾客百余人，宦官集团以此为由，借故杀害朝臣百余人，禁锢达六七百人，是为第二次“党锢之祸”。及至黄巾起义爆发朝廷亟需平定叛乱，稳定人心，才赦免了相关人员。[③]

---

① 钱穆．国史大纲（上）[M]．北京：商务印书馆，2010：109－110.

② 吕思勉．中国通史（下）[M]．武汉：长江出版传媒（崇文书局），2015：319－323.

③ 翦伯赞．中国史纲要（上）[M]．北京：北京大学出版社，2006：126－128.

东汉中平六年（公元189年），汉灵帝病逝，子少帝刘辩继位，因其为人轻佻，灵帝欲以刘协为帝并将之托付给宦官蹇硕。辩母何皇后兄何进与袁绍相谋划，召河东董卓率兵进京欲尽诛宦官，董卓尽诛灭宦官后，亲自掌握大权，以为相国，废少帝刘辩为弘农王，以刘协为帝。董卓为人残忍不仁，睚眦必报，他为稳定政局，审理党锢之祸受害者，任命大批名流为高官，本人则声色犬马，滥用刑罚。①

东汉献帝初平元年（公元190年）春，渤海太守袁绍联系诸侯，起兵讨伐董卓，除曹操率兵西向，诸侯联军逡巡不前。是年三月，董卓火烧洛阳，胁献帝迁都长安，第二年二月长沙太守孙坚击败董卓，攻克洛阳，但诸侯联军名存实亡，相互攻伐不止。后董卓爱将吕布刺死董卓，其部下亦相互攻战。汉献帝建安元年（公元196年）兖州牧曹操率兵赴洛阳，迁汉献帝刘协于许昌，挟天子以讨不臣，从此汉家天下名存实亡，诸侯割据一方，征战不止，百里无有鸡鸣。②

纵观秦汉时期的政治和社会，发现其制度建设似乎不太稳定，多有反复，治国的指导思想亦处于探索之中。秦以法术起家，治理社会严苛而成暴政，假设始皇帝政有机会完成北击匈奴，南固百越，稳定六国旧土的政治抱负，且假以天年，其或进行社会改革。秦政之弊在将国家统一过程中践行的军国主义思想应用到统一之后的国家治理中，未能因时而变，遂至二世而亡。汉朝治国的主导思想，亦有多次变化，若专以儒家一术而治天下，则大谬矣。儒家之本在于等级秩序和自我修养，治家尚可，治国则难，将国家事务的千头万绪致力于人性的自我约束，不仅难以成功，且易于虚伪，王莽改制则为例证。

二、秦汉时期的监察思想

（一）秦朝时期的监察思想

嬴秦一统天下后，出现了“帝制成功，君政废坠”的现象。夏、商、周

---

① 《后汉书》卷七十二《董卓传》。

② 《三国志》卷一《武帝纪》。

时代，未有如此地域广阔的大一统帝国，如何实现对此帝国的有效管理和对管理者厉行督责，成为帝国最高统治者所面临的问题。秦制废分封、立郡县，地方官员皆出于中央政府的任命，因而形成历史上前所未有的庞大的官僚阶级。官僚阶级的本质在于希望自身所尽的责任最小，所获得的利益最大。即使官僚阶级中有极其个别之人，以纯粹的公心来对待公事，仍然不影响官僚自身的阶级属性。①

封建时代各国君主以士人集团和公室、室氏集团抗衡。进入帝制时期，公室、室氏大多已亡，而士人集团蜕变为官僚阶级，未有新的阶级能和官僚阶级抗衡，对官僚阶级进行监察就显得尤为重要。②

秦自商鞅变法以来，以耕战立国，又因秦朝刑法严酷，后人大多数以为秦朝完全以法家思想治国，这并不完全正确。秦孝公以商鞅变法，之后秦国并不是以法家治国，而是以法制治国。例如秦惠文王时公孙衍、张仪为纵横家，秦武王时甘茂为杂家，秦昭襄王时范睢为纵横家，秦孝文、庄襄王时期吕不韦为杂家，此等人物当权，并未影响秦国的法制国策。待秦王政统一六国后，秦朝的统治思想以法家为主，以儒家、墨家、道家、阴阳家等多家思想杂合而形成。这也反映到秦朝的监察思想中。如：

《史记·始皇帝本纪》言：

“(始皇帝)更名河曰德水，以为水德之始。刚毅戾深，事皆决于法，刻削毋仁恩和义，然后合五德之数，于是急法，久者不赦。”③

始皇帝一统全国后，采纳了齐人邹衍的五德始终说，作为秦取周而代之的理论来源。周为火德，秦为水德，水可克火，于是秦人尚黑，并认为水为阴，阴主刑杀。所以，秦朝无论对官员的监察或对百姓的治理都较为严苛，较少施行仁义，久者不赦。这种治国之道虽和商君之法有一定的关系，但“水德”之说也是秦朝管理严苛的原因之一。

其次，秦朝对官员的监督理论广泛采纳了商鞅的“法治”和韩非的“术”“势”思想。如：

《商君书·定分第二十六》言：

---

① 吕思勉．中国政治思想史 [M]．北京：中华书局，2015：53－57.

② 吕思勉．中国政治思想史 [M]．北京：中华书局，2015：52－54.

③ 《史记》卷六《秦始皇本纪》。

“主法令之吏有迁徙物故，辄使学读法令所谓，为之程式，使日数而知法令之所谓；不中程，为法令以罪之。有敢定法令、损益一字以上，罪死不赦。”①

再如：

《商君书·赏刑十七》言：

“所谓一刑者，刑无等级，自卿相、将军以至大夫、庶人，有不从王令，犯国禁乱上制者，罪死不赦。”②

由此可见，商鞅的“法治”思想对官吏监督的影响主要表现在两个方面。其一，商鞅认为官吏应熟知法律，严格依法行政。当旧有官吏迁徙调任后，新任官吏须学习法令，若不明白法令会因此治罪，处理行政事务时，不得擅自更改、解释法律，否则也会受到惩罚。其二，商鞅改变了以往“刑不上大夫”的传统，认为“刑无等级”，凡有违法行为者无论何人必须受到制裁。商鞅的监察思想能够维护社会公平，对官员的震慑性更强，也体现了他“以刑止刑”的治国理念，更有利于百姓接受秦朝构建的政治及社会规范。

经汉代儒者贾谊、董仲舒及后来者的宣传，人们误以为秦始皇嬴政完全接受了韩非的治国主张。实际上嬴政因自己的成长经历和秦朝政治现实确实对韩非的著作较为欣赏，但并未信任韩非本人或完全采纳韩非的学说，仅仅接受韩非理论中的“术”“势”部分思想。秦制中的君主专制、严刑峻法、赏罚二柄、严禁私议等只是和韩非思想产生了共鸣，其理论来源依然是诸子百家和秦国以往的政治现实。嬴政治国理政、驾驭群臣应用的皆决于上、崇敬鬼神、发展商业的思想则是韩非坚决反对的。

韩非的理论在秦朝监察思想中体现如下：

《韩非子·外储说右下》言：

“人主者，守法责成以立功者也。闻有吏虽乱而有独善之民，不闻有乱民而有独治之吏，故明主治吏不治民。”③

再如：

《韩非子·内储说上》言：

“一曰众端参观，二曰必罚明威，三曰信赏尽能，四曰一听责下，五曰疑

① 《商君书》卷五《定分》。

② 《商君书》卷四《赏刑》。

③ 《韩非子》卷十四《外储说右下》。

诏诡使，六曰挟知而问，七曰倒言反事。”①

在韩非看来，君主应该制定规范，只问结果不问过程，治国的重点在于治理官员、对官员加强监督，不在于治理民众。但是，如何实践对官员进行的“督责之术”，韩非和商鞅产生了分歧。商鞅认为法治即可，但韩非认为以法治监督官员，只能保证官员表面行为的正确性，无法保证官员内心对君主的忠诚。所以，商鞅的“法治”是有利于国家而非有利于君主本人，除了依法监督官员以正其行，还需以“术”监督其心，保证官员内心的忠诚。与“法”的公开性、成文性、普遍性、强制性相比，“术”的监督具有隐蔽性、私下性、具体性、不可言说性，“术”在本质上依然具有选贤举能与除奸去害两大功能。

李斯作为秦统一过程中的重要参与者和秦帝国政治制度的创建者，他的思想中有着儒法相结合的特质，此种特质也影响了秦朝的监察思想。李斯不同于商鞅将“王道”“帝道”和“霸道”思想加以整理，任君主选择。他的思想有着法家严重的功利主义色彩，以最高统治者的政治愿望作为自己治国理政的最终目的。此外，李斯政治思想中又有师从荀子学习到的“仁义得民心”理念，所以秦朝对官吏的要求和监督也有着儒法两家的共同特点。如：

《史记·秦始皇本纪》言：

“今天下已定，法令一出，百姓当家则力农工，士则学习法令辟禁。今诸生不师今而学古，以非当世，惑乱黔首。”②

“私学而相与非法教，人闻令下则各以其学议之，入则心非，出则巷议。夸主以为名，异取以为高，率群下以造谤。如此弗禁，则主势降乎上，党与成乎下。”③

上面两段李斯所言，本质上都是要求官吏学习法令，严禁士人妄议国是，以秦法为指导进行行政，对官吏行为建立统一的标准。之后的“焚书”在当时的生产力条件下为焚士人之书，非为百姓之书，且以吏为师，保存官吏学习法令的通道。同时，加强对士人阶级的监督，防止士人妄议国政，结党营私，成为政治上的不稳定因素。

再如：

---

① 《韩非子》卷九《内储说上》。

② 《史记》卷六《秦始皇本纪》。

③ 《史记》卷六《秦始皇本纪》。

秦王政二十年（公元前 227 年），秦国南郡郡守腾对官吏发布公告，此公告后被称为《语书》，其中包含着秦对官吏的要求和“良吏”“恶吏”的判断标准。这对确定官员行为规范、加强监察具有重要意义。

《语书》言：

“凡良吏明法律令，事无不能也；有（又）廉洁敦悫而好佐上；以一曹事不足独治也，故有公心；有（又）能自端也，而恶与人辨治，是以不争书。恶吏不明法律令，不智（知）事，不廉洁，毋（无）以佐上，输（偷）随（堕）疾事，易口舌，不羞辱，轻恶言而易病人，毋（无）公端之心，而有冒柢（抵）之治，是以善斥（诉）事，喜争书。”

由此可见，秦对官吏的行政行为提出了较高的要求。首先，官吏必须了解法律，严格依法行政，禁止违法办事；其次，官吏需廉洁敦悫，忠诚敦厚，清廉自守；再次，官吏不专断独行，需有公正之心；最后，官吏需积极进行自我反省，纠正自己不符合职业要求的行为。《语书》中对官吏的这些要求不仅来源于法家监察思想，例如自我反省，清正廉洁，公正之心，尊重他人，也来源于儒家监察思想。

秦朝的监察思想确实有某些先进性，但也有着重大的缺陷。监察思想在官员监察方面较为完善和发达，但对最高统治者皇帝进行规劝的言谏思想却较为落后。始皇帝于九卿之一的郎中令下设谏大夫一职，没有固定人员，没有官署，也没有固定职责，使得谏议名存实亡，这也是秦朝二世而亡的重要原因之一。

（二）西汉时期的监察思想

秦朝创建起一套符合大一统中央集权政治体制的国家制度，但秦二世而亡，作为后继者汉朝对秦朝的政治、经济、思想、选举等制度进行了全面的总结、反思。或因秦汉之间间隔时间太短，某些问题在西汉初年未能形成正确的看法，西汉甚至有逆历史潮流的制度创建，对西汉政局的稳定造成了严重影响。西汉时期的监察思想大致可分为三个阶段，即汉初惠、吕、文、景时期在黄老之学影响下的宽松监督时期；武帝时期经贾谊、晁错、董仲舒等人发展后的外儒内法式的监督时期；昭、宣及之后的监督时期。

春秋战国时期纷争不断，列国之间交相攻伐，百姓对统一与安定有着较强的渴望，秦帝国应此而生。但是，在秦朝十余年的统治中苛政严法不断，以刑止刑，灭亡后又为楚汉相争，及至汉初民生凋敝，国弱民贫，亟需休养生息，符合此时社会需求的黄老思想成为西汉初年治国的主导思想。

“黄老之学”不同于诸子百家中的任何一派，不主门户之见，以“道”作为思想核心，既注重儒家思想中的道德，又重视“定法”“督责”“名实”等法家取向。“黄老之学”对底层百姓讲求清静无为，任其自由发展，这种治国思想有利于国民经济的发展和社会矛盾的调和，但其中也有些许问题。如：

《史记·曹相国世家》言：

“既见盖公，盖公为言治道贵清静而民自定，推此类具言之。参于是避正堂，舍盖公焉。其治要用黄老术，故相齐九年，齐国安集，大称贤相。”①

再如：

“(曹)参去，属其后相曰：‘以齐狱市为寄，慎勿扰也。’

后相曰：‘治无大于此者乎？’

参曰：‘不然。夫狱市者，所以并容也，今君扰之，奸人安所容也？吾是以先之’。”②

齐国丞相曹参向精研黄老之学的盖公询问治国之道，得到了治国之道在于清静无为，不要干预百姓，使百姓自得安定的建议，以此法实施九年齐国大治。丞相萧何逝世后曹参调任前往，对自己接任者严明齐国的狱市是善恶并容的，不要横加干涉，如果严加管理，那么坏人将何处容身呢？曹参此言意义不在于包庇坏人，而在他所主张的清静无为。

但是，设想若不对坏人加以制裁，则政治现实与社会风气必将变坏，汉朝初期之后就出现了这个问题。

汉文帝、景帝时期依然保存着这种宽松的风气。如：

《史记·孝文本纪》言：

“后六年令诸侯毋入贡，弛山泽，减诸服御狗马，损郎吏员。”③

《史记·孝景本纪》言：

“中元年，四月乙巳，赦天下，赐爵一级。”④

---

① 《史记》卷五十四《曹相国世家》。

② 《史记》卷五十四《曹相国世家》。

③ 《史记》卷十《孝文本纪》。

④ 《史记》卷十一《孝景本纪》。

“中五年夏，六月丁巳，赦天下，赐爵一级。”①

“后元年三月丁酉，赦天下，赐爵一级。”②

可见，文景之时治理天下务求宽松，诸侯有时可不需纳贡，景帝甚至多次大赦天下，给予天下男子爵位。不可否认，黄老之学的守静宽松，确实促进了社会生产力的发展。但是，其中也有无尽的丑恶，社会之中存在着强弱、智愚、贫富之分，若任其发展，必然政治腐败、官吏贪残，对官员的监督仅凭个人自觉则无从谈起，社会中出现以强凌弱、以众欺寡、以智负愚的现象，整体风气败坏。史家所歌颂的“文景之治”，是官员的盛世、豪强的盛世、诸侯的盛世，非真正为百姓的盛世。正如董仲舒所言：

《汉书·食货志》言：

“或耕豪民之田，见税什伍。故贫民常衣牛马之衣，而食犬彘之食。”③

再如，贾谊所言：

《贾谊新书·时变》言：

“家富而出官耳，骄耻偏而为吏祭尊，黥劓者攘臂而为政，行惟狗彘也，苟家富财足，隐机盱视而为天子耳。”④

汉初宽松行政且懈怠监督导致官员、豪强大肆兼并土地，百姓破产者不可胜数。百姓租借豪强的田地，地租达到收成的一半以上，贫困者“衣牛马之衣，食犬彘之食”，生活非常悲苦。其次，懈怠监督也造成了豪强、官员滥用私刑、不遵王教、蔑视政府的政治危机。所以，景帝时期对官员开始加强监督，稍微改变之前一味放任的状况。如：

《汉书·景帝纪》言：

“后二年夏四月……或诈伪为吏，吏以货赂为市，渔夺百姓，侵牟万民。……县丞，长吏也，奸法与盗盗，甚无谓也。其令二千石各修其职；不事官职、耗乱者，丞相以闻，请其罪。”⑤

汉景帝少年时师从晁错，接受了较为全面的申、商法治思想。所以，他执政之后，改变了之前的施政风格，强化对官员的监督和制裁，使社会风气

① 《史记》卷十一《孝景本纪》。

② 《史记》卷十一《孝景本纪》。

③ 《汉书》卷二十四《食货志》。

④ 《贾谊新书》卷三《时变》。

⑤ 《汉书》卷五《景帝纪》。

有所改善。然而，对官员彻底强化监察，以严厉的风格治吏，还需要等到武帝执政时期。如：

《汉书·董仲舒传》言：

"臣愿陛下兴太学，置明师，以养天下之士；数考问以尽其材，则英俊宜可得矣。"①

"量材而授官，录德而定位，则廉耻殊路，贤不肖异处矣。"②

"有功者赏，有罪者罚；功盛者赏显，罪多者罚重。"③

汉武帝之所以接受董仲舒"罢黜百家，独尊儒术"的思想，是因为董仲舒的思想可以改变汉初清静自守的政治状态，符合武帝时期开拓进取的政治风格，适应了大一统王朝制度建设与思想管控的需要。由上可知，董仲舒的监察思想在于培养人才、严格选举和公正刑罚。

武帝前期励精图治，改变了汉初黄老之学指导下对政治、社会的放任态势，中后期多次北击匈奴，南抚夷越，开拓西南，但役民无度，卖官鬻爵，百姓生活异常贫苦，几乎酿成了如亡秦一般的灾祸。后继者汉昭、汉宣二帝守成有余，开拓不足，虽使得国家元气逐渐恢复，但没有雄才大略，未能从根本上改变吏治中的不正之风。

西汉后期外戚和权臣登上历史舞台，吏治更为败坏，所任官僚多为庸人、坏人，营私舞弊、贪污腐败成为官场风气。朱云说:"今朝廷大臣，上不能匡主，下无以益民，皆尸位素餐"④；鲍宣说:"请寄为奸，群小日进"⑤。国家监察思想混乱，监察制度朝令夕改，监察法规频遭破坏，监察官员难以行使监察权。

西汉自武帝"罢黜百家，独尊儒术"之后，儒家学术和儒生的地位不断提高。儒学相对法家而言是一种右倾的道德主义学说，借助个人由内至外的道德约束来修齐治平。儒学政治伦理在政治上表现为针对皇权的君道制衡，对官僚阶级的臣道约束和对民众三纲五常、忠孝节义等意识形态的控制。但至东汉末年，此种行政伦理蜕变为虚伪的表面文章，有其名而无其实，王莽改制的意图之一就是要重建政治秩序和重塑行政伦理。

---

① 《汉书》卷五十六《董仲舒传》。

② 《汉书》卷五十六《董仲舒传》。

③ 《汉书》卷五十六《董仲舒传》。

④ 《汉书》卷六十七《朱云传》。

⑤ 《汉书》卷七十二《王贡两龚鲍传》。

秦朝之时，对君主的言谏监督几乎名存实亡，至秦二世当政，赵高弄权，指鹿为马，朝廷居然没有敢于言谏之人。高祖出自民间，以布衣之人做到了皇帝，重要原因之一就在于高祖善于纳谏，据史书记载，萧何、韩信、张良、陈平、樊哙等亲信大臣对高祖有过多次成功的谏议。高祖这种广开言路、虚心纳谏的风格对后世诸帝产生了较大的影响。武帝时期，董仲舒竭力宣传“天人感应”学说，强调若君主无德失道，上天将降下灾祸进行警示，同时臣子应加强对君主的谏议，这种思想对后世的君臣关系影响极大。刘向则对臣子的谏议行为提出了具体要求，如：

《说苑·臣术》言：

“有能尽言于君，用则留之，不用则去之，谓之谏；用则可生，不用则死，谓之诤。”①

刘向此处思想明显受到孟子和韩非的影响，对“谏”和“诤”进行了明确限定。

（三）东汉时期的监察思想

东汉代替新莽政权而起，光武帝刘秀及其功勋集团相比西汉开国君臣的能力、背景、学识、抱负、韬略皆有不同，少了英雄气概，多了儒者风范。所以，东汉的开国气象远不如西汉博大，光武本人也无法摆脱此种儒家思想的束缚，他对官吏的名节极为重视，后继者明帝、章帝也多次表彰名节之臣。整个东汉时期的监察以儒家思想中的自我约束为主，以制度和刑法监察为辅。东汉初年的监察思想，首先对官吏任职资格提出了明确的要求。如：

《后汉书·百官志一》言：

“一曰德行高妙，志节清白；二曰学通行修，经中博士；三曰明达法令，足以决疑，能案章复问，文中御史；四曰刚毅多略，遭事不惑，明足以决，才任三辅令，皆有孝悌廉公之行。”②

《百官志》中对官吏第一点要求即为儒家的行政伦理要求，“德行高妙，志节清白”，将官吏品德放在行政要求的首位。从整体上看，东汉初期的施政方针和对官吏的监督较为宽松，施行轻法。如：

① 《说苑》卷二《臣术》。

② 《后汉书》卷二十四《百官志一》。

《后汉书·循吏列传》言：

“至天下已定，务用安静，解王莽之繁密，还汉世之轻法。”①

“孔子云：‘刑罚不中，则民无所措手足。’其与中二千石诸大夫、博士、议郎议省刑法。”②

安帝、顺帝之后，东汉皇帝多为幼年继位，依靠太后及外戚辅佐。及其年长又多依赖宦官与外戚集团进行斗争，从而造成外戚集团和宦官集团两大政治势力。除了少数有操守的官吏，其余官吏或依附于外戚，或依附于宦官，结党营私，贪残害民，多有不法行为，在监察思想方面未有根本性、开创性的思想出现。

因东汉政治环境宽松，谏议思想在西汉“天人感应”的学说上继续发展，以灾异说作为谏议依据。如：

《论衡·谴告》言：

“论灾异，谓古之人君为政失道，天用灾异谴告之也，灾异非一，复以寒温为效，人君用刑非时则寒，施赏违节则温。”③

再如：

《白虎通德论》言：

“臣所以有谏君之义何？尽忠纳诚也。”④

再如：

《忠经·忠谏章》言：

“忠君之事君也，莫先于谏。谏于未行者，上也；谏于已彰去，次也；谏于既行者，下也；违而不谏，则非忠臣。”⑤

王充在《论衡》中认为，因君主为政失德，上天才降下灾异警告君主，君主需要听从臣子的谏议，改正错误。班固记述的《白虎通义》以儒家思想来解释臣子谏议的必要性，认为臣子对君主的谏议是“尽忠纳诚”的一种表现。马融在《忠经·忠谏章》中也从儒家君臣伦理的角度提出了忠诚于君主最重要的是要进行谏议的主张，并提出了“上、次、下”三种纳谏时机。

---

① 《后汉书》七十六《光武帝纪·循吏列传》。

② 《后汉书》卷一《光武帝纪》。

③ 《论衡》卷十四《谴告》。

④ 《白虎通德论》卷四《谏诤》。

⑤ 《忠经》第十五章《忠谏章》。

三、秦汉时期的监察法规

监察法规的制定与实施是监察完善的重要标志，更是国家监察效能的正常发挥，促使官员清正廉洁的重要保障。与先秦时期相比，秦汉时期的监察立法更加完善，所涉及的监察范围更加广泛，不仅对各级官员的行政行为提出了要求，还规定了监察活动中监察官员的职权范围及监察官员自身应遵守的行为准则。这标志着中国古代监察法制体系草创的真正完成，使监察法制体系建设呈现出系统化和制度化的表征。

（一）秦朝时期的监察法规

秦朝时期监察立法主要有两种方式，其一是政府直接颁布的监察性律令；其二为君主或者上级政府对官员提出的具体要求及违法后的处置措施。因年代久远，秦朝时期的监察法律文本现已遗失，但经考古工作者对秦墓相关竹简的整理，将秦朝的法令主要编辑为《秦律杂抄》《法律问答》《秦律十八种》《为吏之道》《为吏治官及黔首》等五部。

《秦律杂抄》记载不同类型的法律共有十一种，即吏律、游士律、弟子律、中劳律、藏律、公车司马猎律、牛羊课、傅律、屯表、捕盗和戍律。其中有大量的条文是对官员的监察及惩处措施。如：

《秦律杂抄》言：

“伪听命书，废弗行，耐为候，不避席立，赀二甲，废。”①

“捕人相宜以受爵，耐。”②

“任废官为吏，赀二甲。”③

“耐”为刑罚的一种，官员履行命令时阳奉阴违、不予执行将会“耐为侯”，不离开席位站立倾听，倨傲无礼者也将会被撤除一切职务。此外，官吏之间交换被逮捕的犯人以骗取爵位或任命被罢免职务的官员为吏，也将受到相应的制裁。

---

① 《睡虎地秦墓竹简·秦律杂抄》。

② 《睡虎地秦墓竹简·秦律杂抄》。

③ 《睡虎地秦墓竹简·秦律杂抄》。

《法律问答》以一问一答的形式对秦朝律法条文、法律意图进行解释说明，但未能言及秦朝法律名称。据相关研究，主要回答的是秦朝刑法及刑事诉讼程序部分。其中，对官吏的监督及惩处方面，如：

《法律问答》言：

“廷行事吏为诅伪，费盾以上，行其论，有废之。”①

“部佐匿诸民田，诸民弗知，当论不当？部佐为匿田，且何为？已租诸民，弗言，为匿田；未租，不论为匿田。”②

秦朝《法律问答》中规定官吏如有欺诈、作假等行为，事发之后，不但要接受相应的处罚，而且罢免之后永不录用。官吏部佐隐匿民田或者向百姓收取田赋后不向上级部门上缴，将按照隐匿田地的罪名进行处罚。

通过以上数条法律可知，秦朝法律强调官吏必须尽职尽责，严禁有超越其行政职责的权力，只能按照法律的严格规定依法履行自身的义务，丝毫没有法外权力。

《秦律十八种》中对官吏监察和惩罚的法律包括《亡律》《田律》《金布律》《徭律》《尉卒律》和《置吏律》，如《亡律》中有关官吏逃亡的规定如下：

《亡律》言：

“吏民亡，盈卒岁，耐；不盈卒岁，系城旦舂。”③

《亡律》中将“吏”和“民”并列，两者逃亡都将遭受同样的法律制裁。由此可见，秦法也具有一定的平等主义精神。

《田律》言：

“黔首居田舍者毋敢醯酒，有不从令者迁之，田啬夫、士吏、吏部弗得，二甲。”④

“租禾稼、顷刍稾，尽一岁不入及诸貣它县官者，书到其县官，盈卅日弗入及有逋不入者，其人及官啬夫、吏主者各一甲，丞、令、令史各一盾。逋其入而死、亡有罪毋无后，不可得者，有令官啬夫、吏代偿。”⑤

再如：

---

① 《睡虎地秦墓竹简·法律问答》。

② 《睡虎地秦墓竹简·法律问答》。

③ 《睡虎地秦墓竹简·秦律十八种》。

④ 《睡虎地秦墓竹简·秦律十八种》。

⑤ 《睡虎地秦墓竹简·秦律十八种》。

《金布律》言：

“诸亡县官器者，必狱治。”[1]

再如：

《徭律》言：

“兴徭及车牛及兴徭而不当者及擅使人属弟子、人复复子、小敖童、弩，乡啬夫、吏主者赀各二甲，尉、尉史、士吏、丞、令、令史见及或告而弗劾，与同辠。”[2]

可见秦法之中对官员行政行为的具体要求较多，如百姓私自酿酒或不按照规定私自迁徙，啬夫、士吏等基层官员将会受到严厉制裁；百姓所缴纳的粮食未能及时入库，官吏亦将受到制裁；百姓因罪逃亡，没有亲属代为缴纳赋税，则由管辖他们的官吏代为缴纳；官吏征发的徭役不合格，乡里主管徭役的啬夫、吏主都将会受到惩罚，尉、尉史、士吏、丞、令、令史等看到了而未告发将承担连带责任。

再如：

《尉卒律》言：

“一岁中盗贼发而令、丞、尉所不觉知三发以上，皆为不胜任，免之。”[3]

“尉令不谨，黔首失令，尉、尉史、士吏主者各一甲，丞、令、令史各一盾。”[4]

《尉卒律》是针对基层治安官吏的行政法规。如上规定，一年之中如果基层治安官吏三次以上没有发现盗贼的违法行为，则视为不能胜任，给予免职处理；如果县尉宣讲政府法令时不够严谨、通俗，导致百姓未能充分理解法令发生违法行为，县尉、尉史及相关人员都将会受到制裁，县令、县丞和令史也将一并承担连带责任。

《为吏之道》的创作时间为秦庄襄王时期到秦朝统一之前，《为吏治官及黔首》创作于始皇帝时期。两篇古籍详细记载了秦法要求官吏如何治民及成为一名合格官吏所应具备的素质。对官吏的政治品质、评价标准、道德修养、

---

① 《睡虎地秦墓竹简·秦律十八种》。

② 《睡虎地秦墓竹简·秦律十八种》。

③ 《睡虎地秦墓竹简·秦律十八种》。

④ 《睡虎地秦墓竹简·秦律十八种》。

工作职责、处世之道和违法制裁等进行了较为全面的规定，可作为秦朝官员的政治手册。如：

《为吏之道》言：

“凡为吏之道，必精洁正直，慎谨坚固，审悉毋私，微密纤察，安静毋苛，审当赏罚。严刚毋暴，廉而毋刖，毋复期胜，毋以忿决宽忠信，和平毋怨，悔过勿重。”①

再如：

《为吏治官及黔首》言：

“为人臣则忠，为人父则慈，为人子则孝，为人上则明，为人下则圣。”②

由此可见，秦法对官员的政治品质要求较高，主要表现在行政原则和个人修养两个方面。行政原则中提出了清正廉洁、严谨审慎、赏罚分明、明察秋毫等要求，而个人修养中提出了作为臣子需对国家忠诚，作为父亲需对孩子慈爱，作为儿子需对父母孝敬等要求。在对官吏监察中，提出了“五善”和“五失”的具体要求，《为吏之道》此处和《为吏治官及黔首》的描述基本一致。现将《为吏之道》中相关内容摘抄如下：

《为吏之道》言：

“一曰忠信敬上，二曰清廉毋谤，三曰举事审当，四曰喜为善行，五曰恭敬多让，五者毕至，必有大赏。”③

“一曰见民倨傲，二曰不安其朝，三曰居官善取，四曰受令不偻，五曰安家室忘官府。”④

总体来看，“五善”和“五失”依然是秦朝对官吏提出的具体要求，能做到“五善”的官吏即为“良吏”，将会受到上级的嘉奖；出现“五失”之一的官吏即为“恶吏”，将会受到严厉的制裁。官吏“五善”之中第一要求即为忠诚，可见政府对此点的重视，“五善”可总体概括为廉洁、谨慎、务实、与民众相处时恭谦有礼、敬重他人和公以忘私。此外，尚有对官员在政事、农事、交通、建筑、刑罚、军事等方面提出的具体要求和处罚措施。

---

① 《睡虎地秦墓竹简·为吏之道》。

② 《睡虎地秦墓竹简·为吏治官及黔首》。

③ 《睡虎地秦墓竹简·为吏之道》。

④ 《睡虎地秦墓竹简·为吏之道》。

通过以上对秦朝监察法规的概述，可以得知，秦朝对官员施政过程中的行为有着十分详细、严密的规定，此种详细而严密的规定保证了秦帝国政府机器的高效运转。上至中央政府，下至黎民百姓都知道自己所处的位置和具体职责，但对君主的谏议监督则十分有限。官吏行政时只需按照相关手册要求执行即可，秦帝国灭亡时出现了中国历史上未有因粮食问题而产生灾民的罕见一幕，此前从未有过。但是，因秦朝在统治中过于追求此种高效性，所以秦法愈加严密，最终使得天下之人难以承受，这也是秦朝灭亡的重要原因之一。

（二）两汉时期的监察法规

西汉充分吸取了秦法严密，使得百姓不堪重负，形成亡秦灾难的历史教训。刘邦西入关中，与官吏、百姓约法三章，其余秦法全部废止。政权稳定后，刘邦感觉三章之法难以对天下进行有效的统治，遂让萧何在秦法的基础上进行增删，形成《九章律》，吕后二年亦形成《二年律令》。西汉惠帝三年（公元前 192 年），为了便利监御史监察京兆尹、右扶风、左冯翊三地，西汉政府制定了中国历史上第一部监察法规《监御史九条》，又称《御史九条》。武帝时期将全国除司隶校尉管辖的三辅、三河、弘农七郡外的其他地方划分为“十三部”监察区，制定了全国性地方监察法规《刺史六条》。此外，尚有张汤作《越宫律》，严格规范了警卫、宫禁等部门官员的行为。

东汉时期监察立法深受儒家思想的影响，法制松弛。东汉立国以来，光武帝刘秀即以“柔道治国”，宽宥刑罚，明帝、章帝也是一味滥赦，甚至有如《轻辱法》之类的法律颁布，严重影响了社会秩序的稳定和法律自身的公平性。在官吏选举方面施行《三互法》，作为对察举制度的补充和对官吏行为的约束，但仍不能从根本上解决吏治腐败与官员职位由世家垄断的问题。若进行对比，东汉的监察法治建设远不如西汉。

《史记·高祖本纪》言：

“吾与诸侯约，先入关者王之，吾当王关中。与父老约，法三章耳：杀人者死，伤人及盗抵罪。馀悉除去秦法。”①

汉高祖刘邦西进关中后，希望能够履行“怀王之约”，废除秦法苛政后与

---

① 《史记》卷八《高祖本纪》。

百姓约法三章，杀人者偿命，伤害别人及偷盗东西者治罪。此三条不仅可作为民间法律规范，对官吏同样适用，可作为惩处官吏违法的措施。及西汉建立，事务繁杂，三章之法难以进行有效统治，于是萧何制定《九章律》，又被称为《汉律九章》，详细分为《盗律》《贼律》《囚律》《捕律》《杂律》《具律》《户律》《兴律》《厩律》九个篇章。《九章律》前六篇取自秦朝法，源自战国时期李悝的《法经》六篇，后面的《户律》《兴律》《厩律》是萧何新增的关于赋税、户口、仓库管理的规定，对明确官吏职责、进行有效监察及惩处不法行为具有重要意义。

1983年，湖北张家山汉墓出土了1000余枚汉简，其中部分汉简记载了高祖五年（公元前202年）到吕后二年（公元前186年）间的法律条文，被编纂为《二年律令》。《二年律令》中提及的律法共有二十八种，其中有许多关于惩治官员违法的条例。如：

《二年律令》言：

“治狱者，各以其告劾治之。敢放讯杜雅，求其他罪及人勿告劾而擅覆治之，皆以鞫狱故不直论。”①

此外，《二年律令》中对官吏审理案件提出了“民不告官不究”的程序法原则，只允许在原告起诉的罪名内定罪。凡违反司法程序寻求其他罪名的官吏，将以“鞫狱不直”的罪名进行惩处。此外，尚有他人犯罪，官吏玩忽职守未能及时发现、惩处的惩罚规定。如：

《二年律令》言：

“盗铸钱及佐者，弃世，同居不告，赎耐。正典、田典、伍人不告，皆罚金四两，或颇告，皆相除。”②

再如：

“盗出财物于边关徼，及吏不主知而出者，皆于盗同法，弗知，罚金四两。使者所出，必有符至，毋符至，吏使出，亦与盗同法。”③

由此可知，对官吏的玩忽职守、不依法行政的行为，或未能发现辖区内违法事实的行为，皆给予严重处罚。

① 《张家山汉墓竹简·二年律令》。

② 《张家山汉墓竹简·二年律令》。

③ 《张家山汉墓竹简·二年律令》。

《二年律令》中对官吏职务犯罪、贪污腐败的惩处规定如下：

《二年律令》言：

“鞫狱故纵，不直，故诊、报、辟故弗穷审，死罪，斩左趾为城旦，他各以其罪论之。”①

再如：

“受财以枉法，及行财者，皆坐其赃为盗。罪重于盗贼者，以重者论之。”②

官吏的职务犯罪行为包括审理案件故意包庇罪犯，不依法律进行制裁，对重大案件不亲自审讯等。如果罪犯为死刑而不依法判处，则审判官吏需被斩左指，罚往修筑城墙，其他情况下的处罚则和罪犯处罚相同。若官吏因贪赃而枉法，行贿者及受贿者一律从重论处。此外，《二年律令》中明确对官员过失型犯罪和故意型犯罪需施行不同的处罚，过失犯罪一般予以减轻或者免除处罚，特殊情况缴纳罚金即可。但故意犯罪，尤其是接受贿赂后的故意犯罪一律从重处罚。

西汉惠帝三年（公元前 192 年），中央政府颁布《监御史九条》，主要内容如下：

《唐六典》言：

“惠帝三年相国奏御史监三辅郡，察以九条：察有讼者，盗贼者，伪铸钱者，恣为奸诈论狱不直者，擅兴徭役不平者，吏不廉者，吏以苛刻故劾无罪者，敢为逾侈及弩十石以上者，非所当服者，凡九条。”③

西汉初年，政府奉行黄老之学，将此作为治国理念，法网稀疏。随着社会的发展，同姓诸侯王妄行不法、干扰吏治，甚至有谋反的倾向。中央政府所在关中地区，权贵云集，豪强众多，地方郡、县政府吏治腐败，官商勾结，多有不法行为。惠帝刘盈命御史在三辅地区进行监察，颁布《监御史九条》（又称《御史九条》）作为监察的法律依据。从上述所引《监御史九条》可以看出，监察范围包含司法、经济、政治、吏治、礼治等方面。监察有讼者、盗贼者为稳定社会治安，伪铸钱、徭役不平者为防止经济性犯罪，论狱不直者、刻故劾无罪者为司法犯罪监督，吏不廉者、逾侈者为对官吏进行廉洁督责，私藏十

---

① 《张家山汉墓竹简·二年律令》。

② 《张家山汉墓竹简·二年律令》。

③ 张晋藩主编．中国古代监察法制史 [M]．南京：江苏人民出版社，2017：111.

石以上的弓弩和非所当服者为违法拥有重型武器及逾越礼法的行为。

综上所述，可知按照《监御史九条》进行监督的主要目的是加强中央政府对地方豪强及郡县官吏的控制，强化对地方及民间军事力量的遏制，维护统治阶级的利益，促进基层治理的稳定。对官吏损害百姓利益的监察只涉及“察有讼者，盗贼者”两点。但是，惠帝时期功臣集团、外戚集团最为活跃，丞相曹参坚持落实黄老之学，《监御史九条》并没有积极执行下去，流于形式。

武帝时期国力逐渐强盛，太仓之粟陈陈相因，贯朽而不可校，[①]地方民众家给人足。但此时地方政府出现了两个趋势，其一，地方豪强势力发展壮大，富比王侯，郡县官员难以对其进行有效控制；其二，吏治腐败，郡县官员能者缺乏，多为营私舞弊、贪污腐败之人。武帝针对此种状况于元封五年（公元前 106 年），分全国为十三部，每部设立刺史一人，颁布《刺史六条》，作为地方监察法规，明确监察官员监察的范围和行使监察权限的原则。具体内容如下：

《汉官典职仪》言：

“一条，强宗豪右，田宅逾制，以强凌弱，以众暴寡；二条，二千石不奉诏书、遵承典制，背公向私，旁诏守利，侵渔百姓，聚敛为奸；三条，二千石不恤疑狱，风厉杀人，怒则任刑，喜则淫赏，烦扰苛暴，剥戮黎元，为百姓所疾，山崩石裂，妖祥讹言；四条，二千石选署不平，苟阿所爱，蔽贤宠顽；五条，二千石子弟恃荣势，请托所监；六条，二千石违公下比，阿附豪强，通行货赂，割损正令。”[②]

《刺史六条》的重要价值在于对地方刺史的职权进行了明确规定和严格限制。在监察制度安排上确保刺史的监察权能够公正行使的同时保持监察权的边界性，防止刺史参与地方政务，有所为有所不为。《刺史六条》规定刺史监察的对象是地方豪强和两千石及以上的官员，即郡一级的官员，对其他官吏的监察不在刺史职权范围之内。对地方豪强的监察只有两点：监察其是否存在田宅逾越制度的情况，是否存在以强凌弱的行为。对两千石官员的监察主要涉及是否对中央阳奉阴违，不奉诏令；贪污腐败，刑赏不公；鱼肉百姓，施行暴政；选举不公，妖言惑众；和地方豪强及其家人狼狈为奸的违法行为。

---

① 《史记》卷三十《平准书》。

② 张晋藩主编．中国古代监察法制史 [M]．南京：江苏人民出版社，2017：111.

从国家权力配置的角度而言，对国家监察权力的运用要在不损害各级政府主体权力下实现，这就要求监察权力的有效性和监察权力的边界性。监察人员既要不失其职，又要做到不逾越权限，西汉时期的《刺史六条》很好地做到了这一点。虽然，在之后的监察实践中，此两个目的都未能达成，但不能因此而否定《刺史六条》的立法精神和立法原则。《监御史九条》和《刺史六条》两部监察专门法的颁布开创了中国监察立法的先河，对魏晋南北朝及之后隋、唐、宋、元、明、清的监察立法产生了深远影响。

东汉的立法精神和立法原则与西汉不同，东汉在儒家思想的影响下，立法失去了法律本身的公正性、严格性和强制性。所以，章帝以降，东汉吏治逐渐败坏，未能对官吏施行有效监察，多依赖于官吏自觉、名节等约束，相信人性的可靠性，实不知除极个别人之外，大多数人之人性都不可靠。马儒、郑玄等儒学大师，坚持“以礼入法”，用儒家经典的精神进行治狱和法律解释，中央政府承认他们所作法律解释的有效性。东汉末年两次党锢之祸的“党人”，虽然部分人有一味出于公心，以天下为己任的士者之风，更多的则体现出崇尚名节之下的好为苟难和求名邀誉。在世家大族对政治的把持之下，朝廷整体风气浮华，缺少笃行踏实的干吏，对官吏的监察实际上名存实亡。

四、秦汉时期的监察体制

秦朝国祚短暂，二世而亡，汉袭秦制，秦朝及汉初是中国古代大一统王朝相关配套制度的草创阶段，此前未有如此广袤的国土置于中央政府的统一管理之下。始皇帝和汉高祖二人对此中央集权制度似乎都不够自信，国策多有反复。至武帝时期，对官员的各项监察体制基本完善，建立起直属中央监察的中朝监察、御史监察、丞相司直监察和司隶校尉监察体制，地方政府层面，形成刺史对于两千石官员的监察，郡守对于下辖县级官吏的监察，中央对地方及地方对县级政府的巡视监察体制，此外尚有对于军事系统的监督。这一系统化的监察体制成为后世监察体制的范本。

及至东汉，开国气象和规模远不如西汉，面对的问题又远多于西汉。东汉除开国君主光武帝和后继者章帝、明帝外，其他君主多为平庸之辈，对监察制度建设似乎有心无力，多是对西汉已经建立的监察制度，在监察官员的职权范围和名称方面修修补补而已。

（一）中央行政系统常设监察体制

1. 御史监察体制

秦汉时创建了御史监察制度，以御史作为监察活动的主体。秦朝设立三公九卿制度，三公者为丞相、御史大夫、太尉。丞相为百官之首；御史大夫为副丞相，掌管律令、图籍、监察及辅佐丞相处理全国政务；太尉为国家军事首长。御史监察系统最高领导为御史大夫，下属有御史丞、御史中丞、治书侍御史、侍御史、符玺御史等，分别承担不同的职责。如：

《汉书·百官公卿表》言：

“御史大夫，秦官，位上卿，银印青授，掌副丞相。”①

再如：

《汉书·薛宣传》言：

“御史大夫内承本朝之风化，外佐丞相统理天下，任重职大，非庸材所能堪。”②

御史大夫的职责主要有两点，其一，监察百官；其二，辅佐丞相处理其他政务。武帝时期设立“中朝”，作为外朝重要成员的御史大夫的监察职责有所弱化。霍光辅政时期，自己兼任尚书，将原属于御史大夫的拆阅、转呈地方文件，参与决策，起草诏令等权力收归己有，将御史大夫从天子近臣变成了外臣。西汉成帝绥和元年（公元前 8 年），下诏将御史大夫官名改为大司空，将原有监察职权转交给御史大夫的下属官员御史中丞。东汉光武帝为了继续削弱外戚和重臣的权力，施行“虽置三公，事归台阁”的方针。至此，御史大夫（司空）的监察职责被基本剥夺，御史中丞成为中央监察部门的实际负责人。

御史中丞本为御史大夫的下属官员，因御史大夫职权繁忙，监察责任仅为其自身职责的一部分，所以御史中丞成为实际行使监察权的官员，又因其在殿中执法，能够作为皇帝的近臣常伴左右，所以与皇帝的关系更为密切。光武帝时期御史府改称御史台，标志着中国古代监察权力初步脱离丞相管辖，

---

① 《汉书》卷十九《百官公卿表》。

② 《汉书》卷八十三《薛宣传》。

成为相对独立的权力机构设置。谒者台、尚书台、御史台并称“三台”，其中御史台地位有所提升。

御史中丞的主要职责为统领监察官员和监察百官。如：

《汉书·百官公卿表》言：

“一曰中丞，在殿中兰台，掌图籍秘书，外督部刺史，内领侍御史员十五人，受公卿奏事，举劾按章。”①

再如：

《汉书·陈万年传》言：

“父死后，元帝擢咸为御史中丞，总领州郡奏事，课第诸刺史，内执法殿中，公卿以下皆敬惮之。”②

由上可知，御史中丞统领十五名侍御史，督察的对象包括中央政府公卿百官等高级官员，十三部刺史在组织关系上也隶属于御史中丞管辖，御史中丞对此有督察责任，不受其他相关人员的制约。此外，御史中丞还有掌管殿中的法令图籍、文件档案、皇帝诏令，直接参与案件审理等相关职责。

在秦汉时期的中央御史监察系统中，行使监察职责的是各种类型的侍御史。秦朝时期侍御史的具体职责是管理中央政府的文书档案、诏令图籍，处理地方政府每年考核的上计文件，监督百官，负责审理案件、处理冤狱、逮捕罪犯。由此可见，秦朝的侍御史除了监察职责外，尚有部分行政权和司法权。西汉时期，侍御史施行分曹办公，详细划分如下：

《晋书·职官志》言：

“凡有五曹，一曰令曹，掌律令；二曰印曹，掌刻印，三曰供曹，掌斋祠；四曰尉马曹，掌官厩马；五曰乘曹，掌护驾。”③

掌握实际权力的御史可分为治书侍御史、符玺侍御史等常设性侍御史和绣衣御史、督运曹御史等临时性侍御史。治书侍御史最早设立在汉宣帝时期，大致相当于皇帝的顾问兼秘书，地位高于一般侍御史，也是御史府的副贰；符玺侍御史在秦朝时期设立，两汉时期一职两人，共同代为保管皇帝玉玺，地位仅次于治书侍御史；绣衣御史始设于武帝时期，因身穿绣衣，以示皇帝

---

① 《汉书》卷十九《百官公卿表》。

② 《汉书》卷六十六《陈万年传》。

③ 《晋书》卷二十四《职官志》。

恩宠而得名，又被称为绣衣直史，具体职责为审理皇帝吩咐的特殊案件；督运曹御史主管督察漕运，都为临时性差遣，用时则设，不用则撤。

2. 丞相监察体制

丞相一职在秦朝及汉初极为尊贵，又被称为相国或相邦，邦即国也。在西汉初年，丞相秩万石，副丞相御史大夫秩仅为两千石，丞相理论上权限极大。如：

《史记·陈丞相世家》言：

“宰相者，上佐天子，理阴阳，顺四时；下遂万物之宜；外镇抚四夷诸侯；内亲附百姓，使卿大夫各得任其职焉。”①

由此可知，丞相的职权包括辅佐皇帝、参与决策、选拔官员、监察百官、封驳谏议、对外交通、立法司法等，参与国家政治权力行使的方方面面。因丞相总揽中央政府全局，为确保施政有序，提高行政效率，武帝时于丞相府中设立丞相司直一职，作为行政系统内部的监察官员。如：

《汉书·翟方进传》言：

“故事，司隶校尉位在司直下，初除，谒两府，其有所会，居中二千石前，与司直并迎丞相、御史。”②

可见，丞相司直的地位高于司隶校尉，朝中位置在两千石官员前列，主要职责为辅佐丞相监察不法行为。监察的范围上至皇亲国戚、中央政府高官，下至郡县官员、地方小吏，监督范围在秦汉时期较为广泛，具体监察工作由丞相司直的下属官吏丞相史履行。

丞相司直作为丞相下属官员，其职权和名称随着丞相职权和名称的变化而变化。如汉哀帝时丞相名称改为大司徒，丞相司直名称即改为大司徒司直，光武帝时丞相名称改为司徒，又称为司徒司直。光武帝建武十八年（公元42年），撤销丞相司直一职，直至东汉末年献帝时期才得以复设，但其监察权限相比之前略小，只能对京师地区的官员进行监察。

3. 中朝监察体制

丞相之职，位高权重，倘遇到守成之君，相权与君权之间可相安无事，若上位者为雄才大略之人，两者之间势必有所冲突。汉初奉行黄老之学，与

---

① 《史记》卷五十六《陈丞相世家》。

② 《汉书》卷八十四《翟方进传》。

民生息，丞相萧何、曹参、王陵、陈平、周勃等人崇尚无为，对自己多加贬斥，君臣之间矛盾缓和。待开国功臣逐渐凋零，后继者既无前辈的能力，权力与政治欲望却又有所过之。作为有雄才大略的封建君主，汉武帝必然要加强自身权力，增强决策的自主性，削弱相权，建立“中朝”。

《汉书·刘辅传》言：

“中朝，内朝也。大司马，左右前后将军、侍中、常侍、散骑、诸吏为中朝。丞相以下至六百石为外朝。”①

武帝选用一大批德才兼备的士大夫充当侍中、给事中、常侍、散骑常侍等侍从官员组成“中朝”。与此同时，提高了尚书的地位，由尚书掌握四方奏章，臣民上书可不经过外朝，由尚书直接呈递。尚书部门下设左、右丞等属官，承担监察职责。如：

《太平御览·职官部十一》言：

“尚书左右丞，典台事，绳纠无所不总。”②

可见尚书部门监察权限之大。此外，尚有由宫廷治安部门蜕变而来的监察谏议官员。如：

《汉书·百官公卿表》言：

“武帝元狩五年初置谏大夫，秩比八百石，太初元年更名中大夫为光禄大夫，秩比二千石。”③

郎中令在秦朝为九卿之一，主要掌管宫廷治安。武帝太初元年（公元前104年），将郎中令改称光禄勋，下设属官大夫、郎、谒者等，其中大夫掌管谏议监察，只对皇帝负责。

4. 司隶校尉监察体制

司隶校尉设置于武帝时期，集中央监察权与地方监察权于一身，其职权在后来不断扩大，除监察权外，逐渐拥有领兵权、选举权、治安权、社会管理权等。如：

《汉书·百官公卿表·序》言：

“司隶校尉，周官，武帝征和四年初置。持节，从中都官徒千二百人，捕

---

① 《汉书》卷七十七《刘辅传》。

② 《太平御览》卷二百一十三《职官部十一》。

③ 《汉书》卷十九《百官公卿表》。

巫蛊，督大奸猾。后罢其兵。察三辅、三河、弘农。”①

“巫蛊”是汉武帝时期流行的用巫术诅咒或以木偶埋于地下相传可以害人的一种迷信行为，武帝晚年体弱多病，常常怀疑别人以“巫蛊”加害自己。于是，在征和四年（公元前89年），设立司隶校尉一职，持节领官府兵丁一千二百人，逮捕有巫蛊行为的人。后来，“巫蛊”事件结束。但司隶校尉一职及其监察权却被保留了下来。

司隶校尉的监察区域为三辅、三河、弘农七郡。三辅为京兆尹、左冯翊、右扶风，属于汉朝京畿地区；三河为河南郡、河内郡、河东郡，为东部诸侯国和京畿地区的屏障；弘农郡下有函谷关军事重镇，此七地为广义的京畿地区，形势复杂，地理位置重要。汉元帝初元四年（公元前45年），司隶校尉诸葛丰因逮捕徐章而惹怒元帝，持节权力被收回，汉哀帝时又再次设定，位比丞相司直。东汉时期司隶校尉权限扩大，拥有和十三部刺史一样的“领州”之权。及至东汉末年，军阀混战，司隶校尉一职成为汉室统治的象征，如袁绍、曹操等人都曾领司隶校尉，三国时期蜀汉和曹魏均设置司隶校尉一职，该职成为正统性的标志之一。

在司隶校尉、丞相司直和御史中丞三者的关系上，因司隶校尉有监察七郡的权力，所以司隶校尉可监察丞相司直，但司隶校尉又为地方监察官员，所以又受到御史中丞的监督。根据汉代规定，司隶校尉在上任时需要和丞相司直一起前往丞相府和御史府拜会丞相和御史中丞，以防止其影响国家监察机关御史府（台）监察权限的正常行使。

（二）地方行政系统常设监察体制

1. 刺史监察体制

武帝继位之初，豪强地主和功勋集团相互勾结，目无法纪，兼并田地，扰乱吏治，地方郡县官员与之狼狈为奸，贪污腐败横行。武帝巡视地方时，对此有所发觉。如：

《史记·平准书》言：

“天子始巡郡国，东渡河，河东守不意行至，不辨，自杀，行西逾陇，……天子从官不得食，陇西守自杀，……新秦中或千里无亭徼，于是诛北地太守

① 《汉书》卷十九《百官公卿表》。

以下，而令民得畜牧边县。”①

景帝时平定“七国之乱”，威胁中央统治的诸侯危机初步解决，朝廷急需加强对地方官吏的监督。景帝先废除了郡监御史，于元封五年（公元前106年）除京畿附近七郡外，将全国其他地区分为“十三部”，设立十三位监察御史。各部监察范围如下：

（1）豫州部，监察区域为颍川郡、汝南郡、沛郡及梁国。

（2）冀州部，监察区域为魏郡、钜鹿郡、常山郡及清河、赵、平干、真定、中山、广川、河间七国。

（3）兖州部，监察区域为陈留郡、山阳郡、东郡、淮阳郡、大河郡、泰山郡及济北、城阳、济阴三国。

（4）徐州部，监察区域为琅琊郡、东海郡、临淮郡及泗水、广陵、楚、鲁四国。

（5）青州部，监察区域为平原郡、千乘郡、济南郡、北海郡、东莱郡、齐郡及川、胶东、胶西三国。

（6）荆州部，监察区域为南阳郡、南郡、江夏郡、桂阳郡、武陵郡、零陵郡及长沙国。

（7）扬州部，监察区域为庐江郡、九江郡、会稽郡、丹阳郡、豫章郡及六安国。

（8）益州部，监察区域为汉中郡、广汉郡、犍为郡、越巂郡、益州郡、牂柯郡、沈黎郡、汶山郡、巴郡、蜀郡。

（9）凉州部，监察区域为陇西郡、天水郡、武威郡、张掖郡、酒泉郡、敦煌郡、安定郡、北地郡、武都郡。

（10）并州部，监察区域为太原郡、上党郡、云中郡、定襄郡、雁门郡、代郡。

（11）幽州部，监察区域为渤海郡、涿郡、上谷郡、渔阳郡、右北平郡、辽西郡、辽东郡、玄菟郡、乐浪郡、真番郡、临屯郡及燕国。

（12）朔方部，监察区域为朔方郡、五原郡、西河郡、上四郡。

（13）交趾部，监察区域为南海郡，郁林郡、苍梧郡、交趾郡，合浦郡、九真郡、日南郡、珠崖郡、儋耳郡、象郡。

---

① 《史记》卷三十《平准书》。

以上十三部监察区域的划分以武帝时期为准，后虽有简略调整，但大体仍未超过此范围。除朔方部和交趾部外，其他各部与古时相传“州”的范围大致相同，又可以被称为十一州。十三部刺史隶属于御史府，按照《刺史六条》对辖区内豪强、二千石官员进行监察。西汉时期刺史的主要职责为检举不法行为、监督地方行政及举荐优秀人才。

汉元帝以降，政局混乱，外戚专权，社会动荡，阶级矛盾加剧。有人认为刺史为六百石秩之卑官，而监察两千石之高官，不符合“用贵治贱”的统治原则。汉成帝绥和元年（公元前8年），罢免刺史，设置州牧，秩两千石。汉哀帝建平二年（公元前5年），又复设刺史。汉哀帝元寿二年（公元前1年），再次将刺史改为州牧，直至西汉末期。但此时州牧与东汉末年之州牧不同，依然只有和刺史等同的权力，除了监察权外没有地方军政之权。

新莽统治时期，为平定叛乱，稳定地方，州牧除监察权外，开始拥有地方行政权及军事权。光武帝建武十八年（公元42年），随着政局稳定，为了加强中央集权，促进对地方政府的行政控制，刘秀罢免州牧，复置刺史。此时，刺史除西汉时期的监察权外，还有主管兵马、钱粮、选举的权力，可见其职权行政化日益明显。

东汉末年，为镇压黄巾起义，稳定地方秩序，太常刘焉建议中央政府选举九卿重臣出任地方官长，将益州、豫州、幽州三地刺史改成牧伯，扩大州牧权力。如：

《后汉书·刘焉传》言：

“出焉为监军使者，领益州牧，太仆黄琬为豫州牧，宗正刘虞为幽州牧，皆以本秩居职。州任之重，自此而始。”①

州牧集财政、行政、军事、监察、选举多种职权于一身，与之前刺史的职权相比有三点变化。其一，监察职权从监察郡级两千石官员扩展为可监察县级官员，对官吏违法行为可直接采取惩处措施。其二，干预地方行政的合法化。“州”逐渐成为县、郡两级地方政府之上的又一层级的行政单位。其三，州牧拥有军事指挥权。为集中辖区内人力、物力镇压黄巾起义，刺史被授予领兵权力。州牧权力的扩大，最终成为东汉末期军阀混战，导致汉朝灭亡的主要原因。

---

① 《后汉书》卷七十五《刘焉传》。

2. 县级及以下官吏监察体制

对县级及县级以下官吏的监督有四种方式，分别为郡守直接监察、丞相史监察、督邮监察与东汉时的廷掾监察。郡守直接监督在秦朝时已经出现，如南阳太守腾颁布的《语书》中对此有相关描述，监察方式为郡守每年巡查下属县，对相关官吏进行监察考核。丞相史为丞相司直的下属官员，汉文帝期间多派遣丞相史前往地方进行监察，但因其在监察中多与豪强勾通，贪赃枉法，隐匿暴政，因而武帝在元封元年（公元前 110 年）废除此项制度。

督邮全称为督邮掾或督邮书掾，本是郡守重要的属官之一，开始时仅掌管督送、起草文书档案等事务，后成为两汉时期郡级行政单位对县级官吏进行监察的官员。一般将一郡属县划分为二至四个督邮区，每区派遣一名督邮进行监察。主要考察县级官吏的行政情况，将结果汇报郡守，此外督邮尚有听命逮捕罪犯、押送罪犯、参与审讯等权力。

东汉时期，县级行政单位设立廷掾，主管对乡级行政机构的监察。如：

《后汉书·百官五》言：

“各署诸曹缘史。曰：诸曹略如郡员，五官为廷缘，监乡五部，春夏为劝农缘，秋冬为制度缘。”①

由此可知，每县将所管辖的乡分为五部分，每一部分派遣一名廷掾前往监察，每年春季、夏季注重劝课农桑，发展生产，秋季、冬季进行制度整顿，监察、处理不法行为。

（三）巡视监察体制

1. 中央政府巡视监察体制

汉朝中央政府的巡视监察多为临时性巡视监察，未能形成定制，主要分为皇帝亲自巡视监察和派遣中央政府官员巡视监察。如：

《史记·平准书》言：

“（元鼎四年）天子始巡郡国，东渡河，河东守不意行至，不辨，自杀。”②

再如：

《汉书·武帝纪》言：

---

① 《后汉书》卷一百一十八《百官五》。

② 《史记》卷三十《平准书》。

"元鼎四年十一月甲子，立后土祠于汾阴上，礼毕，行幸荥阳，还至洛阳。"①

"元封五年冬，行南巡狩，至于盛唐，望祀虞舜于九疑，登天柱山，自寻阳浮江，亲射蛟江中。"②

由上可知，武帝时期的巡视除彰显文治武功外，还有考察吏治，对官员进行督责的目的，若巡视途中发现违法犯罪行为则直接进行惩处。此外，《史记·田叔列传》记载，田仁上书武帝，说三河太守和朝廷三公相互勾结，欺压百姓，多有不法行为。于是武帝派遣田仁巡视三河地区，后经查看果真如此，田仁奏请武帝之后杀掉了三河太守。③

2. 地方政府巡视监察体制

相比中央政府非定制性的巡视监察，地方政府的巡视监察为定制性的。地方十三部刺史每年八月巡视所辖郡国，地方郡守每年春季巡视属县。刺史巡视称为行部，按照《刺史六条》的标准对郡级官吏及地方豪强进行监察。郡守巡视称为行县，主要职责为观览民俗、平治冤狱、考察官吏、进行赏罚，与郡守"行县"不同，刺史"行部"只能在《刺史六条》的监察范围内行使监察权，而郡守"行县"不仅可以进行监察，还可对官吏的违法犯罪行为进行惩处。

（四）军事系统监察体制

军队是封建国家政权中的暴力机器，对内可反对分裂、镇压起义、维护封建君主专制统治；对外可抵抗侵略，稳固国防，保障人民的生活秩序。秦汉时期君主对军队系统的监察非常重视，如秦朝时期在各郡设置监御史一职，除监察官吏的不法行为外，还有领兵作战时督促官兵的职责。高祖刘邦于沛县起兵，攻下丰邑后，丰邑监御史引兵进行围剿。武帝时期正式设置监军御史一职，跟随驻军监察领兵将领。

此外，武帝时期形成了兵将分离制度，以强化对将领的监督。如：

《通典》言：

---

① 《汉书》卷六《武帝纪》。

② 《汉书》卷六《武帝纪》。

③ 《史记》卷一百〇四《田叔列传》。

“兵制可采，唯有汉氏。或有四夷侵轶，则从中命将，发五营骑士、六郡良家。贰师、楼船、伏波、下獭，咸因事立称，毕事则省。虽卫、霍勋高绩重，身奉朝请，兵皆散归。”①

兵将分离制度将调兵权和统兵权分开，承平时期将领没有调动军队的权力，只有训练军队的权力，若有战端开启，由皇帝进行调兵，派遣心腹将领作为统帅，战争结束后，统兵将领交还兵权。由此可见，这项制度的核心在于将不领兵，将兵权集中于皇帝一人之手，避免将领拥兵自重，也可强化对将领的监督。

（五）秦汉时期的谏议监察体制

秦朝建立的中央集权制度体系，在中央建立“三公九卿”制度，“九卿”之一为郎中令，主要职责为掌管宫廷侍卫，守卫宫廷门户。始皇帝于郎中令下设置谏大夫，无固定人员和官署，人员额制多时有数十人，主要职责为匡正君主过失。汉武帝时期为了提高行政效率，将郎中令改名为光禄勋，下属谏大夫官秩为八百石，依然没有官署、固定人员和实际职权，其人员和宫门侍卫杂混在一起，多属兼官。

东汉光武帝时期，将“谏大夫”官称改为“谏议大夫”，与中大夫、太中大夫一起掌管谏议，增加其商议国事、参政议政的职责。官秩定为六百石，人员额定三十人，多选取名节良好、忠孝两全的儒者。及至“党锢之祸”后，儒者势衰，也影响到了谏议人员的谏议积极性。

从单纯的谏议制度角度看，两汉时期的谏议制度虽较秦时有所发展，但依然没有形成谏官制度，所辖官吏虽有谏职，但多为加官。此外，谏官尚有其他差事，尚未形成独立的组织形式，更没有封驳审议的职权。

五、秦汉时期监察的特点

秦汉时期“帝制成功，君政废坠”，改变了先秦封邦建国的制度，形成了封建主义中央集权下的郡县制，导致官僚阶级作为一个独立阶级，从此活跃在中国历史的舞台。如何对官僚阶级进行有效督责，不使其过分虐民，同时

---

① 《通典》卷一百四十八《兵一》。

将官僚权力限制在一定范围内，不至于威胁皇权，成为封建君主重点考虑的问题。通过以上研究，略可得知秦汉时期的监察制度具有以下四个特点。

其一，秦汉时期监察机构设置多样化，监察官员之间相互制衡。秦朝时建立三公九卿制度，设立御史府，由御史大夫和御史中丞、御史丞主管监察，向各郡派遣监郡御史，建立从上至下的监察体系。两汉时期，中央设立御史府（台），地方分为十三部，建立刺史府，作为专门的监察机构。在行政机构内部设立丞相司直监察、司隶校尉监察、郡守行县监察、廷掾监察等机构。在监察方式上，采用常规性制度监察和临时性巡视监察相结合的方式；在职权分工上，有文官系统的监察和军事系统的监察；在行政层级上，分为中央政府的监察和地方政府的监察。组织严密，体系完整，建立起多层次、多领域的监察体制，同时如司隶校尉既为中央监察官员又为地方监察官员，丞相司直是中央行政系统的监察官员，御史中丞是中央监察系统的官员，此三者处于相互监察之中，各个监察体系中的监察者既在监察着别人，也被其他监察人员所监察，互为制衡。

其二，监察官员以小察大，位卑而权重。秦汉时期的监察官员多为中下级官员，如监察部门的实际最高长官御史中丞在西汉时期秩仅千石，行政部门的最高实际监察官员丞相司直秩仅两千石，作为十三部的刺史秩仅六百石。但丞相司直可直接监察上至皇亲国戚，下至京师文武百官，刺史可以直接监察地方豪强和郡两千石级官员，从而形成了以小察大，位卑而权重的现象。赵翼曾说:“官轻则爱惜身家之念轻，而权重则整饬吏治之威重。”此种监察方式促进了监察的实施。但以小临大、以卑临尊的监察方式也有其弊端，如秦朝、西汉后期、东汉中后期，政治腐败，但监察官吏的级别过低，难以对官吏形成有效震慑，监察官员的“权重”则导致其权限逐渐超过监察权范围，不断插手行政事务，最终成为地方行政长官。如两汉时期的刺史最终发展为州牧，职权从监察权扩展到行政权、选举权、军事权，成为政治上的不稳定因素。

其三，秦汉时期出现专门的监察立法，监察官员行使监察权有了法律依据。秦朝虽然没有专业性的监察法规，但秦法严密，将对官员进行监察的条款融入了各项法律之中。秦朝的监察立法和两汉不同，秦朝采用事先规定的方式，明确官吏的责任，未完成相关义务，则为违法。西汉时期制定了专业的监察法律，如《监御史九条》和《刺史六条》，对规范监察官吏行为，明确监察范围，防止监察官吏滥用权力干涉地方行政事务有重要意义。它成为后世监察立法的范本，促进了中国古代监察立法的发展。

其四，秦汉时期的监察严重依赖于皇权，注重对官吏的监察而轻视对皇帝的谏议。秦汉时期的监察可以分为两个时间段，在西汉中期、东汉前期，政局稳定，皇帝清明多有大略，国家监察可以有效落实，监察体制和监察法规较为健全。而秦朝、西汉后期、东汉中后期，君主或者急促迈进，役民无度，或者年少继位，为人昏庸，宦官和外戚专政，政治黑暗，官吏多贪残虐民之人，无法进行有效监督，监察的实际效度取决于皇帝的支持与否。秦汉时期，对官员的监察较为完善，对皇帝的谏议制度却不甚完善，相比秦朝，汉武帝和光武帝都较大幅度地提高了谏议官员的行政级别和权限，但谏议官员依然没有独立的机构和具体的职责，也未能取得封驳之权。

相比先秦时期中国古代监察的萌芽状态，秦汉时期的监察无论是从监察机构、监察人员，还是从监察思想、监察立法方面都有较大进步，初步建立起完整的监察体制，中国古代监察向系统化、专业化、法治化迈出了重要一步。

第三章　魏晋南北朝：中国古代监察法制的曲折前进

一、魏晋南北朝时期的政治和社会背景

东汉自灵帝中平六年（公元189年），董卓入京之后，天下分崩离析，地方诸侯各有其志。董卓火烧洛阳，挟持汉献帝迁都长安，关东群雄开始逐鹿中原，以袁绍为首的军阀欲立幽州牧刘虞为帝，遭其拒绝后遂自行割据。袁绍借助先祖“四世三公”的名望，招揽天下英雄，扩充兵马，攻取青、幽、冀、并四州，凌驾于诸侯之上。但袁绍在行政、战略修养上和曹操相比有所不及，建安五年（公元200年）于官渡之役曹操以弱胜强，击败袁绍，后一统北方。

曹操文韬武略，为古今少有，忍小谋大，艰苦开拓，在谋士毛玠的建议下奉天子之身，以讨伐不臣，北破袁绍，东取兖徐，西攻雍州，南下荆襄，因骄傲自满于赤壁之役功败垂成。①之后孙权巩固江东，刘备占据荆、益二州，形成三分天下的局面。

刘备相传为汉室宗亲之后，时为涿郡织席贩履的一介平民，为人坚韧不拔，屡败屡战。赤壁之战后刘备得诸葛亮辅佐，建立蜀汉基业，后和孙吴在争夺荆州的猇亭之战中元气大伤，旋诸葛亮专擅蜀国国政，联合孙吴以讨贼兴汉为己任，因国力衰弱，难有成效。②孙吴一方面因国内少数民族山越的干扰，另一方面因国家富有雄才的将相皆英年早逝，所以仅能偏安江南。③后来，魏国国政逐渐为权臣司马氏所篡夺，景元四年（公元263年），魏国兵分三路，分别由钟会、邓艾、诸葛绪率领，进攻蜀国，后主刘禅投降。④咸

---

① 《三国志》卷一《魏·武本纪》。

② 《三国志》卷三十二《先主传》。

③ 《中国历代战争史（第八卷）》第五章《东吴开国之战——孙策开拓江东豫章》。

④ 《中国历代战争史（第八卷）》第十章《魏灭蜀之战》。

熙二年（公元265年），司马炎篡魏，建立西晋。

晋太康元年（公元280年），西晋重臣杜预灭吴，三国一统。三国时期及西晋之统治者若以其社会阶级而言，袁绍、司马氏、孙吴为地方上出身于儒家的豪族，刘备、曹操则为非儒家的寒族，西晋取代曹魏，实际上是儒家豪族和非儒家的寒族之间的胜败问题，非司马氏和曹氏两姓的胜败问题。这也关系到曹魏、蜀汉和孙吴、西晋的治国风格问题，对于儒家豪族来讲，袁绍的失败只是儒家的暂时性挫折，他们通过司马懿父子，又将政权夺取回自己手中。①

西晋武帝司马炎认为曹魏宗室子弟衰微，孤立无援，政权容易被权臣篡夺。于是，大举分封同姓诸侯王，两万户为大国，置三军五千兵马；一万户为次国，置两军三千兵马；五千户为小国，置一军一千五百兵马。②此外，晋武帝罢免州郡武装，大郡只有武吏一百人，小郡有武吏五十人，为后来的“八王之乱”埋下祸根。③

西晋的危机主要在于两点。其一，西北和北方地区，皆以匈奴、鲜卑、羯族、氐族、羌族为主要居民，汉族编户较少，不易统治，成为政治上外部的不稳定因素；其二，内部施行郡县制之反动的封建制，统治阶级声色犬马，奢侈无度，贪污腐败之风气盛行。晋武帝逝世之后，晋惠帝继位，贾后专政，酿成八王之乱，历时十六年，之后五胡入主中原，西晋政局崩溃，北方社稷不再。

永嘉南渡后，琅玡王司马睿在士族王导、王敦等人的辅佐下建立东晋王朝，但应注意东晋政权是在南渡的北方士族和江南土著士族相结合的基础上建立起来的，武力主要依靠北方而来的楚子集团。东晋朝廷自始至终未能解决这两个集团间的矛盾，所以内乱频生，无力北伐。王敦、陶侃、庾亮、桓温、桓玄等人皆坐镇荆州之地，与中央政府矛盾不断。东晋政府偏安江左，少有建术。④

“五胡”的名称最早出于前秦苻坚之口，“十六国”的名称源自北魏崔鸿

---

① 万绳楠:《陈寅恪：魏晋南北朝史讲演录》第一篇《魏晋统治者的社会阶级（附论蜀、吴）》。

② 《中国历代战争史（第九卷）》第一章《两晋时代全般形势》。

③ 《中国历代战争史（第九卷）》第一章《两晋时代全般形势》。

④ 万绳楠:《陈寅恪：魏晋南北朝史讲演录》第九篇《东晋与江南士族之结合》。

的《十六国春秋》，实际上自晋永兴元年（公元 304 年），匈奴人刘渊建立汉（前赵）到宋文帝元嘉十六年（公元 439 年）北凉灭亡，共建立十九国，十六国并非都由五胡所建立，五胡所建立的国家也并非都列入十六国之中。崔鸿所记载的十六国历史，并非与五胡有必然的联系，只是取其“能建邦命氏，成为战国者”的国家列入。

五胡乱华时期所建的十九个政权如下：

匈奴羯建立四个政权：刘渊、刘聪、刘曜等建立汉（前赵）政权，都城平阳、长安，存在二十六年；沮渠蒙逊建立北凉政权，都城张掖，存在三十八年；赫连勃勃建立夏政权，都城统万，存在二十四年；石勒、石虎建立后赵政权，都城襄国，存在三十四年。巴蛮氐建立四个政权：李雄建立成（汉）政权，都城成都，存在四十三年；苻健建立前秦政权，都城长安，存在四十四年；吕光建立后凉政权，都城姑臧，存在十八年；姚苌、姚兴建立后秦政权，都城长安，存在三十四年。东胡和鲜卑建立七个政权：慕容皝建立前燕政权，都城龙城、邺城，存在三十四年；慕容垂建立后燕政权，都城中山，存在二十三年；慕容冲建立西燕政权，都城长安，存在十年；慕容德建立南燕政权，都城广固，存在十一年；乞伏国仁建立西秦政权，都城苑川，存在四十七年；秃发乌孤建立南凉政权，都城乐都，存在十九年；拓跋珪建立北魏政权，都城乐盛、平成、洛阳，存在一百七十二年。汉人建立四个政权：汉人张骏建立前凉政权，都城姑臧，存在七十五年；汉人李暠建立的前凉政权，都城敦煌，存在二十二年；汉人冉闵建立的魏政权，都城邺城，存在二年；汉人冯跋建立的北燕政权，都城龙城，存在二十九年。[①]

五胡乱华时期，绝大多数胡人所建政权享国不过数十年，在此期间常常征伐无度，以少数民族入主中原者多强行迁移汉族编户，所至者十之二三，对于国家制度难以说有何种建设。中原人口锐减，有的郡不过三百户，县不过百户，汉族人民多结成坞堡自守，少数民族的部族逐渐成为国家编户，在客观上也促进了民族融合。

东晋恭帝元熙二年（公元 420 年），刘裕携北伐成功的威望，建立南朝宋政权，是为宋武帝。后经历少、文、武、前废、明、后废、顺帝等七帝四世六十年，为南齐高帝萧道成所篡。南齐历七帝二十四年，帝位被其族弟梁

① 《中国历代战争史（第九卷）》第一章《两晋时代全般形势》。

武帝萧衍所夺，梁武帝博学多才，但武力不得彰显，在与北魏多年的战争中，仅仅能够保持住淮河流域以南，后经历侯景之乱，南齐势衰，经四帝五十五年禅位于大将陈霸先，是为南陈武帝，传至后主陈叔宝于隋开皇八年（公元588年），被隋朝晋王杨广所灭。①

北魏为鲜卑族拓跋氏所建，太元十一年（公元386年）拓跋珪继位代王，之后改国号为魏，后灭掉后燕，国势大增，其后人拓跋焘有雄才大略，在士族领袖崔浩的辅佐下统一了北方。后来在冯太后和孝文帝拓跋宏的主持下进行了汉化改革，促进了民族融合，但改革没有处理好汉化人民和本民族未汉化人民间的关系及利益分配，导致北方六镇叛乱而起，②北魏分为东魏和西魏，朝政分别为权臣高欢和宇文泰把持，高欢后人高洋接受禅让建立北齐政权，宇文泰后人宇文觉也在众将的拥护下篡夺西魏帝位建立北周政权。后北周灭掉北齐，北周辅政外戚杨坚又代周自立，于公元581年建立隋朝，隋灭掉南陈后天下复归一统。③

三国两晋南北朝时期，是中国古代大动乱时代，少有承平之日，基本没有政权进行开创性制度建设，吏治腐败在中国历史之前列，对官员所行的监察也较少谈起。但是，此时代亦为重要的过渡时代，为隋唐时期三省六部制的建立奠定了基础，可以较为明确地看到因事实的发展变化，导致三公九卿制度向三省六部制度的演进脉络，可称此时代为中国古代制度建设承上启下的重要发展时代。

二、魏晋南北朝时期的监察思想

两汉以来，法治经历了一个儒家化的过程，直至汉末曹操、诸葛亮二人循名责实，再次形成法治的思想潮流，对这股法治思想潮流，后人多称为“名法之治”或“名法思潮”。所谓名法，即一方面肯定礼制对依法治国的指导作用，进行正名；另一方面，主张法家的依法治国方略，④这种“名法”思想也成为曹魏前期和蜀汉的治国指导思想。

---

① 邹纪万：《魏晋南北朝史》第一章《魏晋南北朝的政治变迁》。

② 万绳楠：《陈寅恪：魏晋南北朝史讲演录》第十七篇《六镇问题（附齐魏之兵）》。

③ 《中国历代战争史（第十卷）》第一章《南北朝时代全般形势》。

④ 曾代伟主编．中国法制史[M]．北京：法律出版社，2012：95.

曹魏后期，儒家豪族逐渐取代寒士成为国家官僚阶级的主体，不仅使得以儒家豪族为统治基础的司马氏篡夺魏政成为可能，而且也逐渐回归到法制儒家化的过程中，对于官员的监察也由严格逐渐松弛。孙吴政权的统治基础和司马氏一致，都为儒家豪族，在三国之中，孙吴的法制基础较差，对官员监察的随意性较强，官吏玩忽职守、贪污腐败也较魏、蜀为甚。

两晋与南朝可以分为两个阶段，西晋时期和东晋、宋齐梁陈时期。西晋武帝开国之初，即显示出衰象，以“荒淫怠惰，遗患后嗣”而出名。曹魏求官重功利和现实，缺乏理想和操守，在政治上急功近利，缺乏远见。但西晋开国之初所用官员不仅无曹魏法术之士的治国才能，而且又无其先祖在经术名节方面的操守，成为利禄之辈，士族政治中贪污和奢侈现象成为常态。西晋的统治者也优待儒家豪族，对官吏的监察较为重视维护皇权统治，轻视官吏行政责任、贪污腐败方面的问题。

及至永嘉南渡，东晋及南朝宋齐梁陈偏安江左，皇权主要依靠北方的侨居士族和南方的土著士族，谁可以取得此二者的支持谁便可以改朝换代。王朝内部也形成了侨居士族和南方士族的矛盾，中央扬州政府和地方荆州政府的矛盾，士族集团和江南百姓的矛盾及皇族内部围绕皇权归属的矛盾。[①]这四种矛盾导致政局多变，朝令夕改，国家制度建设多依靠两汉及西晋的旧有制度，对官吏的监察也较为松懈。与对官吏的监察相反，由于两晋及南北朝时期的统治者多依靠儒家豪族，与之共享天下，对于君主的谏议制度却较为发达。

五胡十六国时期，统治者多为胡族汉化之后的首领。但是，因国祚较短，无法形成国家制度，对官吏的有效督察需待北魏太武帝拓跋焘、北魏孝文帝拓跋宏和北周宇文泰进行改革之后。魏晋南北朝时期的监察思想也可分为四个阶段，三国时期、西晋时期、东晋及南朝时期、五胡十六国及北朝时期。

（一）三国时期的监察思想

三国时期对官吏监察的思想可以分为两类，第一类是以法家思想为主指导监察的魏、蜀两国；第二类是以儒家思想为主指导监察的孙吴一国。魏蜀两国的法治监察思想以曹操、诸葛亮为代表，孙吴的儒家监察思想以孙权为

---

① 邹纪万:《魏晋南北朝史》第一章《魏晋南北朝的政治变迁》。

代表。

曹操的监察思想。如：

《三国志·高柔传》言：

“夫治定之化，以礼为首。拨乱之政，以刑为先。是以舜流四凶族，皋陶作士。汉祖除秦苛法，萧何定律。掾清识平当，明于宪典，勉恤之哉！”①

此段是曹操提拔高柔为主管刑罚的官吏时对他所说的话，表明曹操认为“礼”和“刑”都是治理国家的重要方式，在国家承平之日应以礼为主，动乱年代拨乱反正时需以刑为先。三国时期为大争之世，当然需要以法术作为治国的主导思想。在官吏的选举方面，曹操的《求才三令》可以很好地体现出他对官吏的要求。如：

《三国志·武帝纪》言：

“夫有行之士未必能进取，进取之士未必能有行也。陈平岂笃行，苏秦岂守信邪？而陈平定汉业，苏秦济弱燕。由此言之，士有偏短，庸可废乎！有司明思此义，则士无遗滞，官无废业矣。”②

可见，曹操在选拔官吏方面，对“德才兼备”有所忽视，认为有德者未必有才，有才者未必有德，而行政则需要其“才”。曹操的“唯才是举”适应了当时社会拨乱反正、问鼎天下的政治需要，试图纠正以往儒家士族盛名之下浮华不实的社会弊端。他认为，凡勇于任事之人，大都比崇尚虚名之人清廉。以曹操阵营的文臣武将来看，基本能做到清廉自守。但一味重才，却不能杜绝品德低劣、贪污腐败之人混入官吏队伍中，因此需要严刑峻法加强对官吏的监督。如：

《三国志·武帝纪》言：

“制法而自犯之，何以帅下？然孤为军帅，不可自杀，请自刑。”③

再如：

《三国志·满宠传》言：

“时曹洪宗室亲贵，有宾客在界，数犯法，宠收治之。洪书报宠，宠不听。洪白太祖，太祖召许主者。宠知将欲原，乃速杀之。太祖喜曰：‘当事不当

① 《三国志》卷二十四《高柔传》。

② 《三国志》卷一《武帝纪》。

③ 《三国志》卷一《武帝纪》。

尔邪'？"[1]

再如：

《三国志·武帝纪》：

"智者不得越法而肆谋；辩者不得越法而肆议；士不得背法而有名；臣不得背法而有功。"[2]

曹操在行军之时颁布军令，不许将士踩踏百姓庄稼。但是，自己的战马因受惊踩踏了庄稼后，他拒绝了执法官援引"刑不上大夫"的古训，割发代首，进行自我制裁。满宠作为执法官整治曹洪的宗室亲族时，曹操表示赞许，他认为对"智者、辩者、士人、官吏"都不能越过法律去谋取私利。应以法律来规范统治阶级的行为，一视同仁，违者必究。

蜀汉立国即以汉室正统自居，需以益州一州之地抵抗全国，高举"汉贼不两立，王业不偏安"的正义旗帜。所以，蜀汉必须采用可以集中全国人力、物力、财力的法家之术进行统治，形成积极进取的国策。相比曹魏政权，蜀汉与其同非士族政权，且蜀汉政权非益州本土政权，故厉行督责，坚持法治的公平性就显得更为重要。如：

《三国志·后主传》言：

"治世以大德，不以小惠，故匡衡、吴汉不愿为赦。先帝亦言吾周旋陈元方、郑康成间，每见启告，治乱之道悉矣，曾不赦也。若刘景升、季玉父子，岁岁赦宥，何益於治。"[3]

诸葛亮认为治理国家需要"大德"而不能依靠"小惠"，"大德"在于公正平等地治理官吏，法外无恩，像刘表、刘璋父子那样，经常大赦，对治理国家并无好处。对官吏的监督，诸葛亮做到了如：

《三国志·诸葛亮传》言：

"约官职，从权制，开诚心，布公道；尽忠益时者虽雠必赏，犯法怠慢者虽亲必罚，服罪输情者虽重必释，游辞巧饰者虽轻必戮。"[4]

由此可见，诸葛亮秉持法家依法治国的传统观念，严格执法，使蜀汉政

---

① 《三国志》卷二十六《满宠传》。

② 《三国志》卷一《武帝纪》。

③ 《三国志》卷三十三《后主传》。

④ 《三国志》卷三十五《诸葛亮传》。

权中益州势力集团、荆州势力集团和刘备、刘璋最初的各种派系相对臣服，为出祁山、擒孟获及蜀汉数十年的统治奠定了基础。

孙吴统治者孙权、孙皓等人都是重刑主义者，但他们的治国理念并不是依法治国，也并不依法对官吏进行监督。在与江左儒家豪门共治天下的政治需求中，孙吴政权对官吏阶级不断让步，只要不涉及威胁皇权的稳定统治，对官吏的违法行为多有宽恕。如：

《三国志·陆逊传》言：

“臣以为科法严峻，下犯者多。顷年以来，将吏罹罪，虽不慎可责，然天下未一，当图近取，小宜恩贷，以安下情。”①

上为东吴陆逊对孙权劝谏时所言，孙权虽然驳斥了陆逊的言论，却将此种思想应用到执政中，如东吴在短短数十年统治中大赦天下居然有三十四次之多。无疑大赦天下有调整阶级矛盾、稳定社会秩序、弥补法制不足的效果，但由此可见东吴对官僚阶层的巨大让步和执法的随意性。根据《三国志·吴书》的记载，东吴对官吏执行死刑的原因多是因官吏的行为侵犯到皇权稳定或逾越礼治，极少有因贪污腐败、懒政怠政遭受严厉惩处的情况。

（二）西晋时期的监察思想

西晋沿袭曹魏后期重用儒家士族的理念，逐渐形成了门阀政治，九品中正制的出现就是门阀政治发展的结果，反过来又继续促进门阀政治的发展。西晋的建国规模远不如中国历史其他统一王朝建国规模之博大，对儒家士族形成的官僚阶级监察问题，西晋统治阶级形成三种看法，第一，西晋统治者提倡对官吏厉行监察，违者必纠；第二，当官僚阶级和皇权之间矛盾加大时，西晋统治者又多采取调和措施，减轻对官吏的督责；第三，出自儒家士族本身，希望直接取消监察制度。如：

《晋书·傅玄传》言：

“每有奏劾，或值日暮，捧白简，整簪带，竦踊不寐，坐而待旦。于是贵游慑伏，台阁生风。”②

傅玄为人忠于职守，每次检举官吏不法行为时，衣着整齐，夜不能寐，

① 《三国志》卷五十八《陆逊传》。

② 《晋书》卷四十七《傅玄传》。

以待天亮，导致群臣静肃，有所收敛。傅玄之所以能做到如此，这和晋武帝的支持是分不开的，但当司隶校尉李憙弹劾司马睦、山涛、刘有等人行为不正，侵占官田时，晋武帝对此三人的处理却极为不同。刘友为县令，位小职卑，对其进行严厉处罚；尚书山涛、中山王司马睦二人位高权重，未受到任何处罚。由此可见，晋武帝虽然支持监察官员行使监察权，但为了维护统治基础稳定，需对世家大族多加笼络，最终在督责和宽容之间寻找平衡。

但儒家士族对此却多有不满，甚至希望取消监察机构。如：

《晋书·荀勖传》言：

“虽不省吏，天下必谓之省矣。若欲省官，私谓九寺可并于尚书，兰台宜省付三府。然施行历代，世之所习，是以久抱愚怀而不敢言。”①

荀勖以汉初的政局为例，言明萧何、曹参、汉文帝、汉景帝时期的无为而治，使民富足安康，武帝之时裁撤郡国官吏，缩减编制，减轻国家负担。因此，他提出可以将“九寺（九卿）”裁撤编入尚书省，将“兰台（御史台）”也进行裁撤。士族子弟提出裁撤御史台的建议反映了其对监督机构和监察人员的敌视，自西晋以降及至南朝宋齐梁陈时期，儒家门阀士族子弟对监察官吏的打击报复、干扰非难不绝于史册。

（三）东晋和南朝时期的监察思想

本节之所以将东晋和南朝宋、齐、梁、陈时期放在一起，是因为这五个朝代对统治阶级基本一致，都为儒家豪强地主阶级，国家所面临的外部问题和内部矛盾也基本相似。东晋和宋齐梁都是依靠北方南渡士族和南方土著士族建立的。及至南梁末年，侯景之乱爆发，永嘉南渡后的北方士族遭受重创，南方军事集团士族兴起，建立了南陈政权。②

东晋、南朝宋、齐、梁、陈五朝，经研究发现，中央政府对儒家豪强所控制的地方政府掌控有限，不得不从经济、政治、选举多个方面对其进行补偿才能保持政权稳定。但是，各朝皇帝从始至终都在维持稳定统治的前提下采取各种方式加强对官吏的监察，相反儒家门阀豪强出身的官吏对政府监察

① 《晋书》卷三十九《荀勖传》。

② 万绳楠：《陈寅恪：魏晋南北朝史讲演录》第十二篇《陈梁时期士族的没落与南方蛮族的兴起》。

官员多有蔑视，甚至不屑一顾。如：

《晋书·元帝纪》言：

“二千石令长当祗奉旧宪，正身明法，抑齐豪强，存恤孤独，隐实户口，劝课农桑。州牧刺史当互相检察，不得顾私亏公。”①

由此可见，晋元帝司马睿对儒家豪强和地方官吏之间的不法行为心知肚明，但东晋政权从中央政府至地方政府基本被士族把持，尤其是以王导兄弟为首的士族几乎把持了政权，形成“王与马，并天下”的局面。晋元帝甚至需要对江南士族顾荣说出“寄人国土，心常怀惭”这样的话，以求得江南士族集团的支持，所以对官僚阶层进行有效监督显得困难重重。

晋元帝之后，东晋儒家豪族的代表王氏、庾氏、桓氏、谢氏等家族先后把持中央政府，对官吏的监察无从谈起。如东晋简文帝在位时，大司马桓温在京城戒严的情况下故意违反规定，夜晚命士兵吹响鼓角，遭受御史中丞的弹劾。第二天桓温知道此事后，竟说出:“儿敢弹我，真可尚！”这样的话语。

不仅中央政府的监察形同虚设，地方政府对官吏的监察能力也在不断减弱。如：

《晋书·王国宝传》言：

“左右近习，争弄权柄，交通请托，贿赂公行，官赏滥杂，刑狱谬乱。”②

地方官吏贿赂公行，导致赏罚不明、刑狱混乱。如地方官吏孙盛贪污腐败，草菅人命，将中央政府巡视监察官员称为“怪鸟”，不仅没有受到处罚，反而步步高升。有此等官僚阶级和政治风气，东晋岂有不亡之理？

南朝皇帝多为军事将领，通过政变夺权上位。所以，对官吏监察异常重视，多数南朝皇帝都要求监察官吏直接对自己负责，因而提拔寒门士族担任典签，监察诸王与刺史，典签权限较大，可直接面圣汇报监察情况。由此可见，相比魏晋时期监察官员的权限有所扩大，皇帝多对典签的监察呈支持态度。如：

《南齐书·明帝纪》言：

“上览易遗，下情难达，是以甘棠见美、肺石流咏；自月一视黄辞，如有

---

① 《晋书》卷六《帝纪第六》。

② 《晋书》卷七十五《王国宝传》。

含枉不申，怀直未举者，莅民之司，并任厥失。”[①]

再如：

《梁书·武帝纪》言：

“今端右可以风闻奏事，依元熙旧制。”[②]

再如：

《陈书·宣帝纪》言：

“凡诸辩决，务令清乂，约法守制，较若画一，不得前后舛互，自相矛盾，致有枉滞，纡意舞文，纠听所知，靡有攸赦。”[③]

由上可知，南朝统治者对监察官吏的监察活动多持支持态度，梁武帝依照晋恭帝元熙年间旧制，允许监督官员风闻言事。风闻言事也被称为风闻奏人、风闻弹人，指国家监察官员可以在没有核实证据，不确保准确的情况下对被监察官吏进行检举弹劾，即使所弹劾的事情与实际不符，监察官员也不需对此承担责任。这对保护监察官员，促进行政风气的清正廉洁具有重要作用，但在一定程度上也助长了监察官员打击报复、结党营私、私相驰援的歪风邪气。[④]

纵观整个南朝时期，对官吏进行监察的实际效果并不太好。南朝君主虽支持监察，提拔寒士，但对门阀士族控制政治和经济的局面毫无办法。同时南朝对皇室子弟疏于教育，多出昏君、庸君，所提拔的寒门重臣如戴法兴、吕文显等，身居高位后在社会不良风气的影响下也竞相豪奢，竭力混入士族门阀之中，玩弄权术，贪污腐败，与士族门阀相比有过之而无不及。

此外，相比魏晋和北朝，南朝的监察思想呈现出重“术”轻“法”的态势，中原在少数民族的统治下，北周、北齐都有监察立法，以法制约束官吏的行为，明确监察官员的责任。而作为汉族正统、文物所在的南朝，只是从制度和权术的角度进行监督，缺乏监察立法。法治建设多沿袭魏晋旧制，无法得到根本的改变。

---

① 《南齐书》卷六《明帝纪》。

② 《梁书》卷二《武帝纪》。

③ 《陈书》卷五《宣帝纪》。

④ 沈玮玮，张晨曦．察察之政：古代的风闻言事之制[J]．公民与法（综合版），2019（6）：38－40.

（四）五胡十六国和北朝时期的监察思想

从东晋建武元年（公元 317 年）衣冠南渡到北魏太延五年（公元 439 年）北魏统一北方为“五胡十六国”时期，从北魏统一北方至隋文帝开皇元年（公元 581 年）隋朝建立为北朝时期。相比而言，北朝时期比五胡十六国时期国家更趋于稳定，所以在监察建设的思想性和持续性方面，北朝时期也远较五胡十六国时期为善。

五胡十六国和北朝时期的监察思想、监察制度建设是随着少数民族的汉化而展开的，孝文帝改革之前少数民族多为被动汉化，之后多为主动汉化。五胡集团的统治阶级面临的困境在于虽可以从武力上征服汉族政权，但若不接受汉族的文化制度则难以立国，若接受汉族的文化制度，少数民族的统治阶级则会逐渐蜕变为汉族儒家的门阀士族，失去立国之武力。此问题的彻底解决尚需到北朝末年北周改革之后。

五胡十六国的上层领袖深受汉族文化人伦的影响，在治理国家，例行监察中，多因地制宜、因事制宜采取胡汉分治的策略。统治阶级为了巩固统治，对官吏监察名义上多持支持态度。如：

《晋书·石季龙载记上》言：

“朕闻良臣如猛兽，高步通衢而豺狼避路，信矣哉！”①

再如：

《晋书·冯跋载记》言：

“守宰当垂仁惠，无得侵害百姓，兰台都官明加澄察……上下肃然，请赇路绝。”②

后赵石虎在位时官员多行不法，贪污虐民，石虎任命李矩为御史中丞，李矩对官吏严加监督，郡县肃然。石虎称赞李矩良臣如猛兽，李矩因此也高步通衢。北燕皇帝冯跋在位时对官吏严加要求，不许侵害百姓，整肃御史台，裁撤冗官，北燕的吏治相较十六国其他国家为善。

前秦国主苻坚仰慕中华文物制度，前秦在五胡十六国政权中汉化程度最

---

① 《晋书》卷一百〇六《石季龙载记上》。

② 《晋书》卷一百二十五《冯跋载记》。

为彻底，监察思想也最为完善。如：

《晋书·苻坚载记上》言：

“丞邓羌，性鲠直不挠，与猛协规齐志，数旬之间，贵戚强豪诛死者二十有余人。于是百僚震肃，豪右屏气，路不拾遗，风化大行。坚叹曰：“吾今始知天下之有法也。”①

“（苻融）其发奸摘伏，皆此类也。所在盗贼止息，路不拾遗。坚及朝臣雅皆叹服，州郡疑狱莫不折之于融。融观色察形，无不尽其情状。”②

邓羌为御史中丞，与中书令王猛齐心协力整治吏治，数十天内豪强贵族有二十多人因触犯律法受到严惩，政治风气有所改善，苻坚感叹“吾今始知天下之有法也”。苻坚任命其弟苻融为司隶校尉，主管监察，苻融公正执法，对官吏严厉监督，前秦盗贼止息，路不拾遗。

北魏建国之初政治上保持着较多的鲜卑族特色，国家制度建设不甚完善，监察官员被称为“白鹭”或“候官”，取其脖颈之长可以远望，以便进行监察之意。道武帝拓跋珪仿照汉族政权设立御史、司隶校尉、尚书左丞等监察职位，后太武帝拓跋焘以汉族豪强士族崔浩为首进行了汉化改革，可惜未彻底成功。直至冯太后和孝文帝时期，才进行了彻底的汉化改革，确定了国家政治结构和政权组织，完善监察机构，明确官员俸禄，强化官吏考核，使北魏官场焕然一新。③

东魏、西魏及后继政权北齐、北周继续推行汉化政策。西魏权臣宇文泰在苏绰的辅佐下，仿照《周礼》进行改革，将御史台改名为司宪，御史中丞改名为司宪中大夫，制定《六条诏书》，后北周武帝又颁布《诏制九条》。这两部监察专门法，强化了对于官吏的监督，缓和了社会矛盾，在维护政权稳定方面也发挥了积极作用。但也应该看到，五胡十六国及北朝时期的监察相比历史其他时期较为落后，这一时期监察的本质作用是维护统治，调和社会矛盾，而不是真正对官员进行督责，维护百姓利益。

---

① 《晋书》卷一百一十三《苻坚载记上》。

② 《晋书》卷一百一十四《苻坚载记下》。

③ 萨孟武《中国社会政治史（三国两晋南北朝卷）》第三章第一节《南北朝的政治制度》。

（五）魏晋南北朝时期的言谏思想

魏晋南北朝时期，政府对官吏监察的力度虽有所减弱，但对君主言谏的力度却有所增强。凡专制主义中央集权强盛时期，言谏系统较弱；中央集权渐弱、地方分权和官僚阶级强盛时期，言谏系统也较强。无论是三国魏蜀吴、两晋、南朝宋齐梁陈等汉族正统王朝，还是五胡十六国、北魏、东魏、西魏、北齐、北周等少数民族政权，都对言谏较为重视。这一时期的汉族政权重视言谏是因儒家门阀势力的强盛，而少数民族政权重视言谏是为在民族融合过程中巩固自身统治的需要。如：

《三国志·杜恕传》言：

“恕推诚以质，不治饰，少无名誉。及在朝，不结交援，专心向公。每政有得失，常引纲维以正言，於是侍中辛毗等器重之。”①

杜恕在魏明帝太和年间担任黄门侍郎，负责谏议，每次君主在政务上有失，他都敢直谏。蜀汉丞相诸葛亮再三邀请大儒费诗出山，担任谏议大夫。孙吴也设有专门的谏议官员。两晋时期，随着门下省人员配置的完善，门下省侍中等人专司谏议，晋武帝对此较为支持。如：

《晋书·武帝纪》言：

“凡关言人主，人臣所至难，而苦不能听纳，自古忠臣直士之所慷慨也。每陈事出付主者，多从深刻，乃云恩贷当由主上，是何言乎？其详评议。”②

由此可见，晋武帝较为支持官员的谏议行为。南朝时期，集书省的言谏官吏开始对皇帝的诏书有封驳审议之权。门下省和集书省谏议官吏职权的完善，标志着谏议官吏组织明确化和职权系统化的开始。

北魏建国之初就设置名为内侍长和训士的言谏官吏，孝文帝改革裁定官吏后，谏官分属集书省和内史省，谏官和皇帝关系密切。如：

《资治通鉴·齐纪六》言：

“群臣罢朝之后，聪恒陪侍帷幄，言兼昼夜，时政得失，动辄匡谏，事多

---

① 《三国志》卷十六《杜恕传》。

② 《晋书》卷三《武帝纪》。

听允；而重厚沉密，外莫窥其际。”[①]

北魏薛聪为门下省散骑常侍、黄门侍郎，主管谏议。群臣下朝后，他经常陪侍帷幄，与皇帝关系密切。谏议之时，皇帝基本可以做到虚心纳谏。

三、魏晋南北朝时期的监察法规

魏晋南北朝时期，政权更迭频繁，社会动荡不安，少有承平之日。每个政权建立之初，为巩固统治，确保对官吏进行监察有法可依，于是制定、颁布了些许规范官吏行为的法规。根据颁布的时间顺序，大致可分为三个阶段，第一阶段是曹魏时期贾逵担任豫州刺史时颁布的《察吏六条》；第二阶段是晋武帝时期颁布的官吏选举法规《中正六条举淹滞》，郡、县级官吏的监察法规《能否十条》《察长吏八条》《五条律察郡》《考课之法》等，二千石级官吏的监察法规《察二千石长吏四条》，东晋、南朝时期多沿袭使用西晋时期的监察法规；第三阶段是北魏时期颁布的《三等黜陟法》、西魏时期颁布的《六条诏书》和北周时期颁布的《诏制九条》。下文将分别详述。

（一）曹魏时期的监察法规

据《三国志·贾逵传》记载，魏文帝时期北方初定，地方州郡民心多动，官吏豪族私相勾结，贪污腐败，多行不法。贾逵时任豫州刺史，积极履行刺史的监察职能，以六条法规作为标准监督二千石以下官吏，凡发现官吏有不法行为，即严肃处理。[②]魏文帝曹丕对此极为称赞，将贾逵的《察吏六条》颁布天下，这些法规成为曹魏政府的监察法规。《察吏六条》的具体内容如下。

《昭明文选·卷五十九》言：

“察民疾苦冤失职者；察墨绶长吏以上居官政状；察盗贼为民之害及大奸猾者；察犯田律四时禁者；察民有孝悌廉洁行修正茂才异等者；察吏不簿入钱谷放散者，所察不得过此。”[③]

《察吏六条》的监察对象是二千石以下官吏，主要考察官吏经济行为、职务行为、行政功绩和选举过程。经济犯罪方面主要监察官吏是否有因财政问

---

① 《资治通鉴·齐纪六》。

② 《三国志》卷一十五《贾逵传》。

③ 《昭明文选》卷五十九。

题所导致府库钱财、谷物的非常规性损耗；职务犯罪方面主要监察官吏是否因失职而导致冤狱，是否有贪污腐败、纵容盗贼的行为；行政功绩方面监察官吏是否违反《田律》及相关生产法规；最后考察官吏是否积极为政府推举德才兼备、行为恭谨的优秀人才。

魏文帝曹丕虽将《察吏六条》颁行全国，但当时的刺史已不是西汉时期专管监察的官员，而成为地方最高军事、行政长官，他们对此颇不屑一顾。再者，曹魏政权不久为司马氏所篡，《察吏六条》并没有真正得以实施。

（二）两晋南朝时期的监察法规

两晋南朝时期的监察法规以西晋武帝时制定的为主，有监督官吏选举的《中正六条举淹滞》，监察二千石高官的《察二千石长吏四条》，监督郡及以下官吏的《五条律察郡》《能否十条》《察长吏八条》和《考课之法》。

1.《中正六条举淹滞》

魏文帝黄初元年（公元220年），尚书令陈群提出一种选举方式——“九品中正制”，又被称为“九品官人法”。此项选举制度上承先秦军功爵制、两汉察举制，下开隋唐科举制，是中国古代四种选举方式之一。虽历来对“九品中正制”批评者较多，且多数人认为九品中正制成为门阀士族专政，阻碍寒门士子出路的主要原因。但是，从历史实际来看，九品中正制对历史的贡献颇多。一项制度的制定自有其政治与社会基础，“九品中正制”对当时中央政府重新掌握部分选举权，协调寒族与士族之间的矛盾，重建士人政府发挥了重要作用。

为施行九品中正制，政府在地方设置中正官，州设大中正，郡设小中正。中正官广泛采纳民意，从“门第”与“人伦”两方面出发，将人才分为三级九等。“门第”看重的是家庭出身，“人伦”考察的是人品学识。三国时期文化不甚繁荣，书籍缺乏，世家大族多垄断书籍，家族子弟便于学习。担任中正的官员也多为世家大族之人，所以在品评中获得人事选举权，逐渐使门阀士族占据上品官职。为了使中正官举荐人才和察访官吏有一定的标准，不至于随心所欲，晋武帝时期颁布的《中正六条举淹滞》，具体内容如下。

《晋书·武帝纪》言：

“乙未，令诸郡中正以六条举淹滞：一曰忠恪匪躬，二曰孝敬尽礼，三曰友于兄弟，四曰絜身劳谦，五曰信义可复，六曰学以为己。”①

“淹滞”二字为散落民间的人才之意。由上援引的《晋书·武帝纪》可知，中正官举荐人才时考察的是个人品德、政治德行和个人才学。“孝敬尽礼、友于兄弟、信义可复”的提出体现了“求忠臣于孝子之门”的行政古训，“忠恪匪躬，洁身劳谦”突出了忠诚爱国、清廉自守的政治德行，而“学以为己”强调了对所选官吏的学识要求。《中正六条举淹滞》中没有一条强调“门第”，但实践中对“门第”多有要求，可见《中正六条举淹滞》并没有被坚持实施。

2.《察二千石长吏四条》

晋武帝太康元年（公元280年），灭掉吴国，天下复归一统。但是，吴人新附，江左之地政局不稳，尤其是孙吴旧臣多有怨言，心怀不满。如：

《晋书·刘颂传》言：

“孙氏为国，文武众职，数拟天朝，一旦堙替，同于编户。”②

江左孙吴旧有官吏在亡国前后，贪污腐败，勾结豪强，多有不法行为。为稳定政权，巩固新有领土，使州牧、刺史对二千石监察的监察有法可依，晋武帝颁布《察二千石长吏四条》，具体内容如下。

《晋书·武帝纪》言：

“二千石长吏不能勤恤人隐，而轻挟私故，兴长刑狱，又多贪浊，烦挠百姓。其敕刺史二千石纠其秽浊，举其公清，有司议其黜陟。”③

《察二千石长吏四条》对二千石级高级官员轻挟私故，兴长刑狱又多贪浊，烦扰百姓的行为进行全面监督，州牧、刺史可以对他们的不法进行弹劾。西晋《察二千石长吏四条》相比西汉时期的《刺史六条》，对官员监察的范围更广，《刺史六条》第一条监察地方宗族豪强，其他五条监察二千石官吏的不法行为。《察二千石长吏四条》去掉了对宗族和地方豪强的监察，仅“烦扰百姓”四字即有无限的监察范围，但同时也造成监察官吏监察权限边界不明。因此，通过以上分析，可得知西晋时期宗族与地方豪强势力的强盛，地方刺史权限已不再仅有两汉时期的监察权，而是拥有地方行政权力，成为地方二千石官吏的上级，无所不纠。

---

① 《晋书》卷三《武帝纪》。

② 《晋书》卷四十六《刘颂传》。

③ 《晋书》卷三《武帝纪》。

3.《五条律察郡》《能否十条》《察长吏八条》《考课之法》

《五条律察郡》《能否十条》《察长吏八条》全部颁布于晋武帝泰始四年（公元268年），主要为监察郡、县地方中高级官吏而制定，之所以这年颁布如此多的监察法令，是基于以下两点原因。

其一，蜀汉灭亡不久，蜀地较为不安。蜀汉自丞相诸葛亮逝世后，费祎、蒋琬先后执政，国家战略由积极进取北伐转向保守安民，偏安一隅。十余年后，曹魏嘉平五年（公元253年），大将姜维一展其志，蜀汉国策转守为攻，姜维前后七次北伐，魏国虽然不堪其扰，但蜀汉也国力逐衰。曹魏景元四年（公元263年），曹魏权臣司马昭以钟会为将，兵分三路伐蜀。姜维因之前与蜀汉中央政府有隙，难以统筹全局，只能集重兵于剑阁，抵挡曹魏主力军队，钟会军十余万进攻失利，准备退兵。但是，此时曹魏偏将邓艾率军从阴平直入成都，后主刘禅投降。蜀汉灭亡后，蜀地官吏、百姓多有不服，大将军姜维挑动钟会谋反，后虽被杀，但蜀地官民人心惶惶，多有不安。

其二，西晋司马氏政权篡夺曹魏政权，民心不附。嘉平元年（公元249年），司马懿杀害曹氏重臣曹爽及其党羽，嘉平三年（公元251年），曹操之子曹彪因与司马懿对抗被杀。正元二年（公元255年）、甘露二年（公元257年），曹氏旧臣两次掀起大规模的叛乱讨伐司马氏，后虽被平定，但地方仍不稳定。及至泰始元年（公元265年），司马炎正式改制篡位，群情哗然，曹魏故地再次人心惶惶。为了整顿吏治，稳定地方，晋武帝司马炎加强了对郡、县两级官吏的监察，颁布了一系列监察法规。

《五条律察郡》是对郡守进行监察的法规，具体内容如下。

《晋书·武帝纪》言：

“十二月，班五条诏书于郡国：一曰正身，二曰勤百姓，三曰抚孤寡，四曰敦本息末，五曰去人事。”[①]

从此律诏内容可以看出，《五条律察郡》的监察原则依然是从儒家提倡的自我约束和勤政爱民两个方向出发，并非法家的监察思想。自我约束要求官员做到仁孝为本，兄友弟恭，在家讲求“孝”，将孝推己及人；在社会中讲求“礼”，保持等级秩序。勤政爱民则要求官员做到清正廉洁，忠于皇帝，勤于政事。由此可见，《五条律察郡》是曹魏时期颁布《中正六条淹滞》的强化和

---

① 《晋书》卷三《武帝纪》。

发展。

《能否十条》和《察长吏八条》是郡国官员对县级官吏的监察、考核法规，其内容如下。

《晋书·武帝纪》(《能否十条》)言：

"田畴辟，生业修，礼教设，禁令行，则长吏之能也。人穷匮，农事荒，奸盗起刑，狱烦，下陵上替，礼义不兴，斯长吏之否也。"①

再如：

《晋书·武帝纪》(《察长吏八条》)言：

"若长吏在官公廉，虑不及私，正色直节，不饰名誉者，及身行贪秽，谄黩求容，公节不立，而私门日富者，并谨察之。"②

由上可知，对县级官吏监察的律诏中多为行政细节性要求，田野开辟，生业休正，礼教规范，禁令施行，这是优秀官吏的标准。人民贫困，农事荒废，盗贼横行，礼义不兴，这是官吏的过错。从而将对县级"亲民"官吏的考察标准落到实处。

《察长吏八条》针对县级官吏的行政道德和行政行为进行监察，要求官吏清正廉洁、奉公守法、不谋私利、为人正直、不图虚名，对于私门日富，官员贪污腐败的行为进行重点监察。

同年，晋武帝颁布郡守巡视县级官吏的《考课之法》，详细内容如下。

《晋书·武帝纪》言：

"见长吏，观风俗，协礼律，考度量，存问耆老，亲见百年。录囚徒，理冤枉，详察政刑得失，知百姓所患苦。无有远近，便若朕亲临之。敦喻五教，劝务农功，勉励学者，思勤正典，无为百家庸末，致远必泥。士庶有好学笃道，孝悌忠信，清白异行者，举而进之；有不孝敬于父母，不长悌于族党，悖礼弃常，不率法令者，纠而罪之。"③

若察其详情，《能否十条》和《察长吏八条》也为杜预《考课之法》中的内容，从以上摘抄的《考课之法》可知，郡守巡视所辖县级官吏应三年一次。晋武帝对此较为重视，巡视考察的重点是询问百姓观感、详查行政得失、举

---

① 《晋书》卷三《武帝纪》。

② 《晋书》卷三《武帝纪》。

③ 《晋书》卷三《武帝纪》。

荐优秀人才、处理违法官吏四个方面，本质上还是监察地方官吏的行为是否符合儒家的“仁政”和“礼法”要求。

西晋武帝时期颁布了一系列监察律令，可见武帝有重整三国时期吏治混乱局面，坚持“法术”治国的设想。但是，考虑到西晋数十年而亡，再者门阀势力雄厚，晋武帝本人承司马氏数代余荫，也并非雄才大略的君主，所颁众多法令都未能彻底实施。东晋以降，南朝宋齐梁陈四朝政局混乱，虽有数位雄主，但未及制定任何监察法规，多应用西晋时期的监察法规。

（三）五胡十六国和北朝时期的监察法规

北魏与两晋、南朝时期因政局不稳、内部混乱而形成保守有余、进取不足的政风相比，北魏是鲜卑族入主中原，进而统一北方建立的政权。北魏一朝在前、中期未失去积极进取之心，孝文帝太和十八年（公元 494 年）进行汉化改革，建立了官员俸禄制度，制定官吏升迁考核办法，史称《三等黜陟法》，详细内容如下：

《魏书·高祖纪》言：

“九月壬申朔，诏曰：‘三载考绩，自古通经，三考黜陟，以彰能否。朕今三载一考，考即黜陟。欲令愚滞无妨于贤者，才能不拥于下位。各令当曹，考其优劣为三等。六品以下，尚书重问；五品以上，朕将亲与公卿论其善恶。上上者迁之，下下者黜之，中中者守其本任’。”①

可见，北魏孝文帝期间对官吏的常规性大型监督考察每三年一次，六品以下官吏由尚书进行课考，五品及以上官吏由皇帝和公卿共同课考。课考监察的结果分为三等，结果优秀者为上等官吏，给予升迁奖励；中等不奖不罚；下等遭受罢黜。这使得有才能者上位，无能者受罚。但也应该看到，北魏的考核监察以官吏实际施政效果和是否贪污腐败、违法乱纪与否作为考核标准，对于“齐整人伦”的作用不大。此外，鲜卑族上层贵族并未完全汉化，依然保留着部分部落制时期的风俗习惯，使《三等黜陟法》未能有效实施。

孝文帝改革是北魏政权主动汉化的重要一步，但也正因汉化程度较彻底，造成了北魏汉化部分人民和北方六镇部分未汉化人民的矛盾，鲜卑族汉化的部分贵族学习到了汉族门阀士族的门第作风，却没有学到其家学人伦，因而

---

① 《魏书》卷七《高祖记》。

迅速腐败堕落，北方六镇部分未汉化的军户在起义中迅速埋葬了北魏政权。

北齐高氏出自北方六镇的怀朔镇，北周宇文氏出自北方六镇的武川镇，六镇军人分别为高欢、宇文泰所得，这也是北魏分裂为东魏、西魏，最终发展成为北周、北齐的重要原因。分裂初期，宇文泰势力远不及高欢，所以西魏、北周对改革变法较为重视，以图富国强兵。西魏大统十年（公元544年），尚书苏绰制定法规《六条诏书》，有关官吏监察的具体内容如下。

《周书·苏绰传》言：

“其一，先治心，……必心如清水，形如白玉。躬行仁义，躬行孝悌，躬行忠信，躬行礼让，躬行廉平，躬行俭约。”①

“其二，敦教化，……教之以孝悌，使民慈爱；教之以仁顺，使民和睦；教之以礼义，使民敬让。”②

“其三，尽地利，……可使农夫不废其业，蚕妇得就其功。其有游手怠惰，早归晚出，好逸恶劳……罪一劝百。”③

“其四，擢贤良，……勤而审察，去虚取实，各得州郡之最而用之。”④

“其五，恤狱讼，……若有深奸巨猾，伤化败俗，悖乱人伦，不忠不孝，故为背道者，……重刑可也。”⑤

“其六，均赋役，……致令贫弱者或重徭而远戍，富强者或轻使而近防。不存恤民之心，皆王政之罪人也。”⑥

苏绰的《六条诏书》在教导官吏如何行政，也是对官吏行政的具体要求，在此不厌其烦地进行了部分摘抄。通过以上内容，我们可以得知西魏、北周对官吏的行政考核监督基本分为六个方面。第一，要求官吏立心端正。现在的郡守、县令如同古代诸侯，代替天子治理百姓，治民之本在于自己内心清净，无有私欲。只有内心清净，才能面对财物不动其心，做到不贪污腐败。治心之后在于治身，官吏自身要做到躬行仁义、孝悌、忠信、礼让、廉平、俭约，才能治理好人民；第二，要求官吏敦行教化。因数百年的战乱，文化

---

① 《周书》卷二十三《苏绰传》。

② 《周书》卷二十三《苏绰传》。

③ 《周书》卷二十三《苏绰传》。

④ 《周书》卷二十三《苏绰传》。

⑤ 《周书》卷二十三《苏绰传》。

⑥ 《周书》卷二十三《苏绰传》。

教育废弛，百姓多见刀兵，少闻礼仪，所以要对百姓进行教化，使百姓明白孝悌、慈爱、仁顺、和睦、礼义、敬让，忠诚于国，成为国家的编户齐民；第三，要求官吏竭尽地利，努力发展生产。北方数百年战乱，良田多有荒芜，官吏应劝导男子努力耕种，妇女多加纺织，凡有游手好闲、好逸恶劳、不事生产的人，官吏须对其严加处罚；第四，要求官吏推荐、选举贤良正直之人以为官佐，向朝廷举荐优秀人才；第五，要求官吏明断狱讼，促进司法公正，慎用刑罚，审理案件须严格按照法律判处，不能凭借个人喜好，不可屈打成招冤枉良善，但对不忠不孝、违背人伦、十恶不赦之徒也需严厉惩处；第六，要求官吏均平赋役，使百姓负担均等，不可使部分人员负担过重，导致贫者愈贫，富者愈富。凡官员玩忽职守，不遵诏令，违反以上六条者将遭严厉惩处。

北周武帝宇文邕志向高远，有雄才大略，继位之后兵分数路以弱攻强，于陈宣帝太建九年（公元 577 年），攻破北齐都城邺城，俘虏北齐后主，北齐灭亡。武帝在位期间发展经济，劝课农桑，整顿吏治，使北周官场风气得到极大改善，统一北方后，于宣政元年（公元 578 年）颁布《诏制九条》，部分内容如下。

《周书·宣帝纪》言：

“诏制九条，宣下州郡：一曰，决狱科罪，皆准律文；二曰，母族绝服外者，听婚；三曰，以杖决罚，悉令依法；四曰，郡县当境贼盗不擒获者，并仰录奏；五曰，孝子顺孙义夫节妇，表其门闾，才堪任用者，即宜申荐；六曰，或昔经驱使，名位未达，或沉沦蓬荜，文武可施，宜并采访，具以名奏；七曰，伪齐七品以上，已敕收用，八品以下，爰及流外，若欲入仕，皆听预选，降二等授官；八曰，州举高才博学者为秀才，郡举经明行修者为孝廉，上州、上郡岁一人，下州、下郡三岁一人；九曰，年七十以上，依式授官，鳏寡困乏不能自存者，并加禀恤。”[①]

《诏制九条》又被称为《九条监诸州》，从内容看可以分为五个方面。第一，要求官吏依法行政，不许有违法行为；第二，要求官吏捉拿盗贼，稳定地方秩序；第三，要求官吏寻访人才，积极为国举荐；第四，是针对北齐降官的优待条例；第五，是针对地方年老孤寡者的优待条例。但《诏制九条》颁布三年之后，北周外戚杨坚篡夺帝位建立隋朝，因而废除，《诏制九条》未

① 《周书》卷七《宣帝纪》。

能彻底实施。

纵观五胡十六国和北朝时期，可以看出动乱时期未有监察立法，只有在后期政局稳定、胡族汉化和进取开拓的国家战略这三个前提下才出现监察立法。北魏、西魏、北周的监察立法是少数民族汉化之后的模仿性立法，非真正体现少数民族文化和政治精神的监察立法。

四、魏晋南北朝时期的监察体制

魏晋南北朝时期中央政治制度呈现由秦汉三公九卿制向隋唐三省六部制过渡的特征。因为旧有三公九卿权力过重，对皇权构成干扰，于是皇帝另辟蹊径，选举人才组成私人的秘书、幕僚班底，从私人的秘书、幕僚逐渐加官形成国家正式官僚制度，三省制度就出于此。

东汉以降，三公变成徒具虚名之官。西晋按照《周礼》中的名称增设太宰、太傅、太保，再加上大司马、大将军、三公，合称为“八公”，皆为无权的虚名之官。曹魏时尚书台脱离少府成为国家实际最高行政机关，尚书台长官为尚书令，下设副职左、右仆射和具体执行事务的左、右丞，其中尚书左丞为监察之官。尚书台下设立若干曹，如民曹掌管户籍土地，度支曹掌管国家财政，客曹掌管外国邦交，兵曹掌管国家军政，都官曹掌管司法刑狱，殿中曹掌管宫中事务，六曹设置成为国家六部制度的前身。南朝梁时期改尚书台为尚书省，裁撤冗余机关，确定为六曹。

曹魏黄初元年（公元220年）曹丕称帝后，感到尚书台权势过大，为了牵制尚书令的权力，曹丕将秘书监升级为中书省，主官为中书令，下设侍郎、舍人等官职。中书省逐渐成为参与军国大事的机构，重要性不断提升，渐夺尚书令的部分职权。然而，晋朝之时皇帝为了牵制中书令的权力又设立门下省，主官为侍中，门下省建立之初侍中即位高权重，经过南朝宋、齐、梁、陈时期职权的发展，门下省初步具备对皇命封驳审议的权力。

魏晋南北朝时期的监察制度依然可分为中央监察制度和地方监察制度。中央为御史台监察、尚书左丞监察、司隶校尉监察和典签监察，地方为州郡监察和巡视监察。此外，尚有中国历史上初次明确设定的特务性质的校事、候官监察制度。

（一）御史台监察体制

三国之中，曹魏雄踞中原，国力最为强盛，其监察制度多沿袭秦汉旧有制度。在中央设立御史台，设置御史大夫一职，但御史台的最高长官依然为御史中丞。曹魏黄初四年（公元 223 年），魏文帝曹丕将御史中丞改名为“宫正”，不久又将其改回。御史中丞下设治书侍御史二人，为御史中丞副职，领八名侍御史，分曹监督政府官吏。御史台下另行设立符节御史，掌管授予臣子符节之事，还有因具体事务而设立的御史，如禁防御史、督军御史等。此外，曹魏时期创设殿中侍御史二人，主要职责是在大型朝会之时，站立殿中检举非法，严明纪律。

蜀汉、孙吴二国也设立御史台，蜀汉御史台资料缺乏，职权大致沿用东汉御史台旧有规定。孙吴御史台设立御史大夫，后又将其分为左、右御史大夫，但掌握实权的依然为御史中丞，御史中丞下设相关御史。

两晋时期门阀士族势力强大，对皇权有一定的削弱，造成儒家豪门士族和专制主义皇权的矛盾。为了防止皇权继续衰弱，同时加强对官僚阶级的控制，御史台的监察权限在两晋时期得以扩大。西晋建国之初，即撤销御史大夫一职，使得御史中丞名实归一，成为御史台最高官长。如：

《历代职官表·都察院上》言：

“晋宋元魏以还，无御史大夫，由是中丞威望愈尊，礼有加等。”①

相比曹魏及之前旧制，两晋时期御史台的制度创新在于：

第一，御史中丞之下仿照西汉的绣衣御史设立黄沙狱治书侍御史一职，可直接审问案件，处理刑狱中的违法乱纪行为，东晋之时因诏狱裁撤合并进河南省，此职位被撤销。

第二，设置侍御史九人，品级和治书侍御史相同，位高权重，可直接进入尚书省十三曹对应监察。“十三曹”为尚书省下十三个部门，分别执掌财政、课第、选举、外交、军事、民政、刑罚、建设等各个方面，侍御史分曹监察表明了御史台监察权限的扩大，监察官员监察权限的专业化也有所加强。

第三，设置检校御史和监搜御史。因中原为少数民族占据，东晋偏安江

---

① 《历代职官表》卷一十八《都察院上》。

南，司隶校尉一职被撤销，司隶校尉的监察权限并入扬州刺史。根据之前朝代划分的监察范围，御史中丞监察行马之内[①]，司隶校尉监察行马之外，但司隶校尉被撤销，所以东晋孝武帝在太元年间，设立检校御史以补司隶校尉监察职责之缺。监搜御史是朝会之时立于宫殿门外搜查百官的官员。如：

《历代职官表·都察院上》言：

“自魏晋以来，凡入殿奏事，以御史一人管殿门外，搜索而后许入，谓之监搜御史，立禁树下。”[②]

第四，御史台的监察权限扩大，地位有所提高。如：

《文献通考·职官考七》言：

“晋亦因汉，以中丞为台主，与司隶分督百僚，自皇太子以下无所不纠。初不得纠尚书，后亦纠之。中丞专纠行马内，司隶专纠行马外，虽制如是，然亦更奏众官，实无其限。”[③]

由上可见，两晋之时御史中丞的监察权限得到扩大，自皇太子以下全部官吏都可以被监察，之前与司隶校尉以“马内”“马外”的监察地域划分的界限也得以打破。

南朝宋齐梁陈时期，律法制度多沿用两晋旧制。如：

《九朝律考》言：

“宋齐沿用晋律，而与梁陈并举，知梁陈虽间又增改，而大体悉仍晋律之旧。”[④]

但御史台监察制度也有些许变化，如刘宋之时，御史中丞增加执金吾的权责，每月二十五日，需要绕行宫城进行巡视监察。同时，从规格仪式上提高御史中丞的地位。如：

《文献通考·职官考七》言：

“御史中丞刘式之仪：‘每至出行，未知制与何官分道。旧科法唯称中丞专道，传诏众官，应诏者得行，制令无分别他官之文。皇太子不宜与众同例，中丞应与分道。”[⑤]

① “行马之内”为宫门前和官府门前阻隔人马通行的栅栏以内，一般指宫城之中。

② 《历代职官表》卷一十八《都察院上》。

③ 《文献通考》卷五十三《职官考七》。

④ 程树德．九朝律考 [M]．北京：商务印书馆，2010：408.

⑤ 《文献通考》卷五十三《职官考七》。

南齐、梁、陈三朝将御史台称为“南台”或“南司”，御史的威望和职权不断提升，逐渐有“风闻奏事”之权。到南陈时期，御史除了监察权外，又获得了部分司法权，可以与司法官员一起审理冤狱、调看案宗、理会囚徒。

五胡十六国时期，政权更迭不休，虽然有前赵、前燕、北燕、前秦等国仿照晋制建立御史台，但监察效果整体不佳。北魏前期仿照汉制建立御史台，旋即被废，之后建立了汉胡杂糅的监察制度。直至北魏孝文帝改革之时，颁布《职员令》，才得以重新建立御史台监察制度，但此制度发挥作用也仅在太和十七年（公元 493 年）到太和二十二年（公元 498 年）之间，之后御史中丞李彪在门阀士族的逼迫下被孝文帝打压，北魏御史台对于官吏的监察再次名存实亡。

西魏、北周时期高欢父子执政，国家制度建设多仿效北魏旧制。初期虽对御史台较为重视，也在一定程度上提高了御史的地位，但他们根本目的并非监察官吏，维护政治清明，而是打击政敌，待其政敌孙腾、司马子如、高隆之、高岳被去除之后，御史也失去了存在的作用，名存实亡。导致北齐官吏违法腐败成风，“廉洁者寡”。如：

《北齐书·循吏传》言：

“战功诸将，出牧外藩，不识治体，无闻政术……聚敛无厌，淫虐不已……此朝廷之大失。大宁以后，风雅俱缺，卖官狱，上下相蒙，降及末年，黩货滋甚。”①

相比北周，北齐并没有完全按照北魏旧制，而是另辟蹊径进行了改革，改变了事中、事后对官员的监察方式，强化了选举监察的力度。西魏文帝大统七年（公元 541 年），颁布《六条诏书》，规定官吏选举需从“心”与“身”两方面强化考核，在源头上对官吏进行监察。使得北周吏治清明，这也是北周能够以弱胜强、兼并北齐的原因之一。

（二）司隶校尉监察体制

汉武帝时因“巫蛊之祸”设立司隶校尉，初期主要职权是掌管京畿七郡的监察。及至东汉，朝政混乱，诸侯逐鹿中原，曹操、袁绍等都曾兼任司隶校尉，此官职后期似成为汉室正统的象征。曹魏时期沿袭两汉旧制，设立司

---

① 《北齐书》卷四十六《循吏》。

隶校尉一职，位高权重。如：

《文献通考·职官考十五》言：

“魏、晋司隶与二汉同。司隶於端门外坐，在诸卿上，绝席；其入殿，按本品秩，在诸卿下，不绝席。初以司隶官属制置如州仪，而俗称之司州。及魏、晋乃以京辅所部定名，置司州，以司隶校尉统之。”①

曹魏、西晋时期将司隶校尉管辖故地改成“司州”，司隶校尉除了拥有两汉时期的监察权外，还拥有如同地方州牧一样的行政权和军事权。曹魏时期，司隶校尉非天子近臣不可担任，担任司隶校尉便成为官员获得资历、转任高官的一种途径。担任司隶校尉后，年轻者可以胜任尚书或左、右仆射，年老者可以直接升任司空、司徒等职。司隶校尉在曹魏国家政治中发挥着重要作用。

西晋时期司隶校尉和御史中丞的监察范围不再有“马内”和“马外”之别，两者并驾齐驱，自皇太子以下，可以监督任何官员。东晋南渡之后，政权偏安江南，司隶故地为少数民族占领，遂撤销司隶校尉一职，将其监察权并入御史台，其行政权、军事权并入扬州刺史辖区。

五胡十六国时期，汉赵刘聪曾设立左、右司隶，前燕慕容俊在位时曾以自己的弟弟慕容垂为司隶校尉主管监察，前秦也曾设置司隶校尉一职，君主苻坚对监察较为重视。如：

《资治通鉴·晋纪二十五》言：

“司隶校尉，董牧皇畿，吏责甚重，非所以优礼名将。”②

前秦时期吕婆、王猛、苻融等分别担任司隶校尉，严肃监察，使得前秦吏治较其他少数民族所建政权为善。但是，也应该注意到前秦司隶校尉的职权相比魏晋有较大扩展，除了对官吏进行监察外，还拥有司法审判权，随监随判，就地处理，导致了监察权和司法权的混合。

北魏太祖道武帝拓跋珪于皇始元年（公元396年），备置百官，积极进行国家制度建设，设立司隶校尉，如：

《魏书·庾业延传》言：

“皇始初，从征慕容宝为城门校尉，迁司隶校尉。”③

---

① 《文献通考》卷六十一《职官考十五》。

② 《资治通鉴》卷一百〇三《晋纪二十五》。

③ 《魏书》卷二十八《庾业延传》。

但之后北魏史书中未见司隶校尉执法的记载，或被废除。直至太武帝年间再次出现，孝文帝太和年间将司隶校尉改称为司州刺史，位同其他州刺史，司隶校尉失去了监督中央政府官吏的权力，仅就其监察权而言，只能监察辖区内郡县官吏。

西魏、北齐沿用北魏旧制，设置司州牧，为地方行政长官。东魏、北周设置司隶下大夫，为大司寇下属官员，掌管抓捕盗贼、囚禁审理之事，已非司隶校尉设立之本意。

（三）尚书左丞和典签监察体制

西晋时期，国家最高行政机关转至尚书台，尚书台主官尚书令有“宰相”之称。尚书台下设左、右仆射及左、右丞，其中尚书左丞如同西汉时期的丞相司直，他是行政系统内部的最高监察官员。如：

《太平御览·职官部十一》言：

“左右丞，俸月三十斛，左丞主台内禁令、宗庙祠祀、朝仪射制、弹案选用署吏，稽近道文书，给假。”①

尚书台成为全国最高行政机构后，对其内部的监察就显得尤为重要。尚书左丞可以监督左、右仆射及下属六曹尚书和众官，甚至可以对尚书令的不法行为进行弹劾。

尚书左丞的监察权随着尚书省权限的扩展而扩大，根据最初划分的监察地域，御史中丞监察行马内，司隶校尉监察行马外，尚书左丞监察尚书省。但是，随着中央政府职权划分的变化，三者原有的监督界限逐渐模糊，职权渐趋统一，拥有了无所不纠的一致权力，三者之间也可以相互监督。如西晋时期尚书左丞傅咸对司隶校尉荀恺进行弹劾，这表明尚书左丞的监察权限由尚书省内延伸至政府其他部门。

南朝宋齐梁陈四朝，尚书左丞监察权限沿袭晋制。与此同时，面对儒家士族控制朝政且南朝君主多由低等士族将领进而称帝的现实，四朝皇帝起用寒门士人，利用寒门执掌机要，以便削弱豪门士族。如：

《廿二史札记·晋书》言：

“至宋齐梁陈诸君，则无论贤否，皆威福自专，不肯假权于大臣。而其时

---

① 《太平御览》卷二百一十三《职官部十一》。

的高门大族，门户已成，令仆三司，可安流平进，不屑竭智尽心，以邀恩宠。”[①]

典签原为官员身边处理文书、档案等的秘书人员，执掌机要，因而与主官关系密切。南朝宋、齐之时，因豪门士族势力庞大，君主多任命其宗室子弟为地方军政长官，这些人大者管辖数州，小者管辖数郡，上马治兵，下马治民，权势极重。为稳定地方，防止形成尾大不掉之势力，于是君主派遣寒门出身的亲信担任典签，用以监督牵制地方官吏。典签品秩虽低，然权限较大，拥有公文副署、监察等权力。如：

《南史·巴陵王子伦传》言：

“先是高帝、武帝为诸王置典签帅，一方之事悉以委之，每至觐接，辄留心顾问。刺史行事之美恶，系于典签之口，莫不折节推奉，恒虑不及。于是威行州郡，权重藩君。”[②]

南朝宋、齐二朝诸王以地方祸乱中央，相扰不断，宗室相残、骨肉相杀不绝于史书，典签制度并没有起到监察地方、稳定政权的作用。南朝梁武帝上位后，深感典签制度的弊端，将其废除。北朝自北魏建立之初即建立典签制度，但北魏的典签与南朝不同，长官既可以将其任用，也可以将其解职，对国家政治影响不大。

（四）州郡监察和中央巡视地方监察体制

魏晋南北朝时期吏治败坏，重要原因在于地方专职监察制度的缺失，多为行政系统内部的监察，曹魏、两晋、南朝宋齐梁陈及北朝莫不如是。两汉刺史经汉末动乱，从监察系统的官吏逐渐成为行政系统、军事系统的官吏，曹魏时期刺史贾逵以《察吏六条》巡视郡县，但此仅为少数之个例，并未推及全国。晋武帝时期，深感地方刺史权限太大，尝试将刺史的军事权进行剥离，但此时的刺史依然为行政长官。晋惠帝永宁元年（公元 301 年），朝廷再次恢复了地方刺史领兵的权力。

两晋及南朝时期，虽有西晋政府颁布了众多监察律法，也有刺史（州牧）巡查郡国、郡守巡查属县的规定。但是，因政局动荡，门阀士族官吏充斥地方，对国家监察规定多不执行，地方吏治败坏至极。

---

① 《廿二史札记》卷八《晋书》。

② 《南史》卷四十四《巴陵王子伦传》。

与刺史监察、郡守行县制度的没落相反，魏晋南北朝时期中央直接巡视地方进行监察的次数较多，晋武帝对此种监察方式尤为重视。如：

《晋书·武帝纪》言：

“二年春正月丙戌，遣兼侍中侯史光等持节四方，循省风俗，除禳祝之不在祀典者。”①

东晋初年晋元帝司马睿也曾派遣人员巡视郡县。如：

《晋书·邓攸传》言：

“时郡中大饥，攸表赈贷，未报，乃辄开仓救之。台遣散骑常侍桓彝慰劳饥人，观听善不，乃劾攸以擅出穀。俄而有诏原之。”②

南朝时期，中央派遣使者出巡，已趋为定制。刘宋朝武帝、文帝、孝武帝、明帝、后废帝都曾派遣使者巡视。如：

《宋书·武帝纪》言：

“可遣大使分行四方，旌贤举善，问所疾苦．其有狱讼亏滥，政刑乖愆，伤化扰治，未允民听者，皆当具以事闻．万事之宜，无失厥中．畅朝廷乃眷之旨，宣下民壅隔之情。”③

南朝齐、梁、陈多沿用宋制，派遣使者巡视四方，监察官吏，考察民情。北魏前期汉化反动之时，御史台等监察机构予以撤销，之后也仿照南朝制度，中央政府多次大范围派遣使者巡视地方，监察郡县官员。中央政府巡视地方表明了中央对地方监察的重视，从另一方面讲也是因为地方监察废弛，吏治腐败，中央政府不得已而为之的写照。

（五）校事和候官监察体制

校事监察制度三国之前史书无此记载，应创制于曹魏与孙吴时期，独立于国家监察体系之外。校事没有正式的官署机构，也不受任何法律约束，直接听命于最高当权者。三国时期门阀士族势力强大，作为君王耳目的“御史台”为门阀士族把持，司隶校尉也逐渐从监察官员转变为地方行政官员。于是，曹操和孙权另辟蹊径，设立校事，用以监察群臣。其性质如：

---

① 《晋书》卷三《武帝纪》。

② 《晋书》卷九十《邓攸传》。

③ 《宋书》卷三《武帝纪》。

《癸巳存稿·校事考》言：

“魏吴有校事官，似北魏之候官，明之厂卫，或谓之校曹、或谓之校郎、或谓之校官。”①

再如：

《吕思勉读史札记·三国之校事》言：

“所谓特务，并不是近代才有，在距今二千多年前，就早有了……魏吴之校事，着实在于检将吏的贪纵，有如近代法西斯所为。”②

可见，校事监察和御史台、司隶校尉监察的最大区别在于校事监察具有特务性质。校事一般选用出身卑微的寒门之人，官职低下，易于君主控制，其人升迁、提拔不受国家选举制度、朝廷公议、社会舆论的影响，以君主个人的喜好为主。所以，校事人员多无门阀士族的家学人伦，性格残忍不仁，如孙吴步骘上书吴主孙权弹劾校事吕壹时所说：

《三国志·步骘传》言：

“伏闻诸典校擿抉细微，吹毛求疵，重案深诬，辄欲陷人以成威福；无罪无辜，横受大刑，是以使民跼天蹐地，谁不战栗？”③

曹魏嘉平元年（公元249年），“高平陵政变”爆发后，司马懿专权，为维护本阶级门阀士族的统治，取得门阀士族的拥戴，司马氏遂废除校事监察制度，将监察权完全收归御史台。但就实际监察效果而言，在门阀士族政治之下，御史台并没有真正履行监察职责。

北魏建国之初效仿汉制，建立御史台，旋即裁撤。不久之后，在内省设立监察机构候官曹，候官曹监察官员的名称为“候官”，执掌内外监察。职位性质如下：

《魏书·刑罚志七》言：

“增置内外候官，伺察诸曹外部州镇，至逮微服杂乱于府寺间，以求百官疵失。其所穷治，有司苦加讯恻，而多相诬，辄劾以不敬。”④

候官常常混迹于百姓、官府之中，让人难以分辨其真实身份，只对皇帝

① 《癸巳存稿》卷七《校事考》。

② 《读史札记》第四百五十七条《三国之校事》。

③ 《三国志》卷五十二《步骘传》。

④ 《魏书》卷一百一十一《刑罚志七》。

负责。监察臣民时不需要任何证据，只要怀疑有过错即可。候官除了拥有监察权外，还有逮捕权和审讯权，因其权限之大和监察的秘密性，使得北魏前期的朝堂人人自危，甚至孝文帝对其评价：

《魏书·刑罚志七》言：

“细过吹毛而举。”[①]

于是，北魏孝文帝改革时废除了候官制度。但是，三国曹魏的校事监察和北魏的候官监察开中国特务政治之先河，之后隋朝的候官，唐朝的不良人，宋朝的皇司城，明朝的锦衣卫、东厂、西厂、内厂，都可在此找到设立的根源。

（六）魏晋南北朝时期的谏议体制

魏晋南北朝时期，门阀士族势力充斥朝政，五胡十六国及北魏、东魏、北周、西魏、北齐时期为维护统治、进行汉化及统一天下的需要，导致君主权力有所弱化，言谏制度较为发达。东汉末年设立侍中寺，曹魏沿袭此制，设立侍中四人、给事黄门侍郎四人、散骑常侍四人、给事中数人，专职侍从皇帝左右，顾问应对，规劝谏议，蜀汉和孙吴也有类似谏议机构的设置。

西晋时期，侍中寺升级为门下省，掌管机要文件、图书律令，官员开始参与决策。两汉时期光禄勋的属官中大夫、谏议大夫、给事中等顾问、谏议之官也全部归门下省管辖。这是中国古代谏议制度发展的重要一步，标志着古代谏议制度的完整形成。东晋偏安江左，政权结构相比西晋较为简单，中央在门下省设置侍中、散骑常侍主管谏议，设置给事中、散骑侍郎以备顾问。

南朝时期门下省职权的变化主要在两个方面。其一，皇帝诏令下达，需要经门下省的签署再送往中书省执行，中书省的上奏文件需经过门下省审查后上传给皇帝；其二，散骑省从门下省独立出来，名称改为集书省，专管谏议之事。门下省侍中的权力不断扩大，不仅可以参与中央政府的决策，甚至对皇帝诏令都有部分审议封驳的权力。

北魏初期谏议官员为内侍长和训士，后经北魏太和年间孝文帝改革，裁定官制，将中央政府的谏议权分属门下省和集书省。门下省设置侍中四人、黄门侍郎四人专职谏议、顾问；集书省设置散骑常侍四人、侍郎四人、通直散骑常侍六人、侍郎六人、员外散骑常侍六人出纳王命，专职谏议。

---

① 《魏书》卷一百一十一《刑罚志七》。

北齐仿照北魏旧制，谏议人员亦分属门下省和集书省，但人员数量有所增加，谏议官员的权限相比北魏有所扩大。北周仿照周礼改制，谏议官员为天官下属，名为御伯中大夫。北周武帝时期改御伯中大夫名为纳言，宣帝年间又设立侍中，二者共同执掌谏议之权。

五、魏晋南北朝时期监察的特点

魏晋南北朝时期是中国古代大分裂、大动乱、大反思的时代，五胡入主江北，晋室偏安江左，枭雄逐鹿中原，军阀割据分裂，豪族门阀政治，权臣争霸篡位，共同谱写了时代的凯歌。然纷乱对于中华民族而言最终未使其消亡，反而促进了民族融合、制度实验、思想碰撞，在苦难中涅槃重生，为隋唐之“第二帝国”打下了基础，就其监察制度而言，有以下特点。

其一，监察机构和谏议机构更为系统、规范。魏晋时期，御史台脱离了少府，最终成为独立于行政机构之外的监察机构，并将与御史台权限重叠的司隶校尉一职废除。司隶校尉的监察权限全部归于御史台，行政和军事权归于扬州刺史，中央监察权限归于御史台，实现了监察权的初步集中。谏议官员由加官走向编制化、独立化、正规化。魏晋以降，原属于两汉光禄勋下辖的中大夫、太中大夫、谏议大夫、给事中等职全部划归门下省管辖，诏令下发需门下省签署，中书省公文需门下省同意上呈，使门下省初步具备参与决策、封驳审议的权力。南朝时从门下省分离出来设立的集书省专行谏议之权，进一步促进了谏议体系化和专业化。

其二，御史台的监察权限不断扩大。魏晋时期对御史台和司隶校尉的监察范围曾展开讨论，最终打破了御史台只能监察“行马内”的传统规定，使御史台自皇太子以下及至百官公卿无所不纠，御史中丞仪仗也愈加隆盛，专道而行。汉代御史台侍御史所分五曹办公，发展到魏晋直接分为十三曹，分别监察政府财政、课第、选举、外交、军事、民政、刑罚、建设等各个方面。南朝刘宋时期将执金吾巡视宫城的权力也交给御史中丞，御史获得“风闻奏事”之权，不需要实际证据，仅需风闻便可弹劾官吏。

其三，监察律令的制定较为完善。西汉以《监御史九条》监察京畿官吏，以《刺史六条》监察地方二千石官吏。曹魏时期颁布《察吏六条》，晋武帝时期颁布针对官吏的选举法规《中正六条举淹滞》，针对郡、县级官吏进行监察的法规《能否十条》《察长吏八条》《五条律察郡》《考课之法》，针对二千石高级官吏的监察法规《察二千石长吏四条》。北魏时期颁布《三等黜陟法》、西魏时期颁布《六条诏书》和北周时期颁布《诏制九条》，建立起全方位、多层次从上至下的选举监察、行政监察、巡视监察法规体系。

其四，特务性质监察机构的设置和实际监察效果不佳。曹魏和孙吴时期设立校事一职，北魏时期设立候官一职，其官吏都没有正式官署，没有法律依据，集监察权、司法权于一身，只需对最高统治者负责，这在本质上是对国家监察法制的破坏。因魏晋南北朝时期政局动荡，门阀士族把控政治，国家监察制度和监察法律虽然比以前有较大的发展，但实际监察效果不佳，相关监察律令也并没有全面执行。

第四章　隋唐五代：中国古代监察法制的成熟

一、隋唐五代时期的政治和社会背景

北周灭掉北齐后，中原复归一统，此时北周的主要对手变成偏安江左的南陈。自陈武帝立国，地方多为拥兵割据的将帅，中央军令政令难以统一，太建十一年（公元579年），北周军队攻克江北重镇寿阳，南军回撤。至此，北周尽取南陈江北之地，但因北周武帝逝世导致内政不稳，陈得以苟延残喘。

北周宇文赟继武帝位，是为宣帝。宣帝性格放纵，多行不轨，沉迷酒色，擅杀大臣，继位次年即禅位于其子宇文阐，史称静帝，军国大政委任刘昉、郑译。太建十二年（公元580年），宣帝逝世。刘昉、郑译等辅政大臣与后父杨坚交好，遂矫诏令杨坚以右丞相之职摄政，北周军国大事归于杨坚一人之手。①

杨坚父祖为胡华汉人，遂容易得到北周朝中汉人集团的拥护，于开皇元年（公元581年）篡夺外孙之位，改国号为隋，是为隋文帝。开皇八年（公元588年）文帝以晋王杨广为统帅，起五十余万兵力数路出击，灭掉南陈，将南陈的士族、百工、书籍、文物等尽皆北运，② 自西晋永嘉年间，先之以五胡入主中原，后之以南北对立，分裂近三百年的天下再次统一。

隋自统一之后，建国规模宏大，将北方胡族的勇猛果断和汉族士人的衣冠人伦相结合，府库充盈自古少有。至隋炀帝初年，隋朝国力达到鼎盛，然隋文帝本人亦有相当过错，他虽励精图治，然而学识较差，猜忌臣下，政风为彻底的功利主义。③ 隋朝之亡，文帝亦有相当过错。

---

① 傅乐成．中国通史（上）[M]．北京：中信出版社，2014：289.

② 《中国历代战争史（第十一卷）》第一章《隋代全般形势》。

③ 傅乐成主编．中国通史（隋唐五代史，傅乐成著）[M]．北京：九州出版社，2012：11.

隋炀帝杨广非旧书所言“杀父、弑兄、欺娘、戏妹”之人，其人确有雄才大略，平南陈、修运河、开科举、拓疆土、营东都、削世家，中央完善三省六部制，地方省诸郡县，也应为一世之雄主。然炀帝为人好大喜功，刚愎自用，于数年之间进行大规模的国家工程建设和用兵，役民无度，导致隋朝二世而亡。

隋大业十三年（公元617年），唐国公李渊于晋阳起兵，攻陷关中，后代隋朝自立，国号为“唐”，是为唐高祖。唐朝建立之后，李渊次子世民兵锋所至，一一讨平群雄，并于高祖武德九年（公元626年）发动玄武门事变，射杀长兄建成、四弟元吉，逼迫高祖传位于自己，建成、元吉诸子亦被斩杀殆尽。

纵论唐朝，大致可以分为兴盛和衰亡两个时期。自太原起兵至武德五年（公元622年）统一全国，及贞观四年（公元630年）唐初名将李靖灭掉东突厥到唐玄宗天宝十四年（公元755年）安禄山反唐，此期间可大致称为唐朝的兴盛时期。唐高宗李治年间，李勣灭掉高句丽，唐朝兵锋达到巅峰，之后虽有武后称帝，韦后宫廷斗争，但至睿宗之子玄宗继位，唐朝再次强盛。

玄宗晚年以为国力强盛，天下无事，沉迷酒色，遂至政事荒废。宰相李林甫、杨国忠二人皆为奸佞之臣，不学无术。再者，唐初沿袭自北周、隋朝的府兵制逐渐荒废，边疆地区形成十大兵镇，其中九个为节度使，一个为岭南五府经略使，共辖兵士四十八万六千九百人，战马八万余匹，①而中央政府所掌管的“彍骑”不过十二万人。天宝十四年（公元755年）十一月，身兼范阳、河东、平卢三镇节度使安禄山起兵叛唐，前后历经九年，才被平定，国家元气大伤。李氏虽然还维持了一百五十二年的天下，但唐朝日渐衰乱而不能兴盛。②

唐朝安史之乱后最大的失策，在对叛乱降将和地方军事力量的安置上。肃宗、代宗为尽快平定安史之乱，不仅在原来九大节度使外另设节度使，而且将安史降将也大都分封为节度使，妄图以节度使制节度使。尤其是成德节度使李宝臣、魏博节度使田承嗣、卢龙节度使李怀仙、昭义军节度使薛嵩、淄青节度使李正己。此五镇节度使占据着河南、河北、山东、山西的大片领

① 傅乐成:《隋唐五代史》第十六章《唐代的制度（上）》。

② 吕思勉:《中国通史（下册 中国政治史）》第四十章《唐朝的衰亡和沙陀的入侵》。

土，他们多有胡人血统，通过相互婚姻、结盟而与中央多次抗衡。节度使在其辖地上马治军，下马治民，获得人事、军事、财政、行政等职权，上任节度使去世后，或父死子继，或众将推选，朝廷只能事后追认，节度使如同东汉末期的诸侯一般。

此外，中央政府也陷入“牛李党争”和宦官专政之中。“牛李党争”源于魏晋南北朝以来的门阀士族和隋唐以来的科举士人之间的政见分歧。主要纷争在于李党多为数百年以来的世家大族，主张以经学为正宗；牛党多出身于进士科举，主张科举选举。再者，李党主张以武力讨平藩镇割据和外族侵略，牛党主张维持现状，采取和平的方式循序渐进。“牛李党争”延续宪、穆、敬、文、武、宣六帝，以致朝政混乱，中央政府多有变故。

唐朝宦官专政自府兵制废除后正式开始，府兵制改为募兵制，中央政府对掌握军权的将领不甚放心，于是皇帝多派遣身边的亲信太监进行监军，安史之乱和节度使的大规模建立，又强化了这一制度。代宗时期曾设立枢密使一职，以宦官充任，太监于是获得了参与军机、出纳王命的机会。德宗时因“泾原兵变”不再愿意武将掌控中央禁军，代之以太监掌控，宦官权势更为强盛。此后，宦官把控中央政府，勾结地方藩镇，贿赂公行，自傲擅权。自肃宗以后，唐朝代、德、顺、宪、穆、敬、文、武、宣、懿、僖、昭等帝拥立问题，宦官都参与其中。[①]

唐朝中后期藩镇割据、朝政党争、宦官专政这三个问题一直未能解决。及至天灾人祸相连，王仙芝、黄巢等发动农民起义，虽被平定，但在这个过程中，地方藩镇势力不断加强。天佑四年（公元 907 年），汴宋节度使朱全忠逼迫唐哀帝禅让于己，定都开封，史称“后梁”。

“五代十国”为唐末藩镇割据的继续，史学家虽然以梁、唐、晋、汉、周为正统，但若详细查看，梁唐晋汉周都为藩镇型政府，没有完全具备成为中央政府的条件。先将五代十国政权简述如下。

五代：后梁为天佑四年（公元 907 年）朱温所建，传之于朱瑱，共传二主，享国十七年，被后唐所灭；后唐为龙德三年（公元 923 年）李存勖所建，再经明、闵、废三帝，共传四主，享国十三年；后晋为清泰三年（公元 936 年）石敬瑭所建（敬瑭于是年将幽、檀、顺、儒、蓟、瀛、莫、涿、新、妫、武、

---

① 傅乐成:《隋唐五代史》第十二章《宦官与党争》。

蔚、云、应、寰、朔等十六州之地割让契丹，从此中国失去北方国防线，及至明太祖北伐才得以复归于汉），再经出帝，共传二主，享国十一年；后汉为天福十二年（公元947年）刘知远所建，传之于隐帝，共传二主，享国三年；后周为乾祐三年（公元950年）郭威所建，传世、恭二帝，共传三主，享国十年。①

十国：吴为唐朝淮南节度使杨行密所建，其都城先后为江都、金陵，后被权臣徐知诰篡夺；南唐：杨行密养子徐知诰所建，后改李姓名昇，定都金陵，共传三主经历三十九年为北宋所灭；前蜀为唐朝神策军使王建所建，都城成都，传二主经历三十五年为后唐所灭；后蜀为后唐西川节度使孟知祥所建，都城成都，传三主经历四十一年为北宋所灭；闽为唐朝福建节度观察使王潮所建，传六主经历五十五年为南唐和吴越所灭；楚为许州鄢陵马殷所建，传六主经历五十七年为南唐所灭；南平为后梁荆南节度使高季兴所建，共传五主经历五十七年为北宋所灭；南汉为唐朝青海节度使刘隐所建，共传五主经历六十七年为北宋所灭；吴越为镇海节度使钱镠所建，共传五主经历八十四年为北宋所灭；北汉为河东节度使刘崇所建，都城太原，共传四主经历二十八年为北宋所灭。②

自唐末以降，至北宋建立，数十年间政治黑暗，朝政涣散，吏治腐败，兵祸连天，掌权者多无才略，割据军阀，少有远识，百姓不堪其苦。但是，隋唐之制度与文化确为中国古代又一巅峰，在国家监察方面已基本成熟。

二、隋唐五代时期的监察思想

隋唐之间的关系如同秦汉之间的关系，秦隋同为结束之前数百年战乱的统一之国且二世而亡，汉沿袭秦朝的三公九卿制，唐也沿袭隋朝的三省六部制。隋文帝建国之初，中央官制废除北周旧制，采用北齐之制，③设立太师、太傅、太保三师，司徒、司空、太尉三公，三省指中书省（隋朝称为内史省）、尚书省、门下省，文帝和炀帝二人虽然对三省职权有所划分，但未形成明确

① 《中国历代战争史（第十三卷）》第一章《五代全般形势》。

② 《中国历代战争史（第十三卷）》第一章《五代全般形势》。

③ 傅乐成：《隋唐五代史》第二章《隋的建国规模》。

的分工，六部指的是尚书省下辖的吏、户、礼、兵、刑、工六部。中央政府另设太常寺、光禄寺、太仆寺、大理寺、宗正寺、鸿胪寺、司农寺、太府寺、卫尉寺等九寺，将作监、少府监、都水监、国子监，掌握监察的御史台等机构，从而构成中央系统性官制。[①]在地方官制设定方面，隋文帝于开皇三年（公元583年），将汉末以来的州、郡、县三级政府裁撤变更为州、县两级政府，炀帝大业元年（公元605年）罢总管府，三年改州、县为郡、县两级政府。

就隋唐五代监察思想而言，隋唐相比五代十国时期更具包容性，隋唐在包容的监察思想指导下建立了较为成熟的监察制度，隋文帝和唐朝中前期的皇帝大抵都能遵守监察及言谏制度，对监察和言谏系统的官员也较为支持。安史之乱后，中央政府衰弱，伴随着宦官专政、牛李党争、藩镇割据，中央政府对监察颇为力不从心。而五代十国时期武人专政，除去少数统治者外，其余皆纵容武将跋扈，对监察亦不甚重视。

（一）隋朝时期的监察思想

隋文帝杨坚为胡华汉人，篡位之前获得北周汉族士人集团的拥戴，这也是他继位后能平定北周遗臣叛乱的原因之一。他在位期间选贤举能，虚心纳谏，以致仓廪之丰为古史罕见，其对国家监察建设亦极为支持，尤其重视监察官吏的选任。如：

《隋书·骨仪传》言：

“骨仪，京兆长安人也。性刚鲠，有不可夺之志。开皇初，为侍御史，处法平当，不为势利所回……仪励志守常，介然独立。”[②]

再如：

《隋书·皇甫诞传》言：

“诞少刚毅，有器局。……迁治书侍御史，朝臣无不肃惮，上以百姓多流亡，令诞为河南道大使，以检括之。”[③]

文帝在位时所选的监察官员如骨仪、皇甫诞、李德饶、柳彧等人皆是性格刚毅、不避权贵、疾恶如仇之人，使得朝廷风气为之一振。此外，隋文帝

---

① 《中国历代战争史（第十一卷）》第一章《隋代全般形势》。

② 《隋书》卷三十九《骨仪传》。

③ 《隋书》卷七十一《皇甫诞传》。

本人对监察工作也较为支持，根据《隋书·柳彧传》记载，隋文帝在位期间御史柳彧巡查河北五十二州之地，巡查过程中发现问题，上报处理贪污腐败、玩忽职守的官吏达到二百多人，文帝赏赐给他大量财物，以示表彰。①即使对皇亲国戚、骨肉至亲，文帝要求也颇为严格，例如隋文帝的儿子秦王杨俊性爱奢侈，崇尚佛教，贷公款于民，日常规格违反皇家制度，在御史检举之后，文帝免除他并州总管的职务以示惩戒。

但文帝也有资性刻薄、猜忌臣下的一面，致使晋王杨广及奸臣投其所好。晚年他易储君于杨广，造成家庭惨变，也间接导致了隋朝的灭亡。隋炀帝杨广既有博学善文、雄才大略的一面，又有猜忌凶残、嗜杀无度的一面。为人夸己自满，好大喜功，废除谏官，去其言路，使言谏系统遭受严重破坏。如：

《资治通鉴·隋纪六》言：

“我性不喜人谏，若位望通显而谏以求名者，弥所不耐；至于卑贱之士，虽稍宽假，然卒不置之地上，汝其知之！”②

面对被唐太宗称为“当代名臣，人伦准的”的虞世南，隋炀帝说出此话的目的在于阻止虞世南谏议，此话也最终使得虞世南投奔李唐，成为凌烟阁二十四功臣之一。虽然隋炀帝在位初期促进了御史台、司隶台、谒者台三大监察部门的设立，但其后期不断违反监察制度规定，凭借个人喜好，不依照国家律法，使御史台成为皇帝和奸臣打击报复政敌的工具。如：

《隋书·梁毗传》言：

“炀帝即位，（梁毗）迁刑部尚书，并摄御史大夫事。奏劾宇文述私役部兵，帝议免述罪，毗固争，因忤旨，遂令张衡代为大夫。毗忧愤，数月而卒。”③

梁毗为刑部尚书兼御史大夫，作为国家司法部门和监察部门的最高长官，按律弹劾权臣宇文述私自役使部兵，隋炀帝不按规定免除宇文述之罪，梁毗多加争执，不遵上意，被罢免御史大夫一职，数月之后，忧愤而死。由此可见，炀帝时期监察之弊端，这也是隋朝灭亡的重要原因之一。

---

① 《隋书》卷六十二《柳彧传》。

② 《资治通鉴》卷一百八十二《隋纪六》。

③ 《隋书》卷六十二《梁毗传》。

（二）唐朝时期的监察思想

隋大业十三年（公元 617 年），太原留守、唐国公李渊起兵造反，随后攻陷关中，第二年五月称帝，改国号为唐，是为高祖。唐初的统治者高祖、太宗等人在隋末扫平群雄的过程中对隋朝深有反思，认识到以隋朝领土之大、府库之丰、军力之强、民众之多、制度之善尚且二世而亡。所以，唐初的统治者战战兢兢，虚心纳谏，重视选举，较少以人力干涉国家制度，使各级官吏能够充分发挥职能，监察和言谏系统都较为发达。

唐高祖李渊在武德元年（公元 618 年）尚未统一天下时，孙伏伽上书《陈三事疏》，进行劝谏。如：

《全唐文·陈三事疏》言：

“臣闻天子有诤臣，虽无道，不失其天下；父有诤子，虽无道，不陷於不义。故云子不可以不诤於父，臣不可以不诤於君。”①

据史书记载，高祖看到之后喜悦不已，颁布《颁示孙伏伽谏书诏》，其中有言：

《唐会要·高祖皇帝》言：

“秦以不闻其过而亡，典籍岂无先诫，臣仆谄谀，故弗之觉也。汉高祖反正，从谏如流。洎乎文景继业，宣元承绪，不由斯道，孰隆景祚？周隋之季，忠臣结舌，一言丧邦。良足深戒，永言于此。”②

唐太宗李世民继位之后，将少数民族积极进取的尚武精神和汉族开明完善的文化制度相结合，在监察、谏议方面尊重国家制度规定，知人善任，能够控制私欲，减少个人喜好。他对人性的缺陷也有较为清醒的认识。如：

《贞观政要·求谏》言：

“自古帝王多任情喜怒，喜则滥赏无功，怒则滥杀无罪。……公等亦须受人谏语，岂得以人言不同己意，便即护短不纳？若不能受谏，安能谏人？”③

魏征曾为李密臣属，随李密投降唐朝之后又为太子李建成的幕僚，但太

---

① 《全唐文（第二册）》卷一百三十五《陈三事疏》。

② 《唐会要》卷一《高祖皇帝·颁示孙伏伽谏书诏》。

③ 《贞观政要》卷二《求谏》。

宗能够不计前嫌，知人善任。魏征先后担任谏议大夫、侍中、光禄勋、太子太师等官职，前后数十次劝谏太宗严控自身，戒除奢欲，减少刀兵，轻徭薄赋。太宗气愤之时虽有“会须杀此田舍翁”①之语，但基本上能够做到控制情绪、虚心纳谏。魏征逝世之后，太宗征讨高丽失败，劳民伤财，情绪低落时又思念魏征。

太宗皇帝的长处及短处都与隋炀帝较为类似，但因虚心纳谏，虽有和隋炀帝相似的行为，但终为明君，得到古今史学家的赞誉。除魏征外，虞世南、马周、王珪、褚遂良、房玄龄等人也都以纳谏闻名。

太宗皇帝不仅虚心纳谏，而且对御史等监察官员也礼遇有加，重视监察活动。潮州刺史权万纪因为人刚正不阿，多有才干，被太宗提拔至治书侍御史一职。如：

《新唐书·权万纪传》言：

“唐京兆万年人。性强正，好直言。太宗贞观中，自潮州刺史擢治书侍御史。以公事劾房玄龄、王珪、温彦博等，太宗以为不避豪贵，甚礼之。”②

高宗李治至玄宗李隆基继位期间，中央政府陷入连续危机。太宗皇后长孙氏共有三子，分别是太子李承乾、濮王李泰和晋王李治，后因李承乾谋反被废，且厌恶李泰为人凶险，而晋王李治素有“仁孝”之名，在长孙无忌的支持之下被立为太子。但是，李治为人懦弱，少有才干，且身患风眩之症，目不能久视，于是皇帝的权力逐渐转移到其后武则天的手中。高宗病故之后，武后先后废掉亲子中宗李显、睿宗李旦，于天授元年（公元690年）称帝，是为“圣神皇帝”，改国号为“周”。

武后性格明敏，多涉文史，巧慧多术，政治水平不在历代明君之下，为中国古代杰出的女政治家。在位期间多设女官，提升妇女地位，开中国女权主义之先河。她在政治上扶持进士新贵集团，使其与门阀士族、功勋集团相互对抗，对巩固政权、监察百官、防止政治变故极其重视。武后为打击关陇集团及门阀士族，镇压李氏遗臣，进行了官制改革，将御史台重新改革为左、右肃政台，在加强内外监察的同时强化了监察官员之间的相互牵制。创建知匦监察方式，任命亲信谏议大臣担任知匦使。如：

---

① 《资治通鉴》卷一百九十三《唐纪九》。

② 《新唐书》卷八十《权万纪传》。

《新唐书·百官二》言：

“武后垂拱二年，有鱼保宗者，上书请置匭以受四方之书，乃铸铜匭四，涂以方色，列于朝堂：青匭曰‘延恩’在东，告养人劝农之事者投之，丹匭曰‘招谏’，在南，论时政得失者投之；白匭曰‘申冤’，在西，陈抑屈者投之；黑匭曰‘通玄’在北，告天文、秘谋者投之。”①

则天皇帝当政时期设立了“四方匭”监察制度，有利于广开言路，处理诉状。武曌对此也较为支持，但此制度逐渐演变成打击政敌、滥事诛杀、采取恐怖政策的工具。如她所任用的酷吏周兴、来俊臣等人以上意为尊，残害同僚，滥施刑罚，采取特务监察的方式，对唐初监察制度造成较大破坏。

武曌逝世之后，中央政府又有数次政变，中宗李显、睿宗李旦先后复位。国家监察制度多有反复，及至玄宗李隆基继位，监察制度才趋于稳定。对中央官员的监察，睿宗皇帝提出了相关要求。如：

《全唐文·第一部·睿宗（一）》言：

“文昌会府，众务所归，御史宪司，绳劾斯举。自今已后，王公朝士有嘱请者，所繇官密奏闻。若苟相容隐，御史访察弹纠。”②

睿宗不仅重视对中央官员的监察，而且对地方官员的监察也较为重视。唐太宗贞观年间效仿汉代十三州刺史之制，将全国分为“十道”监察区，景云二年（公元711年），睿宗接受御史宋务广的谏议，改“十道巡查使”为“十道按察使”，使之对地方监察更为完善和便利。

玄宗本人也亲自下诏强调监察的重要性。如：

《全唐文·第一部·元宗（十）》言：

“御史出使，举正不法。身苟不正，焉能正人？如闻州县祗迎，相望道路，牧宰？候，僮仆不若。作此威福，其正人何？自今以后，宜申明格敕，不得更尔。违者州县科罪，御史贬降。”③

玄宗皇帝在诏令中对监察官吏的职责进行了明确规定，御史职责在监察举证不法行为，首先要自身正直，已身不正何以正人。其次，御史对刺史、县令需要严加考察，不可在巡查过程中作威作福，骄奢淫逸，若有如此行为，

---

① 《新唐书》卷三十七《百官二》。

② 《全唐文·第一部》卷一十八《睿宗（一）》。

③ 《全唐文·第一部》卷二十九《元宗（十）》。

御史和巡查官吏将受到处置。

总体上看，自李唐立国至天宝十四年（公元755年）安禄山叛唐，“安史之乱”爆发，此一百三十六年间历经太祖、太宗、高宗、武后、中宗、睿宗、玄宗七帝，唐朝国势处于上升阶段，这七位帝王政治水准较高。其间，有千古明君太宗皇帝及开创开元盛世的玄宗皇帝，因此监察制度多有建树，他们能够尊重国家制度，虚心纳谏，涌现出一大批杰出的监察官员。但是，玄宗天宝年间，天下承平日久，玄宗渐生骄傲之气，任用奸相李林甫、杨国忠以致政治腐败，吏治不彰，危机四伏，唐王朝由盛转衰。

肃宗、代宗在平定安史之乱的过程中，积极扩军，广建节度使，但对统兵大将不甚信任，于是派遣身边亲信宦官监军，建立太监监军制度。德宗继位后，中央政府对于地方藩镇的割据无能为力，不得已采取守势，后虽有宪宗号称中兴，但唐朝之颓势，已经难以扭转。后穆、敬、文、武、宣、懿、僖、昭、哀帝时期，中央政府软弱无力，地方节度使多飞扬跋扈，对他们的有效监察也就难以谈及，吏治之腐败可想而知。

（三）五代十国时期的监察思想

五代十国是唐末藩镇割据的延续，公元907年，朱全忠废唐朝末帝自立为帝，至此唐朝灭亡。五代历时五十四年，北方中原地区共有后梁、后唐、后晋、后汉、后周五个朝代，一十三位皇帝，南方十国政权更为紊乱。此间政权就其国家监察制度而言，未有重建之能力，多沿袭李唐旧制。除后周外，多数时期武人擅政，贪污不法，君主亦未有从根本上解决的办法。如：

《旧五代史（唐书）·末帝本纪》言：

“朝廷任人，率多滥进，称武士者，不闲计策，虽被坚执锐，战则弃甲，穷则背军；称文士者，鲜有艺能，多无士行，问策谋则杜口，作文字则倩人。所谓虚设具员，枉耗国力。”①

后梁开国君主朱全忠精明强干，善用权术，果于刑杀，但不学无术，品德甚差，唯信兵强马壮，不喜文教。②但是，为了维护统治，他对御史监察较为重视，大将军寇彦卿因为仪仗问题擅杀百姓梁现，遭到御史台长官崔沂

① 《旧五代史》卷四十七《末帝本纪》。

② 《新五代史》卷一《梁太祖纪》。

的弹劾，梁太祖给予寇彦卿降职处分，要求其赔偿死者家属重金，导致寇彦卿不满。如：

《资治通鉴·后梁纪二》言：

“彦卿扬言：‘有得崔沂首者，赏钱万缗。’沂以白帝，帝使人谓彦卿：‘崔沂有毫发伤，我当族汝！’时功臣骄横，由是稍肃。”①

后唐明宗年间，枢密院枢密使安重诲位高权重，专权用事，他驱车从御史台门前经过时，殿直马延冲撞了仪仗车马，安重诲大怒，于御史台门前杀掉马延而后上奏明宗。李琪时任御史台的御史中丞，但因畏惧安重诲而不敢上书弹劾，又担心其他监察官吏议论自己，于是让宰相任圜先和安重诲说明自己要上书弹劾，然后再进行弹劾，即使这样也不敢明确说明安重诲所犯过错。②

后晋石敬瑭以儿皇帝之姿态，割让中国河北、山西北部十六州之地换取契丹出兵，节操少有，他对官吏的不法行为也不能给予有效处罚。如重臣张延泽在张式的谏议下改变了杀害儿子的计划，事后张式逃奔衍州，张延泽怕此事败露，派遣使者杀掉张式。御史中丞王易简带领御史台人员上奏晋高祖，要求严厉处罚张延泽，但高祖最终并未予以重罚。③国家最高监察部门的监察长官带领全体监察人员，都未能实现有效监察，可见君主对于监察制度的态度，可以说完全没有监察的思想。

五代期间监察的唯一亮点在后周时期，太祖郭威和世宗柴荣都致力于整顿吏治，严惩腐败及残忍害民之举，对御史台的官吏也多持鼓励态度。如：

《旧五代史·周书·世宗纪二》言：

“论其职分，尤异群臣，如逐任官内，所献替启发弹举者，至月限满合迁转时，宜令中书门下先奏取进止。”④

世宗认为御史台官吏的职责和群臣有所不同，重点在于弹劾举荐，若弹劾得体，考察优良，将会优先提拔。此外，周世宗对谏议官吏也较为重视，鉴于五代之中军阀混战，天下几易，在上者皆纵容武人，不思纳谏，使得王

---

① 《资治通鉴》卷二百六十七《后梁纪二》。

② 《旧五代史》卷五十八《李琪传》。

③ 《旧五代史》卷九十八《晋书·张彦泽传》。

④ 《旧五代史》卷一百一十五《周书·世宗纪二》。

朝短命，所以亲自颁布诏书《求谏诏》，其中有言：

《旧五代史·周书·世宗纪二》言：

“若朕躬之有阙失，得以尽言；时政之有瑕疵，勿宜有隐。方求名实，岂尚虚华，苟或素不工文，但可直书其事。辞有谬误者，固当舍短，言涉伤忤者，必与留中，所冀尽情，免至多虑。”①

由上可知，世宗要求谏议官吏，在自己有失或者政治有瑕时，应尽力纳谏，不善文书者可以当面纳谏，即使言辞谬误或有所忤逆都不会因言治罪。世宗其人是有雄才大略的明君，在位期间整顿吏治，简校禁军，北击北汉，南破南唐，在攻伐辽国、议取幽州之际突染重病，功败垂成，不久之后逝世，年仅三十九岁，实为历史之遗憾。

“十国”因各自偏安一隅，国土狭小，享国日短，对官吏的监察亦不太重视。本节选取“十国”中领土较广、国运较长、崇尚文教的后蜀和南唐两国为代表，简述其监察思想。

后蜀是后唐太原府尹孟知祥所建，孟知祥在郭崇焘灭前蜀后，被任命为西川节度使，唐明宗去世后孟知祥建立后蜀。其子孟昶于广政四年（公元941年），著有官方训导言论，颁行后蜀各个郡县，立于官府之中，这段言论在中国历史上极为有名。如：

《容斋续笔·卷一》言：

“朕念赤子，旰食宵衣，之令长抚养安绥，政在三异，道在七丝，驱鸡为理，留犊为规。宽猛得所风俗可移，无令侵削，毋使疮痍。下民易虐，上天难欺，赋与是切军国是资．朕之爵赏，固不逾时，尔俸尔禄，民膏民脂。为人父母罔不仁慈，持为尔戒，体朕深思。”②

孟昶教导官吏须勤政爱民，珍惜民力，不要贪污腐败，玩忽职守，这在整个中国古代史中并不多见。孟昶深受儒家传统思想的影响，在位期间勤政爱民，励精图治，整顿吏治，强化监察，使得官吏不至于虐民过甚，深得百姓拥戴。后蜀政治在“十国”之中较为清明，北宋灭亡后蜀后，将孟昶迁往开封，后蜀百姓哭送百里。

南唐占据江淮，国殷民富，开国之君李昪励精图治，整顿吏治，与民生

---

① 《旧五代史》卷一百一十五《周书·世宗纪二》。

② 《容斋续笔》卷一。

息，韬光养晦，南唐在此时期较为富强。李昇子李璟在位期间任用党朋，穷兵黩武，以致国库空虚，奸臣当道，后主李煜正是在此种情况下继位，他颇有政治才能，虚心纳谏，对吏治监察十分重视。如：

《南唐书·后主本纪》言：

“乾德五年春，命两省侍郎、谏议、中书舍人、集贤勤政殿学士，更直光政殿，召对咨访，率至夜分。”①

陆游在《南唐书》中记载，李煜在位期间建立“光政殿制度”，命中书、门下两省高官及相关谏议人员前往，以备谏议顾问。时柳宣为监察御史，为重臣韩熙载打抱不平进行谏议，在遭受后主呵斥后言：“臣非魏徵，陛下亦非太宗。”② 李煜并未对他予以任何处罚。

后主不仅对谏议较为重视，对官吏的选举、监察也给予应有的重视。监察御史张佖提出国家强盛的十条谏议。如：

《江表志》言：

“一曰举简大以行君道，二曰略小繁以责臣职，三曰明赏罚以彰劝善惩恶，四曰慎名器以杜作威擅权，五曰询言行以择忠良，六曰均赋役以绥黎庶，七曰纳谏诤以容正直，八曰究毁誉以远谗佞，九曰节用以行克俭，十曰屈己以固旧好。”③

十条谏议中第一、第二、第四、第五条都是关于官吏的选举和监察方面的内容，在后主的批复中不仅对监察御史张佖直言谏议大加赞赏，而且随后颁布诏书，将此颁行各个州县，作为对官吏监察的要求。

纵观五代十国时期的监察效果不如隋唐，隋唐两朝后期又不如前期。大抵一朝开国之初的君主历经乱世，可以积极整顿吏治，虚心纳谏，对于子孙的教育也较为严格。后世之君生于深宫之中，较少知晓民间疾苦、官场黑暗，对于国家监察制度也不甚尊重。最终造成吏治腐败，国势衰微，无法构建有效的监察体系成为国家灭亡的重要原因。

---

① 《南唐书》卷三《后主本纪》。

② 《南唐书》卷三《后主本纪》。

③ 郑文宝：《江表志》卷下。

三、隋唐五代时期的监察法规

隋朝沿用北朝的体制，对法治建设较为重视，终隋一朝有中国法制史上重要的《开皇律》《大业律》的修订，其中有许多关于官吏选举、监察的条例。隋炀帝期间亦有为监察机构司隶台制定的监察法规《司隶六条》，此外，文、炀二帝所颁布的关于官吏监察的诏书、圣谕也有阶段性监察法规的作用。

唐朝的法治建设与中国古代各个朝代相比较为完备，律、令、格、式都具备法律效力。律为国家颁布的正式法律，令为关系到国家制度建设的行政法规，格是君主针对某一类事务颁布的诏令，式是国家中央政府下属部门制定的部门规章。其中《唐律疏议》成为中国古代封建社会立法的巅峰，不仅对宋元明清的法治建设产生了影响，而且对日本、朝鲜、越南等国古代法律也有较大影响。

唐朝玄宗年间仿照西汉《刺史六条》制定唐朝“十五道”地方监察法规《监察六法》，武则天执政期间制定专门性监察法规《风俗廉察四十八条》，玄宗年间制定颁布《唐六典》，对于促进国家监察法治建设发挥了重要作用。唐朝监察法规中最具特色的是帝王颁布的鼓励谏议的诏书，尤以太宗、高宗、玄宗、肃宗、代宗为善，这些诏书对促进国家谏议制度的系统性、真实性、有效性起到了重要作用。

五代十国时期政权交替频繁，天子唯兵强马壮者可以当之，没有统一的中央政府。地方割据势力对监察不甚重视，在监察立法方面成就颇少，本节将择其善者而言之。

（一）隋朝时期的监察法规

隋文帝时期颁布的《开皇律》在中国古代法制史上具有重要意义，其上承魏晋南北朝以来的立法思想和成就，尤其吸收了北魏、北周、北齐时代的法律余绪，下接《贞观律》《永徽律》及《唐律疏议》的立法思想。《开皇律》共有十二篇五百条，刑网简要，疏而不漏。虽然《开皇律》具体内容已经遗失，但其中的《卫禁律》《职制律》《诈伪律》《断狱律》有许多对官吏进行监察的条款。以现存的“十恶”法条为例，试说明其对官吏监察的作用。如：

《隋书·刑法志》言：

“一曰谋反，二曰谋大逆，三曰谋叛，四曰恶逆，五曰不道，六曰大不敬，七曰不孝，八曰不睦，九曰不义，十曰内乱。”①

“十恶”多援引《北齐律》中的“十条重罪”，之所以以“十恶”为名，或是源自当时的佛家思想。“十恶”之中对官员的监察分为三个方面，第一、二、三、十条为维护政权稳定，防止叛乱；第五、六条为维护礼治，突出皇帝权威和官吏职责；第四、七、八、九条是对官吏个人品德的要求。违反此十条或者故意杀人者，遇赦不赦。

《开皇律》中虽然有着明显的折中主义色彩，但为了维护统治以“议、减、赎、当”等规定将门阀士族官吏的特权以法律形式确定下来，又以“十恶”罪重来控制官僚阶级的非法行为，对门阀士族政治和官僚本身有较大的监察作用。

文帝其人喜怒无常，刻薄寡恩，《开皇律》的立法思想和法律条文虽宽宥刑罚，但至文帝末年持法严峻，不依律法，以至于官吏、百姓苦不堪言。隋炀帝继位之后，为挽救时弊，掩其夺嫡丑行，标榜功劳，于大业二年（公元606年）命令牛弘等人制定《大业律》。若将《大业律》的立法思想和炀帝年间的司法实践分开，将炀帝的政治行为、个人品质和法律条文分开来看，《大业律》也不失为一部良律，根据《隋书》《资治通鉴》中相关记载，有众多官吏玩忽职守、外交失词、宪官不举、暴虐百姓②、与民争利③而依法受到制裁的事例。

隋炀帝在位期间对监察立法最重要的贡献是颁行地方监察法规《司隶六条》。炀帝继位之初进行了中央政府机构改革，将监察机构一分为三，分别为御史台、司隶台、谒者台，司隶台主管全国地方监察事务，以《司隶六条》为准，巡视监察京城内外。具体内容如下：

《太平御览·职官部四十八》言：

“一察品官以上理政能不；二察官人贪残害政；三察豪强奸猾侵害下人及田宅逾制官司不能禁止者；四察水旱虫灾不以实言，枉征赋役及无灾妄蠲免

① 《隋书》卷二十五《刑法志》。

② 《隋书》卷七十九《田式传》。

③ 《隋书》卷六十六《郎茂传》。

者；五察部内贼盗不能穷逐，隐而不申者；六察德行、孝悌、茂才、异行隐而不贡者。”①

根据隋朝司隶台监察御史巡视规定，每年二月奉诏出巡，以《司隶六条》为准则督察官吏不法行为，十月回京，将巡视监察情况汇报。与汉朝的《刺史六条》相比，隋之《司隶六条》的监察重点和监察范围都有些许变化。如汉《刺史六条》第一条为“强宗豪右，田宅逾制，以强凌弱，以众暴寡”，而隋朝将其转移至第三点，由此可见隋朝期间地方门阀士族势力的强盛，政府在某种程度上需要对其进行抚慰。汉朝《刺史六条》中刺史对于地方官吏的监察专指二千石官吏及其子弟，而隋朝《司隶六条》考察的是“品官以上”，即所有官员，将其放到监察的第一位，反映了隋朝统治者对于官吏监察的重视，隋之《司隶六条》也成为唐朝《监察六法》的蓝本。

（二）唐朝时期的监察法规

唐朝的监察立法主要分为两个方面，其一为官僚系统的监察立法；其二为言谏系统的谏议立法，谏议立法为唐代监察立法中独具特色的部分。唐代监察立法以武则天当政时期颁布的《风俗廉察四十八条》和玄宗李隆基年间颁布的《监察六法》为主，其余如《唐律疏议》中的《职制律》和《唐六典》中的御史台部分也具有监察法规的功效。

武则天将国号由“唐”改为“周”，其人雄才大略，对官吏监察较为重视，曾编修《臣轨》一书，其中有《公正》《廉洁》二篇，《廉洁》篇中有言：

《臣轨·廉洁》言：

“君子虽富贵，不以养伤身；虽贫贱，不以利毁廉。知为吏者，奉法以利人；不知为吏者，枉法以侵人。理官莫如平，临财莫如廉。廉平之德，吏之宝也。”②

《廉洁》篇对官吏从个人品质和社会身份两个角度进行分析，提出了官吏廉洁的要求。此外，光宅元年（公元684年），武则天正式颁布由尚书韦方质制定的《风俗廉察四十八条》。如：

《新唐书·百官三》言：

“光宅元年，分左右台：左台知百司，监军旅；右台察州县、省风俗。寻

---

① 《太平御览》卷二百五十《职官部四十八》。

② 《臣轨》卷下《廉洁》。

命左台兼察州县。两台岁再发使八人，春曰风俗，秋曰廉察，以四十八条察州县。”①

左肃政台、右肃政台派遣监察官员八人，分春秋两季以“四十八条”巡查州县，春季巡查时以“风俗”为主，主要考察民间情况，针对于民；秋季巡查以“廉察”为主，主要监察官员情况，针对于官。即在清除民间陋习、了解民间舆论的同时监察官吏行为，严纠不法。但因《四十八条》过于烦琐，监察官吏难以面面俱到，于是施行不过十年，就在延载年间予以废除，具体条文也已佚失。

唐初太宗年间，将全国分为“十道”，建立按察使巡视监察制度。玄宗年间将“十道”分为“十五道”，分别派遣按察使巡视地方，监察吏治，考察民情。按察使一般为地方固定监察官吏，由地方五品官担任。唐玄宗开元年间，仿照汉代《刺史六条》，并汲取隋朝《司隶六条》的有利成果，制定颁布唐朝“十五道”按察使监察法规《监察六法》。具体内容如下：

《新唐书·百官三》言：

“其一，察官人善恶；其二，察户口流散，籍帐隐没，赋役不均；其三，察农桑不勤，仓库减耗；其四，察妖猾盗贼，不事生业，为私蠹害；其五，察德行孝悌，茂才异等，藏器晦迹，应时用者；其六，察黠吏豪宗兼并纵暴，贫弱冤苦不能自申者。”②

由上可知，唐朝按察使巡视地方，监察重点和汉之《刺史六条》、隋之《司隶六条》皆不相同。第一，在于监察范围的变化，汉朝刺史监察二千石官吏及子弟，隋朝司隶台巡查官吏监察“品官”，而唐朝按察使监察所有“官人”，甚至可以监察“妖猾盗贼，不事生业”的平民百姓，这表明唐朝对于基层官吏行政行为和民间百姓行为的重视；第二，在于监察重点的变化，唐朝更重官吏的品质和行政行为，明确指出，监察官吏善恶，及辖区户口、籍账、农桑、府库、冤屈；第三，在于豪强宗族重视程度的减弱，在隋朝末年各路诸侯灭隋的过程中，门阀士族再次遭遇重创，势力相比之前有所减弱，而唐朝经过百余年的发展，科举及第者登上历史舞台，所以中央政府对地方豪强的重视程度也在减弱。

---

① 《新唐书》卷四十八《百官三》。

② 《新唐书》卷四十八《百官三》。

唐代作为中国封建社会的鼎盛阶段，其原因之一在于唐朝前、中期良好的吏治，也在于其统治思想中“治吏不治民”的远见。唐代不仅制定了分权制衡的统治制度和对官吏严密的监察制度，而且还制定了系统的法律制度，用以制裁官吏的违法行为。《唐律疏议》是唐朝立法之大成，在行政、经济、司法、礼制等各个领域都对官吏制定了严格的要求，明确违法之后的制裁措施。其中对于贪污的相关规定如下。

《唐律疏议·贼盗律》言：

“诸监临主守自盗及盗所监临财物者，加凡盗二等，三十匹绞。”①

“若监主诈取者，自从盗法。加凡盗二等，有官者除名。”②

再如：

“私行人，职事五品以上、散官二品以上、爵国公以上，欲投驿止宿者，听之。边远及无村店之处，九品以上、勋官五品以上及爵，遇屯驿止宿，亦听。并不得辄受供给。”③

《唐律疏议》中将五种情形都定为贪污，第一是吞没公私财物；第二是诈骗公私财物；第三是享受不应有的待遇；第四是私人役使政府役夫；第五是以私人物品调换公物。与现代法律中所有公民一视同仁，法律面前人人平等不同，在唐代官吏被认为是社会的道德楷模，所以应比普通百姓践行更高的道德标准。因此，如《唐律疏议·贼盗律》中摘抄部分所示，在官吏犯罪时出现了“加凡盗二等”的律条，以示从严处置。

对官员受贿的规定如下：

《唐律疏议·杂律》言：

“赃罪正名，其数有六，谓受财枉法、不枉法、受所监临、强盗、窃盗并坐赃。”④

官吏受贿分为六种情形，第一是接受别人财物并徇私枉法；第二是接受别人财物没有徇私枉法；第三是监临官不因公事接受别人财物；第四是用暴力或者暴力威胁获得他人的财物；第五是以隐秘的方式获得他人财物；第六

---

① 《唐律疏议》卷一十九《贼盗律》。

② 《唐律疏议》卷一十九《贼盗律》。

③ 《唐律疏议》卷一十九《贼盗律》。

④ 《唐律疏议》卷二十六《杂律》。

是非监临主司以外的官员因事收取他人财物的行为。官吏凡有以上六种受贿行为之一，一般要接受刑事上、民事上和行政上的处罚，在刑事方面根据官员受贿财物的具体价值分别采取杖、徒、流甚至死刑的处罚，民事方面一般需归还财物，若行贿者有罪则将财物充公并对行贿者给予处罚，行政方面则根据罪行严重程度采取降职或者罢免的处罚。

根据《唐律疏议·职制律》[①]中的相关规定，将官吏玩忽职守、失职渎职行为分为九种类型。详情如下。

其一，越权行为。对于官吏滥用职权，《唐律疏议》中借鉴历朝历代对官吏越权行为的处置措施，制定了相关法条，明确什么是越权和越权之后的处罚。[②]其二，非法征收赋税。《唐律疏议》中规定了官吏未按照国家标准征收赋税，即使多收，封存官库也将遭受严惩。[③]其三，非法建造。《唐律疏议》中规定官吏未能履行国家相关审批手续而大兴土木，或自发劳役十人以上将进行处罚。[④]其四，代为处理公文。若官吏将本该自己处理的公文转交给他人处理，本人将杖责八十，代为处理的人员将判处一年有期徒刑。[⑤]其五，迟缓发布官方文件。对皇帝诏令推迟发布，迟缓一天将会鞭挞三十，迟缓十天将判处一年有期徒刑，对于一般文件，迟缓一天将会鞭挞一十，最高可以累计到鞭挞八十。[⑥]其六，汇报情况有误。以书面汇报皇上公文有的误杖责六十，口头汇报有误减二等处罚，汇报尚书省的公文有误鞭笞四十，汇报给其他上级部门有误鞭笞三十。[⑦]其七，灾情不报。基层官吏有灾情不报或以谎言上报则进行鞭笞，导致严重灾害的从重处罚。[⑧]其八，延误奏报。具体内容为"诸事应奏而不奏，不应奏而奏者，杖八十。应言上而不言上，不应言上而言上及不由所管而越言上，应行下而不行下及不应行下而行下者，各

---

① 《唐律疏议》卷九《职制律》。
② 《唐律疏议》卷九《职制律》。
③ 《唐律疏议》卷九《职制律》。
④ 《唐律疏议》卷九《职制律》。
⑤ 《唐律疏议》卷九《职制律》。
⑥ 《唐律疏议》卷九《职制律》。
⑦ 《唐律疏议》卷九《职制律》。
⑧ 《唐律疏议》卷九《职制律》。

杖六十。[①] 其九，耽误公事。因官吏玩忽职守等个人原因导致公事滞留，可处以鞭笞处罚，滞留时间过长，最高可处以半年有期徒刑。[②]

言谏立法为唐代最具特色的监察法规，唐朝政府以最高敕令的方式确定了言谏法规，主要内容为言谏制度、鼓励官吏谏议、确保独立言谏三个方面，此处偏向于言谏制度，将在本章第四节重点介绍。

总体观之，唐朝监察立法从纵向角度看，承袭自魏晋南北朝、隋朝的监察立法，结合唐朝政府的实际给予相应增补且在不断地发展变化，在保持法律稳定性的同时也保证了法律的时效性。从横向角度看，唐朝监察立法分为对官吏的监察立法和对谏官的言谏立法，使各级监察官吏的监察行为都做到有法可依，实为中国古代监察法制发展的鼎盛时期。

（三）五代十国时期的监察法规

国内史学界对五代十国的研究重点在其政治史方面，因五代十国的战乱、黑暗与滥刑而忽视甚至否定五代十国时期的立法工作。五代中后梁太祖年间、后唐庄宗年间、后唐明宗年间、后唐末帝年间、后晋高祖年间都曾下诏命御史台、刑部等部门删定律令，颁行全国。后周太祖年间颁布施行《大周续编敕》，周世宗显德四年（公元 957 年）颁布《大周刑统》，这些律令诏书中都有明确官吏职责、强化官吏监察的内容。

十国之中大多数政权并非“有法不依”，也并非“无法可依”，统治者在一定时期较为守法。如南唐李昇从建国之时起就力求建设一套法律化、制度化的行政运行体系。[③] 后蜀孟昶亲政后，在朝堂之上放置匦匿以监察官吏，南吴杨行密以刑罚治世，驾下严苛。这些都是对官吏严格监察的体现。如前蜀时期颁布的诏令：

《锦里耆旧传》言：

“官典犯枉法赃，兼渝滥身名，冒授官爵，囹圄之内，官吏用情，致令冤滥，不问有赃，不在赦限。”[④]

前蜀王氏政权对官吏违法犯罪行为的制裁较为严厉，不问有无赃物，全

① 《唐律疏议》卷九《职制律》。

② 《唐律疏议》卷九《职制律》。

③ 邹劲风．南唐国史 [M]．南京：南京大学出版社，2000：78.

④ 《锦里耆旧传》卷五。

在赦免之外。后蜀孟知祥、孟昶，吴越钱镠等执政时期，监察法制亦颇有所善。但纵观五代十国时期，吏治腐败，武将跋扈，刑赏自上意而出，武将治狱不断等情况也为实情，监察法治建设确实较唐之前期相差甚远。

四、隋唐五代时期的监察体制

就监察制度而言，唐沿袭隋制亦有所损益，五代十国沿袭唐制亦有所损益。相比前代监察官吏出自多门，存在重复监察、交叉监察、相互监察的状况，隋唐五代监察的特点在于形成以御史台为中心的单独监察机构，以中书门下为中心的谏议机构。在中央形成御史台监察制度、谏官谏议制度、给事中封驳制度，在地方形成御史巡视制度、按察使巡视制度、录事参军监察制度。唐朝中后期内有宦官乱政、党争不断，外有藩镇割据、交相战乱，皇帝不得已派遣身边亲信宦官进行监军，逐渐形成具有特色的宦官监军制度，并演变成五代十国时期全面的监军制度。

（一）中央监察体制

1. 御史台监察体制

隋文帝即位后采北周、北齐、南陈三方制度之优建立中央和地方官制，中央的监察部门主要为御史台。炀帝大业二年（公元606年）建立司隶台，三年废除御史台值宿禁中的规定，同年建立谒者台。因需避讳先祖“杨忠”之“忠”，隋朝废御史中丞复设御史大夫，御史台实际长官为御史大夫，下设治书侍御史二人为其副贰。如：

《历代职官表・都察院上》言：

“隋以中丞为大夫，而治书侍御史专以薄领，以为之二。”⑤

此外，隋朝御史台尚有殿内侍御史十二人，监察御史十二人，侍御史八人，录事二人，主簿二人。侍御史的主要职责是常伴皇帝左右，对侵犯皇帝权益的行为进行纠察。御史台对全体官吏违反法令、不理政事、举贤不当、以权谋私的行为皆可进行弹劾。

司隶台为炀帝仿照汉代司隶校尉和刺史制度设立，但隋之司隶台和汉朝

---

⑤ 《历代职官表》卷一十八《都察院上》。

司隶校尉的职权有所不同，有司隶之名无司隶之实，无刺史之名而有刺史之实。隋朝的司隶台是隋朝专门监察郡县两级政府官吏的监察机关，部门长官为司隶大夫，品秩正四品，下设别驾二人为司隶大夫副贰，一人察东都洛阳，一人察京师大兴。此外，下属官吏尚有监察刺史十四人，从事四十人，以《司隶六条》为法律依据，巡查郡县。

相传尧舜之时有谒者宾于四门，东汉时期建立“谒者台”，称为“外台”，主要职责为掌管朝会仪式，唱赞导引，接受臣子奏折，传递上报天子，或传达天子诏命等。炀帝时再次设立，部门长官为谒者大夫，司朝谒者二人为其副贰，下属有通事谒者二十人，议郎二十四人。谒者台与御史台、司隶台不同，在其主要职责为出使慰问、处理冤假错案等，谒者台对地方官吏有一定的监察权。

唐朝御史台亦为中央最高监察机关，与隋之不同在于唐朝的御史台中复设御史中丞二员为御史大夫副贰，御史大夫的主要职责如下。

《太平御览·职官部二十三》言：

“御史大夫之职，掌邦国刑宪、典章，以肃正朝列；中丞为之贰。凡天下之人有称冤而无告者，与三司诘之。凡中外百寮之事应弹劾者，御史言於大夫，大事则方幅奏弹之，小事但署名而已。”①

其中御史中丞二人，一人于西京长安处理御史台事务，一人于东都洛阳处理相关事务，安史之乱后东都洛阳的御史中丞一般为兼官。太宗较为重视监察官吏，于贞观年间采纳御史大夫奏请，增加设置殿中侍御史二人、监察侍御史二人，此后御史台中设立东西二狱，使得御史台获得部分司法权。

高宗龙朔二年（公元662年）御史台改称宪台，御史大夫改称大司宪。武曌称制后为分御史台之权，加强监察，将御史台改为左、右肃政台，使其相互监督。玄宗李隆基继位后又复称御史台，并于开元年间建立御史台“三院制度”，即台院、殿院和察院，具体分工如下。

第一，台院。台院为御史台本部，下设六名侍御史。分别为号称“台端”可以独立决断、一院之首的“知杂侍御史”，唐制一般以知杂侍御史升迁为御史中丞；辅佐部门长官处理京城和地方所有弹劾案件的“知弹侍御史”；驻守台院进行值班处理突发情况的“知公廨侍御史”；审讯案件、参与刑狱的

---

① 《太平御览》卷二百二十五《职官部二十三》。

"知推侍御史"，唐制知推侍御史一般为二人，其中东知推侍御史监察京城百官，兼任理匦使，西知推侍御史处理监察州郡官吏的案件，兼任三司相关事宜。除此之外，尚有主簿、录事等基层办事官吏。

第二，殿院。殿院官制和主要职责如下：

《新唐书·百官三》言：

"殿中侍御史九人，从七品下。掌殿庭供奉之仪，京畿诸州兵皆隶焉。正班，列于阁门之外，纠离班、语不肃者。元日、冬至朝会，则乘马、具服、戴黑豸升殿。巡幸，则往来门旗之内，检校文物亏失者。一人同知东推，监太仓出纳；一人同知西推，监左藏出纳：二人为廊下食使；二人分知左右巡；三人内供奉。"①

殿院官吏的主要职责有两种，其一为在殿庭供奉仪式时对官吏仪容仪表和纪律状况进行监察；其二是监察官吏的不法行为。详情如下。

殿院共有殿中侍御史九人，其中东推侍御史一人，西推侍御史一人，此二人和台院的东、西推侍御史合称为"四推御史"，掌管推鞫事务，审理刑狱。其中，单日台院东、西推侍御史办公；双日殿院东、西推侍御史办公。此外，东推侍御史主管监察司农寺的国家粮库，西推御史主管监察太府寺的国家金库。廊下食使二人，监察朝官廊下吃饭时的相关情况。左、右巡二人，一人位于东都洛阳，一人位于西都长安，巡视监察京畿内外的不法行为。内供奉三人，掌管殿廷供奉仪式。

第三，察院。察院下设监察御史十五人，品秩为正八品，职权范围如下。

《新唐书·百官三》言：

"监察御史十五人，正八品下。掌分察百寮，巡按州县，狱讼、军戎、祭祀、营作、太府出纳皆莅焉；知朝堂左右厢及百司纲目。"②

由上可知，监察御史可以监察百官，具有行政监察、司法监察、军事监察、建设监察、礼仪监察、经济监察的权力。其中有"六察御史三人"，以进入察院的时间为顺序，最后进入的三人专门监察六部。第一人监察吏部、礼部，兼任祭祀时的监察官；第二人监察兵部、工部，兼任对驿馆的监察官；第三人监察户部、刑部，并兼任年度最终考核官。察院御史分别监察尚书省

---

① 《新唐书》卷四十八《百官三》。

② 《新唐书》卷四十八《百官三》。

六部，强化了对行政部门的监察，也成为明朝六科给事中独立监察六部的前兆。第四至第十五名监察御史为地方巡视监察官员。

安史之乱后，藩镇割据势力强盛，各节度使多者下辖十余州，少者下辖三四州，上马治军，下马治民，辖区内人事、财政、司法、监察等权全归于节度使一人，御史台的监察职权被削弱。肃宗、代宗年间御史台长官御史大夫仍然常置，自德宗以降，宦官监军制度逐渐形成，御史台长官御史大夫常常空缺，由御史中丞主事代行职权。

五代沿袭唐制，御史台中仍存在台院、殿院和察院，具体职责如下。

《五代会要·御史台》言：

"御史台前总朝纲，执事天宪，所管人吏色役最多。上至朝堂，次及班列，或在京勾检公事，或外地推勘稽迟，监守犴牢，行遣案牍，或随从出使或祠祭监临。"①

台院侍御史多由尚书省官员兼任，这损害了监察的有效性。殿院的殿中侍御史主要职责是监察朝会、祭祀等礼仪的官员。察院的六察御史制度在唐末、后梁期间被废除，后唐时期又重新设置，监察方式由唐朝时期御史前往六部自主监察，变为监察御史前往六部分察，六部官吏必须主动汇报相关情况，成为行政官吏自查汇报和监察官吏自主监察相结合的方式。御史群体仍具有知班、推事、出使、访查的职责。

若客观地看待五代时期的御史台，结合其所处的政治和社会环境，其发挥的作用十分有限。十国地狭民贫苦，战乱不断，中央政府建制不够完善，许多国家未设立御史台，部分设立的也名存实亡，御史台不能有效地发挥监察作用。

2. 谏官言谏体制

隋朝之前谏官和封驳官为一体，统称为言谏官。自隋朝开始逐渐分化，隋朝中央门下省为谏官机构，官吏组织如下。

《隋书·百官下》言：

"门下省，纳言二人，给事黄门侍郎四人，录事、通事令史各六人。又有散骑常侍、通直散骑常侍各四人，谏议大夫七人，散骑侍郎四人，员外散骑常侍六人，通直散骑侍郎四人，并掌部从朝直。又有给事二十人，员外散骑

---

① 《五代会要》卷一十七《御史台》。

侍郎二十人，奉朝请四十人，并掌同散骑常侍等。”[①]

隋炀帝继位后，因门下省官制繁冗，对其进行裁撤，之后谏议官员共有四类。其一为门下省长官纳言，任职内廷进行谏议，为天子近臣；其二为门下省给事黄门侍郎，辅佐纳言纠正朝政得失；其三为门下省给事郎，职责为谏议封驳，成为唐朝给事中的前身；其四为谏议大夫，专职谏议。但是，因炀帝不喜人谏，遂在亲政不久将谏议大夫一职废除。

唐高祖、太宗等人充分吸取隋炀帝“不喜人谏”的导致朝政混乱的经验教训，唐初谏议思想和谏议制度都较为发达，负责决策的中书省和负责封驳审议的门下省都有谏议之权，谏议组织结构如下。

《唐六典·门下省》言：

“左散骑常侍二人，从正三品。给事中四人，正五品上。谏议大夫四人，正五品上。左、右补阙二人，从七品上。左、右拾遗二人，从八品上。”[②]

谏议官员除了给事中属于门下省掌管封驳外，其余都分为左、右，左为门下省下属官员，右为中书省下属官员。散骑常侍初为从三品，后升任为正三品，位高权重，多安排朝廷元老侍奉君主，以备顾问，进行谏议。谏议大夫于高祖年间设立，是唐朝最重要的谏诤之臣。左、右补阙和左、右拾遗都为武后执政时期所设，品秩虽然不高，但谏议的责任非常之重。

唐朝为使谏议官吏有效履行职责，建立了四种谏议制度。其一，三省宰相商议军国大事时必须有谏官在旁，听闻政事，以便在有失误时及时谏议。其二，武后当政时期设立铜匦四只，接受官吏及其他人的谏议、举报。朝廷任命谏议大夫、补阙、拾遗各一人担任“知匦使”，专门负责铜匦内的相关文件，选取有用信息。另外，朝廷任命御史中丞、侍御史各一人担任“理匦使”，负责审理相关文件，挑选有价值的内容进行上奏。其三，规定谏议官吏可独立上奏，肃宗时期规定中书省、门下省谏官必须每隔十天上奏一次。第四，文宗太和九年（公元835年）设立谏院，[③]使得对官吏的监察系统和对皇帝的谏议系统划分更加明晰，谏议官员也拥有一定的独立性。

五代时期谏议制度多沿袭唐代，谏官隶属门下省，部门长官为侍中，以

---

① 《隋书》卷二十八《百官下》。

② 《唐六典》卷八《门下省》。

③ 《旧唐书》卷一十七《文宗纪》。

侍郎为其副贰。门下省另设立左散骑常侍、给事中、谏议大夫等职。但是，谏议制度名存实亡，未能发挥应有的作用。

3. 给事中封驳体制

唐朝中央官制沿袭隋朝的三省六部制，三省为中书省、门下省、尚书省。中书省负责起草诏令，门下省负责封驳审议，尚书省负责执行，具体执行部门为吏、户、礼、兵、刑、工六部及其他相关部门。门下省给事中的封驳制度就是不同行政部门之间互相的监察制度。

隋朝之时就已有三省制度，但三省各自的权限划分尚未明晰，及至唐朝，三省的职权才逐渐明确。按照相关制度规定，一般军国大事由中书省六名中书舍人讨论决定，形成初步决策后交给中书省副贰中书侍郎审阅，通过后再交给中书省最高长官中书令审阅，确定无误后发送至门下省由其长官侍中、黄门侍郎审阅，不当者将会被驳回。后因驳回数量太多，严重干扰了正常的行政效率，所以于门下省设置“政事堂”，由三省长官共同参与，讨论军国大事，进行决策。

此后一般情况下门下省长官不会再次封驳自己参与讨论的决策，于是封驳工作成为门下省给事中的职责。唐朝给事中的封驳制度并非一朝而成，也经历了较为漫长的发展过程。如太宗皇帝继位之初言。

《贞观政要·政体第二》言：

“中书所出诏敕，颇有意见不同，或兼错失而相正以否。元置中书、门下本拟相防过误。人之意见，每或不同，有所是非，本为公事……卿等须灭私徇公，坚守直道，庶事相启沃，勿上下雷同也。”①

贞观年间，因军力不够充足，太宗皇帝想要征召民间十八岁以上身材高大者入军，诏书传至门下省，被给事中魏征驳回。太宗再下，魏征再次驳回，前后被魏征驳回三四次之多，太宗只能作罢。

玄宗李隆基也重视给事中的封驳权力，于开元十九年（公元731年）颁发诏令。

《唐会要·省号上》言：

“有驳正者。便即落下墨涂讫。仍于甲上具注事由。并牒中书省。”②

---

① 《贞观政要》卷一《政体第二》。

② 《唐会要》卷五十四《省号上》。

从此，门下省给事中获得了“驳正”的权力，即给事中对诏书有不同意见，可以留下墨敕申明理由，将诏书送还中书省。使给事中除了“封还”和“驳正”权力之外，还获得了“涂归”的权力，如下。

《新唐书·百官二》言：

“唐制，给事中四人，掌侍左右，分判省事，……见百司奏抄。侍中既审，则驳正违失；诏敕不便者，涂窜而奏还，谓之涂归。”①

安史之乱并没有使给事中的封驳之权消失，德宗年间出现了袁高、许孟荣这样著名的给事中。宪宗年间多次强调给事中的封驳权力，文宗时期再次对此权力表示支持。

《唐会要·省号上》言：

“凡制命颁行，事有不可，给事中职合封进。省审既毕，宣布百司，稽停晷刻，皆著律令。”②

文宗时期规定给事中自行记录自己所驳斥之事，并于每季度末进行总结上报。

唐朝门下省给事中的封驳行为大致可以分为三种，其一，将中书省所发文件直接驳回；其二，将中书省所发文件进行修改“涂归”，表明自己的意见后送还中书省；其三，将中书省所发文件暂时扣压，不予下发。但唐朝后期，政治腐败，皇帝带头违反给事中封驳制度，由翰林学士“专掌内命”，宦官集团也将门下省控制在手中，导致给事中封驳制度逐渐没落，到唐朝末期已名存实亡。

（三）地方监察体制

隋唐时期地方监察制度一般分为两种，其一为御史台不定期派遣监察御史巡视地方，此非定制而带有随机性质；其二为将全国划分为若干监察区，派遣专员如西汉年间的刺史一样进行监察。前者为监察御史巡视制度，后者为按察使监察制度。

1. 监察御史巡视体制

隋炀帝大业二年（公元 606 年）建立司隶台，作为独立巡查郡县的监察

---

① 《新唐书》卷四十七《百官二》。

② 《唐会要》卷五十四《省号上》。

机关，设立监察刺史十四人，巡视郡县，诸郡从事四十人，辅佐监察刺史。以《司隶六条》作为监察标准，每年二月开始巡视，十月入京回奏。

唐朝沿袭隋朝制度，在中央设立御史台，作为独立的监察机关，下设监察御史一职，巡视诸县。如：

《唐会要·都督府》言：

“今巡察御史，秩卑任重，则汉代刺史之流也，委以时巡，奸宄自禁，伏愿慎考古道，率由旧章，法乾元之简易，守前王之令典，俾夫化洽升平。”①

但唐朝时的御史巡视是否如隋朝一般有固定的时期和需上奏巡视结果，则不得而知。巡视反馈只有在武后执政时期有相关记载。如下。

《文献通考·职官考七》言：

“初置两台，每年春秋发使，春曰风俗，秋曰廉察。令地方尚书韦方质为条例，删定为四十八条，以察州县。延载以后，奉敕乃巡，不每年出使也。”②

武后执政时期将御史台改为左、右肃政台，每年按期派遣监察御史巡视州郡，以《风俗廉察四十八条》为标准，巡视地方。可能按期巡视，年年派遣只存在于光宅之后的十年间。唐朝中后期巡视监察为地方有事之时奉旨巡视，特派处理，并非年年派遣。

2. 分道监察体制

唐朝地方政府采用隋朝州（郡）、县制度，但在建立王朝的过程中大肆封官，导致地方郡县数量较多，若以现存的州作为监察单位过于烦琐，御史对官吏违法行为疲于应付。所以，太宗于贞观元年（公元627年）分全国为十道。

《旧唐书·地理一》言：

“贞观元年，悉令并省。始于山河形便，分为十道：一曰关内道，二曰河南道，三曰河东道，四曰河北道，五曰山南道，六曰陇右道，七曰淮南道，八曰江南道，九曰剑南道，十曰岭南道。”③

十道的名称和下辖区域如下：

其一，关内道。辖区为今陕西关中、陕北，内蒙古南部，宁夏固原，甘肃庆阳地区。

---

① 《唐会要》卷六十八《都督府》。

② 《文献通考》卷五十三《职官考七》。

③ 《旧唐书》卷三十八《地理一》。

其二，河南道。辖区南为淮河以北，北为黄河以南，西为潼关以东，东至于海地区。

其三，河东道。辖区为今山西省全境，河北省东北部，内蒙古和山西接壤一带。

其四，河北道。辖区南为黄河以北，西为太行山以东，北至辽河，东至于海地区。

其五，山南道。辖区为今汉水流域和长江中游沿岸地区。

其六，陇右道。辖区为今宁夏及甘肃除东部以外的地区。

其七，淮南道。辖区为长江和淮水之间的地区。

其八，江南道。辖区为长江以南，南岭以北地区。

其九，剑南道。辖区为今四川省全境和重庆市部分地区。

其十，岭南道。辖区为五岭以南，今广西壮族自治区、广东省及越南北部地区。

太宗皇帝初分天下为“十道”，本意并非仿照西汉十三州刺史，将天下分为十道监察区，而是出于加强对地方管理的目的。贞观八年（公元634年）派遣萧瑀等十三人分巡全国，此后未成定制。武后天授年间之后，分道巡视监察渐成为定制，中宗李显于神龙年间颁布诏令。如：

《资治通鉴·唐纪二十四》言：

“选左、右台及内外五品以上官二十人为十道巡察使，委之察吏抚人，荐贤直狱，二年一代，考其功罪而进退之。”①

武曌统治时期，在中央监察机构左、右肃政台和内外五品以上官员中优选二十人作为使道巡查使，两年一换，对地方官吏进行监察。玄宗开元二年（公元714年）十道监察官员的名称确定为“按察采访处置使”，后又称为“十道按察使”。开元二十一年（公元733年），玄宗在宰相张九龄的建议下正式设置“采访处置使”，次年将全国十道分为“十五道监察区”，增加五道。从关内道中分出“京畿道”（西京长安地区），从河南道中分出“都畿道”（东都洛阳地区），从山南道分出“山南东道”和“山南西道”，从江南道分出“江南东道”“江南西道”和“黔中道”。

十五道中“京畿道”和“都畿道”的采访处置使以两位御史中丞分别兼

---

① 《资治通鉴》卷二百〇八《唐纪二十四》。

任，其余十三道则选派本道大州刺史或由中央直接派遣人员任职。各道“采访处置使”在辖区内有固定官署，以《监察六法》作为监察标准，监察本道官吏不法行为。但与汉朝刺史相同，采访处置使在监察过程中权限不断扩大，逐渐拥有了地方行政权。

“安史之乱”后唐朝中央政府广建节度使，节度使职权无所不有，采访处置使的权限也渐由节度使兼任，节度使在行政、财政、人事、军事权力外拥有了监察权，本为监察区的“道”也如同汉朝的“州”一样，成为州、郡之上的行政单位。原有的十五道采访处置使事实上失去了代表中央监察地方官吏的权限，中央政府之后设立“巡院”监察制度，用以监察地方。

唐朝后期名臣刘晏担任度支盐铁转运使，在下属单位设立“巡院”，最初仅监察官吏的财政事务。后监察权限逐渐扩大，至宪宗时期，巡院全面负责地方监察事务。如：

《全唐文·第一部·宪宗（五）》言：

“两税之法，悉委郡国，安极便人，但缘约法之时，不定物估。今度支盐钱，泉货是司，各有分巡，置于都会。爰命帖职，周视四方，简而易从，庶叶术便。政有所弊，事有所宜，皆得举闻，副我忧寄。”①

宪宗之后，巡院作为中央派遣的常驻地方的监察机构得以确定，巡院在唐朝后期地方监察中发挥了重要作用。但在藩镇割据，武将跋扈，中央势弱，朝纲不振的情况下，相比西汉时期的刺史制度和唐中、前期的十五道采访处置使多有不如。唐后期及五代十国时期监察的重点在军事监察方面。

（三）军事监察体制

1. 隋唐时期的军事监察体制

军事监察制度古已有之，作为统治者派遣身边亲信监督将领及军队的特殊制度，在加强皇权、维护稳定、掌控军队方面发挥了重要作用。最早在春秋末年，齐国名将司马穰苴出征之时，景公派遣宠臣庄贾进行监军，再如秦之扶苏监军蒙恬，汉之陈平以监众军。自西汉武帝开始，正式设立御史监军制度，后经多次反复。如：

《通典·职官·监军》言：

---

① 《全唐文（第一部）》卷六十《宪宗（五）》。

“宋齐已来，此官颇废，至梁大通四年，元法僧北讨，复以羊为大军司，后代多不置。至隋末，或以御史监军事。大唐亦然，时有其职，非常官也。”①

《通典》此言颇有不对，文帝杨坚派遣韦孝宽平定尉迟迥叛乱时，即以阴寿为监军。开皇二年（公元582年），长孙览伐陈时，文帝以高颎为监军。隋朝末年为平定叛乱炀帝以御史监军，称为“监军御史”。

唐朝前期与隋朝相同，多派遣御史监军，此项制度于武则天执政时有较大发展。玄宗之后多派遣宦官监军。如：

《资治通鉴·唐纪五十二》言：

“宦官之祸，始于明皇，盛于肃、代，成于德宗，极于昭宗。”②

玄宗年间宦官高力士干政，宦官监军也自玄宗时期开始，名将高仙之征讨孝勃律时，宦官边令诚担任监军使。天宝年间宦官监军已经较为普遍，但此时宦官是以“天子家奴”的身份监军，对皇帝较为忠诚，完全为皇权服务。安史之乱爆发后，肃宗在宦官李辅国等帮助下于灵武继位，因此对宦官较为信任，宦官开始掌管军队。代宗年间，宦官鱼朝恩因护驾有功深受皇帝信任，得以执掌中央禁军。永泰二年（公元766年）代宗设立枢密使一职，以宦官担任，执掌机要，出纳王命，宦官成为具有军政大权的人物。德宗在泾原兵变后认为武将皆不可靠，于是亲信的宦官完全获得了执掌禁军的权力。

唐代后期宦官监军从最开始的临时性“差遣”性质，逐渐成为常设性制度。监军机构称为监军院或监军使院，形成了一定的官阶体系，主要有监军使，副贰之官监军副使，主管监军院内相关事务的监军判官，执行各项具体任务的监军小使等。

宦官监军根据所监藩镇的实际情况，可将其分为三类。其一为成德、魏博、卢龙等河朔地区的藩镇。该地区主要为安史降将所据，内部自成势力，朝廷只能以名利笼络，监军所起的作用十分有限，无法对统兵节度使形成有效的牵制。其二为宣武、河东、忠武、昭义等藩镇。此类藩镇地处中原，设置的主要目的在于防范河朔诸镇，在唐后期数次叛乱中，多从此处调集军队，监军对此一般也能起到刑过赏功、监察不法、控制军权的作用。其三为南方

① 《通典》卷二十九《职官·监军》。

② 《资治通鉴》卷二百三十六《唐纪五十二》。

及边镇地区节度使中的监军。此类监军与节度使一般存在矛盾，可以相互制衡，在获得中央政府所需的赋税外，对节度使有一定的牵制作用。

对监军的作用应从两方面看待，一方面监军确实可以起到联系中央与地方，促进政治稳定，惩罚过失、奖赏功绩的作用，唐朝监军宦官中有许多与节度使关系稳定，甚至亲自上阵杀敌的现象。但是，另一方面中央对监军的职权未有明确规定，作为天子亲信极易形成监军职权大于军事将领的局面，作战之时政出多门导致战争失败。唐后期亦多有监军宦官和大将相互勾结谋害节度使，甚至直接谋反的现象，监察效果十分有限。

2. 五代十国时期的军事监察体制

五代十国时期对军事更为重视，军事制度相比唐代也更加完善。此时监军分为两类，其一为常制性驻地监军，如诸道监军、州监军、县监军等。其二为临时性军事监军，没有固定府衙住所，如各支野战部队的监军。相比唐朝主要以宦官担任监军，五代十国时期多以君主亲信、德才兼备的使臣担任监军。此时“监军”并非只拥有军事监察权，还有部分民事监察权。如：

《资治通鉴·后梁纪二》言：

“遂以同州附于岐。执监军及将佐之不从者，皆械送于岐。”[①]

再如：

《新五代史·葛从周转》言：

“太祖遣从周攻刘守文于沧州，以蒋玄晖监其军。”[②]

开平年间忠武节度使刘知俊因太祖朱全忠的猜忌，想要归附于凤翔节度使李茂贞，执其监军及不服从自己的官佐，此处监军即为常制性驻地监军。后梁太祖派遣葛从州进攻沧州刘守文时的监军蒋玄晖为临时性军事监军。后唐、后梁、后汉、后周亦有此两类监军。

晋高祖石敬瑭以藩镇统帅而为帝，导致各地节度使跃跃欲试，都存“天子者兵强马壮者可为之”的心理，导致君主对监军一职更加重视。十国之中，前蜀始以“护军”之名行监军之实，此外吴、南唐、后蜀、闽、楚、南平、南汉、吴越、北汉都有护军一职。

---

① 《资治通鉴》卷二百六十七《后梁纪二》。

② 《新五代史》卷二十一《葛从周传》。

五、隋唐五代时期监察的特点

隋唐五代是中国古代史的重要阶段，唐朝的强盛可和汉朝并列，成为中华民族古代政治、经济、文化的巅峰，在当时具有世界性的影响力。就其监察而言，唐沿袭隋制，在目睹了隋王朝的强盛和农民起义的烽烟战火导致隋二世而亡后，太宗皇帝发出了“水能载舟，亦能覆舟”的感慨，对监察制度异常重视。隋唐五代时期的监察制度有以下特点。

其一，监察制度完善，分工细致，但缺乏行政系统内部的监督设置。唐朝中央政府采用三省六部制度，中书省负责起草诏令，门下省负责封驳审议，尚书省及下属机构负责执行，将秦汉之时丞相的权力一分为三，使三者相互牵制，以制度强化监察。在监察机构的设置中将隋朝的司隶台合并进御史台，进一步促进御史台独立，使得御史台拥有了独立的、统一的、集中的监察权。御史台分为台院、殿院、监院，各司其职。既有完善的中央监察机制，又有地方常设性的“十五道”监察和非常设性的御史巡视监察。但行政系统内部没有设置掌管监察的重要官职。

其二，御史和谏官职权广泛，独立性增强，政治前途良好。御史职权广泛，直接弹劾百官，对政府六部进行定点监察外，还有谏议权、礼仪监察权、司法审判权、司法监察权、财政监察权、军事监察权、驿馆监察权、考试监察权等权力。此外，唐朝取消关白制度，御史可以不经过御史台长官御史大夫同意直接上书弹劾违法犯罪人员。门下省给事中对皇帝诏令也有封驳权，其独立性大为增强。再者，御史大夫、御史中丞等人品秩相比前朝有所提升，唐朝有多位御史大夫直接升任宰相的记载，监察官吏的政治前景良好。

其三，监察官员权限边界性不足，对自身的监察不够。正因御史和谏官职权太过广泛，涉及政府政治、经济、文化、人事、司法、军事、邮传等各个方面，且没有长久有效执行的监察法规，导致监察官员的监察权限过大。监察官员口含天宪，在地方官吏眼中如同钦差大臣，但对自身违反规定的制裁没有制度性约束，对自身的监察不够。

其四，地方监察官员易成为行政官员，监察官员自身严重依附于皇权。与西汉时期州部刺史相同，若无安史之乱的干扰及节度使兴起，唐朝十五道监察官吏最终也将成为凌驾于地方州、县二级政府之上的高一级政府长官。但节度使最终兼任了按察使的职责，如河西、岭南等节度使如同汉之州牧。所以，对地方巡视监察官吏的职权需严加控制，保持其边界性。监察官员自身职权能否有效发挥，取决于皇帝的支持力度，如唐朝前期太宗、武后、玄宗等人对此较为支持，出现魏征、宋璟等监察名臣，若皇帝不支持则同唐末、五代时期一样，监察规定难以执行，给事中的封驳权力也被废除。

第五章 宋辽夏金：中国古代监察法制的深入

一、宋辽夏金时期的政治和社会背景

五代十国的统一，自后周世宗开始。世宗文治武功较为可观，其治下为五代最好的时期。军事上，世宗北击北汉，西伐后蜀，南方取南唐江北之地，之后北向伐辽，连下瀛、莫二州，正欲攻取幽州时突然身染重病，班师回到开封后逝世。[①] 世宗子宗训继位为恭帝，年仅七岁。禁军大将殿前都检点赵匡胤在军事将领的支持下谎称北汉援引辽国入侵，于是率军北征，行军至陈桥驿时黄袍加身，建立北宋政权。

宋太祖赵匡胤即位后，平定了后周遗臣昭义节度使李筠和淮南节度使李重进的叛乱，在位期间灭掉了南平、后蜀、南唐、南汉四国。其弟太宗光义继位后继续进行统一战争，吴越、北汉也先后并入宋土，自唐末以降，藩镇割据动乱，五代十国纷争的局面至此结束，中国本部至此基本统一。[②]

北宋在中国古代大一统王朝中，开国之初即有贫弱之势。太祖、太宗及宰相赵普等人鉴于唐末五代武人割据，天下动乱，天子以兵强马壮者为之。[③] 欲矫其弊端，主要措施有二，其一为中央集权，将地方兵、财、政权收归中央；其二为文人政治，提倡学术，奖励名节，以文人统兵执政，优待士大夫阶级。[④]

太祖、太宗之本意为矫正五代十国时期武人动乱的局面，从而形成文治的太平时代。但是，太宗之后历代皇帝墨守成规，因循守旧，“强干”未成，

---

① 王明荪．宋辽金元史 [M]．北京：九州出版社，2012：2.

② 王明荪．宋辽金元史 [M]．北京：九州出版社，2012：2.

③ 《旧五代史》卷二十四《安重荣传》。

④ 傅乐成．中国通史（下）[M]．北京：中信出版社，2014：479.

“弱枝”过甚，使地方的武力、财力不足以保境安民。最终形成重内轻外、重文轻武的局面，无法应对强敌环伺的形势。

契丹本为东胡之后，世代居住在辽河流域，以渔猎畜牧为业，逐水草而居。贞观年间随太宗讨伐高丽，武后执政时期又以复唐为号召，经常劫掠北部，唐以安禄山屯兵幽州即防备契丹入寇北方。① 五代时期契丹大部长耶律阿保机有雄才大略，采用远交近攻的策略周旋于晋、梁之间，于后梁贞明二年（公元 916 年）称帝，是为辽太祖。随后灭掉强邻渤海国，一统长城以北。太祖次子耶律德光继位，是为太宗，于契丹天显十一年（公元 936 年）接受后晋石敬瑭割让的燕云十六州之地，② 从此中国北方国防要地尽失，中原不得安枕达三百余年。

宋太宗灭掉北汉之后，立即率军伐辽，欲乘胜恢复汉家燕云旧土，但于幽州城下久攻不下，辽以名将耶律休哥为援，内外夹击，宋师兵败高梁河。数年之后，宋太宗兵分三路再次北伐，东路曹彬部兵败岐沟关，中、西路被迫撤军，名将杨业阵亡于此役，北宋国势大挫，从此再无大规模的北伐。③ 景德元年（公元 1004 年）辽圣宗大举入侵，宋真宗在宰相寇准的建议下御驾亲征，与辽签订“澶渊之盟”。北宋岁贡辽绢二十万匹，白银十万两以图安寝，宋辽之间在之后的一百一十七年间保持着基本和平。④

党项为羌族之后，西夏王室远祖拓跋赤辞于唐初率部归唐，太宗赐为李姓，唐末其部首领拓跋思恭率部族讨伐黄巢起义有功，被任命为定难军节度使，下辖今陕北及内蒙古鄂尔多斯附近的银、夏、宥、静、绥五州。思恭子孙皆以李为姓，后代李继迁、李德明、李元昊皆有雄才，李元昊执政后占据河西，于宝元元年（公元 1038 年）称帝，国号大夏，定都兴庆府。此后，西夏在宋辽之间首鼠两端，朝秦暮楚，宋以韩琦、范仲淹为将与其多次战斗，互有胜败。庆历三年（公元 1043 年）双方议和，次年李元昊上表称臣，宋廷每年赏赐其银七万二千两，绢十五万三千匹，茶三万斤，但此后双方亦征战不断，及宋氏南渡，因有金国阻隔，少有战和往来。

---

① 《中国历代战争史（第十四卷）》第一章《辽、宋、金、夏全般形势》。

② 《资治通鉴》卷二百八十三《后晋纪四》。

③ 《中国历代战争史（第十四卷）》第四章《宋辽战争》。

④ 游彪．宋史 [M]．北京：中信出版集团，2017：502－505.

宋朝相比之于唐朝，有事而无政，更多的是形势推迁，较少有制度建设。① 在对外战争中败多胜少，以岁钱于敌而暂求苟安，这种局面的形成有客观原因，但更多是其“强干弱枝”的国策导致的冗兵、冗官、冗费。太祖建国之初，兵力不过二十余万，至仁宗年间全国兵力增加至一百二十五万，以“养兵”之策稳定政局，兵力愈多，素质愈低，靡费愈广，国家财政收入的六分之五用以养兵。② 再者，北宋为革除唐末五代之弊，矫枉过正，将国家军、政、财三权分开，人员任命也分为官、职、差遣，导致官员数量激增，北宋外困于敌国，内困于兵财。

仁宗庆历年间参知政事范仲淹提出“十事疏”，从澄清吏治、富国强兵、坚持法治三个方面入手欲进行改革，但因群臣反对而搁置。熙宁二年（公元1069年）神宗以王安石为参知政事欲行变法，王安石从财政、军政、教育三个方面进行了全面改革，但因推行手段偏颇，所用非人，守旧派的反对及政策制定本身的弊端，导致除了中央政府收入有所增长外，百姓深受其苦，新法最终被废除。变法引起朝廷的党朋之争，以是否支持新法形成“新党”和“旧党”，神、哲、徽三朝党争不断，政治败坏，国力更加衰弱。③

女真的先祖应为隋唐时期居住在东北的靺鞨，契丹灭掉渤海国后，黑水靺鞨中为契丹编户的称为熟女真，不是契丹编户的称为生女真。因契丹勒索无度，政和四年（公元1114年）生女真首领完颜阿骨打起兵反辽，并于次年称帝，国号为金，是为金太祖。后宋与金签订盟约，南北夹击辽国，灭辽之后宋收回燕云十六州且将许辽之岁币转贡于金。于是，宋派遣童贯率军十五万伐辽，但大败而回，弃尸百里，燕京为金人所得，宋为收复燕京，除之前承诺岁币外每年再加“代税钱”一百万贯，金兵劫掠而归，宋廷所得仅为数座残破之城。④

经此之事，宋朝的衰弱为金所知，宣和七年（公元1125年）金军兵分两路南下，靖康二年（公元1127年）正月金兵攻破北宋都城汴梁，俘虏徽、钦二帝及宗室、大臣、宫女等数千人北去，国家的图书文物、典章礼器、府库

---

① 钱穆．中国历代政治变革得失 [M]．北京：九州出版社，2012：76.

② 《中国社会政治史（宋元明卷）》第一章《宋·军备废弛与外寇之患》。

③ 傅乐成主编．中国通史（宋辽金元史，王明荪著）[M]．北京：九州出版社，2012：80－85.

④ 王明荪．宋辽金元史 [M]．北京：九州出版社，2012：80－82.

积蓄为金人洗劫一空，是为民族千古之耻辱，史称“靖康之难”。

金兵北去后，徽宗第九子康王赵构于应天府称帝，是为高宗，改元建炎。金人兵分三路南侵，在名将宗泽及北方军民的打击下，五月北返。八月，金人再次南侵，宗泽于是年七月忧郁而死，金兵渡过长江，高宗逃至温州。建炎四年（公元 1130 年），完颜宗弼率军北返，宋将韩世忠以八千兵力拒十余万之众四十八天。① 绍兴元年（公元 1131 年），完颜宗弼再次率军南征，欲先破蜀，但为宋将吴玠、吴璘所败，南宋政权渐得偏安。

绍兴元年至十一年间，宋将岳飞、刘锜、韩世忠、张俊等人与金兵对阵，双方互有胜负，但此时朝中主和派占据上风。绍兴十一年十二月，名将岳飞为奸臣秦桧所构陷而亡，宋之武力更加不振。② 后虽有孝宗时期张俊北伐和宁宗时期韩侂胄北伐，但都不幸失败，宋金之间国界大体东以淮河为界，西以大散关为界。而金也因蒙古兴起，双方相安无事六七十年。

南宋的政治相比北宋更为不堪，苟安心理、腐化风气盛行。奸相秦桧、韩侂胄、史弥远、贾似道先后专政，对国家政治未有根本解决办法，只知一味苟安。即有一二良将也受其牵制，抑郁而无法得志，最终南宋亡于蒙元之手。③

二、宋辽夏金时期的监察思想

中国古代发展至宋朝，社会出现了两个弊端。其一，自秦汉以来逐步形成的地方豪强在唐末五代藩镇割据、攻伐战乱中逐渐灭亡，导致在皇权不下县的古代社会地方民事的废弛。其二，传统汉唐儒学面对各种思想的入侵，无法继续成为稳定政治和社会的主导力量。但是，宋朝提倡文教、优待士大夫阶级初步解决了这两个问题。士大夫阶级在地方上形成了士绅阶级，通过主导宗族来建立族规、发展教育、进行地方基础设施建设。另一方面儒学以自身为主体，吸收释、道思想的合理之处，形成“理学”，提倡气节。士人政府使两宋时期出现无数贤明的文臣将相，使宋朝在强敌环绕中延续国祚三百余年。

若论两宋的监察思想，除了与历朝相仿的法治监察、独立监察外，还有

---

① 《宋史》卷三百六十四《韩世忠传》

② 《宋史》卷三百六十五《岳飞传》。

③ 游彪．宋史 [M]．北京：中信出版集团，2017：9－15.

着严格的分权制衡监察思想。政府机构设置将行政、军事、财政分开，官员则有官、有职、有差，导致任何人无法独揽大权。宋朝统治者为矫正唐末五代武人干政的弊端，提倡文教，优待士大夫阶级。整个宋代虽有昏庸之主，但擅杀士大夫的皇帝较少，文治之风昌盛，但助长了士大夫阶级的不良习气。

辽、夏、金三朝是少数民族以武略占据中国北方及西北之地所建，国家制度建设多仿效宋制。辽金两朝对国内汉族和本民族采取了两种不同的统治方式，百余年间辽金两朝逐渐汉化，监察思想也从部落制监察思想转变为王朝制监察思想。

（一）宋朝时期的监察思想

后世史学家将宋朝分为两个时期，自太祖匡胤建隆元年（公元960年）建立宋朝，经太、真、仁、英、神、哲、徽、钦八帝，于靖康二年（公元1127年）亡于金人之手，此段时期称为北宋。从高宗赵构建炎元年（公元1127年），经孝、光、宁、理、度、帝㬎、端、帝昺八帝，于祥兴二年（公元1279年）帝昺为元人所逼跳海而亡，此段时期称为南宋。但就其监察思想而言，两宋一以贯之，即分权制衡的监察思想；重视监察制度建设及监察官吏选举的监察思想；强调监察法治的思想；广开言路、虚心纳谏的监察思想。

北宋太祖赵匡胤亲历五代时期武人跋扈、政权嬗变的历程。他深知国家不安，在节镇太重，君弱臣强，于是将地方部分军政权力收归中央，制钱谷、收精兵，重用文臣，强化监察。如：

《水心集·纪纲二》言：

“艺祖思靖天下，以为不削节度，则其祸不息。于是姑置通判，以监统刺史而分其柄。命文臣权知州事，使名若不正、任若不久者，以轻其权。监当知榷税，都监总兵戎，而太守者块然徒管空诚，受词诉而已。”①

再如：

《宋史·文苑传序》言：

“艺祖革命，首用文吏，而夺武臣之权。”②

由上可知，太祖即位后重用文官，对武将不够信任。在地方设置通判加

---

① 《水心集》卷五《纪纲二》。

② 《宋史》卷四百三十九《文苑传序》。

强对地方长官的监察，使地方官员职权缩小，变为“徒管空诚，受词诉而已”。此外，对清廉名节之臣，太祖多加提携。如：

《宋史·范质传》言：

“质以廉介自持，未尝受四方馈遗，前后所得禄赐多给孤遗。闺门之中，食不异品。身没，家无余览。太祖因谕辅相，谓侍臣曰：“朕闻范质止有居第，不事生产，真宰相也。”①

范质为北宋开国宰相，位高权重，但为官清廉，从不接受四方馈赠，所得俸禄、赏赐，多用于接济孤儿。自己家中食用的都是平常饭菜，太祖匡胤称赞其为“真宰相也”，以此来确立道德标杆，希望百官效其廉洁。

太宗继位后，肯定了太祖在位二十余年间“强干弱枝”的基本国策，在太祖的政策基础上继续推进，对监察也较为重视。太平兴国八年（公元983年），大臣田锡上书指出，在政府的运行中，君主和臣子应各安其位。君主有自身的威仪，臣子也有自身的职责，如给事中的职责是封驳审议诏书，起居郎的职责在于记录君主言行，御史台的职责在于弹劾百官，谏议官员的职责在于进尽忠言。他认为国家监察部门不能仅监察百官，还应将皇帝纳入监察范围。

真宗时的吕诲、富弼提出台谏和君主并立的思想，体现了台谏制度对国家政权的重要作用。如：

《宋史·吕诲传》言：

“台谏者，人主之耳目，期补益聪明，以防壅蔽。”②

再如：

《宋文鉴·论辨邪正》言：

“夫君臣之道，本是一体。君者，元首也。执政者，股肱心膂也。谏官、御史、侍从论思者，耳目也。”③

宋仁宗时期，欧阳修上书，将台谏和宰相等同。如：

《欧阳文忠公集·上范司谏书》言：

“九卿、百司、郡县之吏守一职者，任一职之责，宰相、谏官系天下之事，

---

① 《宋史》卷二百四十九《范质传》。

② 《宋史》卷三百二十一《吕诲传》。

③ 《宋文鉴》卷四十五《论辨邪正》。

亦任天下之责。然宰相、九卿而下失职者，受责于有司；谏官之失职也，取讥于君子。”①

欧阳修认为台谏官员虽仅为七品小官，但责任重大，在参与朝政得失、生民利害方面可与宰相等同。政府行政官员犯错，有关部门给予一时的惩处，但若台谏官员失职，君子和史册则会讥笑百代，所以台谏官员不得不慎重对待。在欧阳修等士大夫看来，御史台官吏和谏议官吏需对百官加强监督，即使对宰相也应形成有效的牵制。从此处也可看出，宋代御史台监察和谏官谏议两方面有合二为一的趋势，谏议官吏可监察百官，监察官吏亦可对皇帝进行谏议。

北宋时期官吏升迁，有“磨勘”和“任荫”两项极不合理的制度。“磨勘”规定无论官吏政绩如何，文官三年一升，武官五年一升；“任荫”规定大官的子孙、亲属甚至门客都可以获得官职，导致官吏选举升迁过滥，无任何有效的监察。庆历三年（公元1043年），参知政事范仲淹上书仁宗，提出《十事疏》，其中要求强化官吏监察的内容如下。

《宋史·范仲淹传》言：

“一曰明黜陟。二府非有大功大善者不迁，内外须在职满三年，在京百司非选举而授，须通满五年，乃得磨勘，庶几考绩之法矣。

“二曰抑侥幸。罢少卿、监以上乾元节恩泽；正郎以下若监司、边任，须在职满二年，始得荫子；大臣不得荐子弟任馆阁职，任子之法无冗滥矣。

“三曰精贡举。进士、诸科请罢糊名法，参考履行无阙者，以名闻。进士先策论，后诗赋，诸科取兼通经义者。赐第以上，皆取诏裁。余优等免选注官，次第人守本科选。进士之法，可以循名而责实矣。

“四曰择长官。委中书、枢密院先选转运使、提点刑狱、大藩知州；次委两制，三司、御史台、开封府官、诸路监司举知州、通判；知州通判举知县、令。限其人数. 以举主多者从中书选除。刺史、县令，可以得人矣。

“五曰均公田。外官廪给不均，何以求其为善耶？请均其入，第给之，使有以自养，然后可以责廉节，而不法者可诛废矣。”②

《十事疏》一共十条，如上五条为官吏监察的内容。第一为“明黜陟”，

---

① 《欧阳文忠公集》卷六十六《上范司谏书》。

② 《宋史》卷三百一十四《范仲淹传》。

改变以往官吏到期升职，不看政绩的情况，强化对官吏的考核监察，没有大功大善者不得随意升迁；第二为“抑侥倖”，要求缩小恩荫范围，官员必须任职达到一定期限才可以恩荫，同时对恩荫官职也有一定的规定，不得随意恩荫；其三为“精贡举”，加强对科举考试和中试者任官期间的考察；其四为“择长官”，目的在于审慎选择官吏，需选择德才兼备者；其五为“均公田”，强化对公田赡养官吏的规定，以求官吏的廉洁。

宋神宗熙宁年间，苏轼上书从政权稳定的角度分析了对官吏监督的重要性。他认为，第一，国家政权的稳定在于内部和外部相互制衡，如果外重内轻则会如周、唐一样，形成诸侯、藩镇割据的情形。如果外轻内重，则如同秦朝和曹魏，政权亦有被颠覆、取代的危机。台谏的作用在于监察内外，使内外相互制衡。第二，台谏的监察权限应继续扩大，允许御史风闻言事，监察部门也需扩充编制，予以重视，不可轻待。如：

《宋史·苏轼传》言：

“然养猫以去鼠，不可以无鼠而养不捕之猫；畜狗以防盗，不可以无盗而畜不吠之狗。陛下得不上念祖宗设此官之意，下为子孙万世之防？臣闻长老之谈，皆谓台谏所言，常随天下公议。公议所与，台谏亦与之；公议所击，台谏亦击之。”①

苏轼认为的“内”，对于宋朝而言，即为宰相、枢密使、三司使等国家重臣。苏轼认为无论是御史台的御史或是谏议部门的官员都应对他们加强监督，将本属于约束皇帝行为的谏议官员，也履行对官吏的监察职责，进一步反映出宋朝皇权的加强。

宋徽宗继位后，面对朝纲不振、政治不清的局面，大臣李新提出明确台谏部门的具体职责，加强对台谏部门的重视，强化对官吏监察的思想。他认为台谏部门应将皇帝也纳入监察范围，如果只对百官加强监察而不对皇帝监察，会产生严重的不良后果。徽宗朝虽政治、军事腐败，但在监察方面也有些许建树，如取消地方巡视监察时的“刷牒”制度，再如谏议官员任伯雨八次上书弹劾章惇，徽宗听其谏议将章惇贬至雷州。

南宋初年，偏安江南，高宗赵构为稳定政局，争取民心归附，对监察制度建设较为重视。如：

---

① 《宋史》卷三百三十八《苏轼传》。

《宋会要辑稿·职官三》言：

“台谏风宪之地，比用非其人，党于大臣，济其喜怒，殊非耳目之寄。朕今亲除公正之士，以革前弊。继此者宜尽心乃职，毋合党缔交，败乱成法。”①

高宗认为御史台和谏议机构为“风宪”之地，应该加强重视，改革以往的弊端，他将御史台和谏议机构官员的选举权收归自身，亲自任命。同时，宋朝也形成了较为全面的监察官员回避制度，如新宰相上任，如果有他的亲戚担任台谏官员的需调任其他部门；台谏部门长官和下属台谏官员、地方路级监司长官和下属官吏若为亲戚，则也需回避；地方监官不能在自己原籍任职。

此外，高宗时期曾下诏，地方监察官员若纵容官吏贪污不予上报，经御史台上报并查核属实，将对贪污官吏和地方监察官吏严加惩处。

孝宗继位之初锐意进取，积极准备北伐，所以对官吏监察异常重视，制定官吏考核办法。如：

《宋史·选举六》言：

“一年视其规划，二年视其成效，三年视其大成。”②

宁宗时期因循旧制，他认为州、县官吏多腐败之士，地方监察官员与之徇私相护。他于嘉泰三年（公元1203年），颁布庆元年间修订的行政法规《庆元条法事类》，其中有许多关于监察类行政法规条款。

至理宗时期，他对国家监察制度多有破坏，主要采取“宣谕”和“节帖”两种方式。“宣谕”指君主为维护被台谏官吏弹劾的大臣，发表自己的倾向性言论或特殊旨意。理宗以此种方式多次维护权臣贾似道，引起群臣公愤，群臣对此多有批评。如：

《耻堂存稿·直前奏事》言：

“权凶逸罚，交章论罪，贝谕止之；扈带私授，抗疏论列，则谕止之。”③

“节帖”是指皇帝在处理台谏部门意见过程中，将奏折的关键部分予以删改，模糊要害部分。理宗曾多次采用此种方式处理台谏部门的奏书，引起群臣的非议。如：

---

① 《宋会要辑稿》卷六十《职官三》。

② 《宋史》卷一百六十《选举六》。

③ 《耻堂存稿》卷一《直前奏事》。

《建炎以来系年要录·卷一百一十八》言：

“近者言章所论，尚循前例。请之再三，然后报出，或加节贴，文理不通。殆非所以明是非，公赏罚，肃纪纲，广言路也。道法守，不宜分彼此之嫌。进贤黜奸，当共守至公之道。言章若实，使天下知朝廷议罪之当。若其不实，亦使被罪者异时得以自明。”①

南宋后期诸如此类君主插手御史台和谏议系统正常运行的例子多不胜数，君主不能做好典范，权臣也争相效仿。如韩侂胄、史弥远等权相曾用自身对御史台和谏议系统官员的“进拟”权，党同伐异，排斥异己，秘密推荐依附于自己的官员担任台谏官，或利用权力把反对自己的台谏官调往他处，严重阻碍了南宋台谏部门职能的正常发挥。

（二）辽夏金朝时期的监察思想

辽金二朝以少数民族入主中原，制度建设在保存本民族传统的基础上多仿效宋制，中央官制颇有“一国两制”的色彩，建立汉官制管理北方汉族，保存契丹、女真自身部族制统率本民族。辽金二朝中后期汉化程度加深，导致本民族尚武精神减弱，所以金可代辽，蒙古可灭金。相比辽金二朝，西夏多仿效宋制，部分采用唐制，国内既有贺兰山天险，又占据可以灌溉的河西、宁夏、河套三块平原地区，遂无旱涝之忧，以便支撑国力。

1. 辽朝时期的监察思想

辽朝是以契丹族为主体的少数民族在中国北方建立的政权，国家制度建设在“因俗而治”的指导思想下建立了南、北面官制度，历来为史学界所称赞，在中国古代政治史上具有重要意义。辽朝的监察在本民族特点的基础上多采用宋唐制度，就其演化而言，萌芽于太祖时期，发展于太宗时期，景帝时期再次发展，最终基本定型于圣宗时期。

辽朝的监察思想最早可以追溯到契丹部落制中的监察和惩罚思想，自太祖开始正式草建，如神册六年（公元921年）太祖对近臣曰：

《辽史·刑法志上》言：

“凡国家庶务，巨细各殊，若宪度不明则何以为治，群下亦何由知禁。乃

① 《建炎以来系年要录》卷一百一十八。

诏大臣定治契丹及诸夷之法，汉人则断以律令，仍置钟院以达民冤。”①

可见辽太祖对监察制度建设的重视。此外，辽太祖曾诏令画工，画出历代直臣图，用以警醒官吏要清正廉明，在每年第四季度第一个月，辽朝中央政府派遣监察官吏巡视地方，监察百官，查理冤狱。

辽太祖终生未能入主中原，其子太宗继位后继续存有问鼎中原的志向，对监察制度建设亦十分重视。会同三年（公元940年），太宗仿照唐朝中央官制，初步建立辽朝官制。如：

《辽史·太宗本纪下》言：

“置宣徽、阁门使，控鹤、客省、御史大夫、中丞、侍御、判官、文班牙署。”②

太宗时期，御史台成为中央政府最高监察机关，同时仿效宋制设立谏院，使对百官监察和对皇帝谏议的机构得以完备。太宗时期颇能做到执法严明，对百官监察毫不放松，对犯法违规者一视同仁，严厉惩处。如：

《辽史·耶律解里传》言：

“既入汴，解里等迁晋主重贵于开封府。彦泽恣杀掠，乱官掖，解里不能禁，百姓骚然，莫不怨愤。车驾至京，数彦泽罪，斩于市，汴人大悦。解里亦被诘责。”③

会同九年（公元946年），辽国御史大夫耶律解里与大将张彦泽攻陷后晋都城汴梁，张彦泽劫掠百姓，祸乱宫掖，后被耶律解里告知太宗，太宗予以斩首处置。耶律解里因没有进行有效劝阻，未能积极履行御史大夫的监察职责亦遭处分。此外，张彦泽领军，御史大夫耶律解里随军，也可推测辽国将领出征时应有监军随军监察。

太宗之后世宗、穆宗少有建树，穆宗年少好游猎，通宵饮酒后第二天日中才起，辽国百姓将其称为“睡王”。他对监察不甚重视，废除监察机构“钟院”，至景宗之时才复行设立。景宗时期于门下省新设“登闻鼓院”，鼓励群臣吏民前往检举不法行为，御史接到诉状后须据实上奏。

辽朝中后期，圣宗皇帝文韬武略，为一代英主，进行了以整顿吏治、监

---

① 《辽史》卷六十一《刑法志上》。

② 《辽史》卷四《太宗本纪下》。

③ 《辽史》卷七十六《耶律解里传》。

察百官为中心的政权建设。如：

《辽史·圣宗本纪》言：

“北南诸部廉察州县及石烈、弥里之官，不治者罢之。诏大小职官有贪暴残民者，立罢之，终身不录；其不廉直，虽处重任，即代之；能清勤自持者，在卑位亦当荐拔；其内族受赂，事发，与常人所犯同科”。①

由上可知圣宗对官吏监督、选拔之严谨，圣宗于统和年间建立主导监察百官的机构中丞司，下设南枢密院和北枢密院，用以监察百官，成为辽朝中后期中央政府重要的监察机构。但是，此时已经进入辽朝后期，政府腐败，上至王室，下至百官多贪残虐民之辈，监察官吏上书，皇帝多不予理会，留中不发，导致国家监察制度名存实亡。

2. 西夏时期的监察思想

西夏国土大致为今甘肃、宁夏全境及青海、内蒙古、陕西部分地区，其监察制度多采取唐宋旧制并保留本民族部分传统。景宗李元昊在位期间裁定官制，设立御史台作为中央政府最高监察机关，主管监察百官、肃政纲纪、弹劾不法等事务。就西夏的监察思想而言，主要体现在重视法制，不断健全监察机构建设；重视监察官吏的选举和任用；虚心纳谏，鼓励谏议这三个方面。如：

《西夏书事·卷三十七》言：

“(热辣)公济骨鲠有风裁，见得敬专恣日甚，抗疏言：‘得敬为国懿亲，擅权宠，作威福，阴利国家有事以重已功，岂休戚与共之谊？请赐罢斥’。”②

人庆四年（公元1147年），外戚任得敬上书朝廷想要从地方调任中央，夏景宗表示同意，但御史大夫热辣公济上书坚决反对，积极与外戚进行斗争，履行自己的谏议职责。

仁宗、孝宗可为西夏朝虚心纳谏的典范，能够将自身的行为纳入国家监察范围，对御史台和谏议系统的活动一般都表示支持。大庆四年（公元1143年），夏州发生地震，御史大夫苏执义上书，劝谏仁宗此为上天对仁宗的警示，仁宗接受谏议，派遣官吏前往赈灾，严厉监察灾区官吏，防止其趁机贪污腐败。此外，仁宗天盛年间颁布的《天盛改旧新定律令》，这是少数民族政权流

① 《辽史》卷十七《圣宗本纪》。

② 《西夏书事》卷三十七。

传下来的第一部成文法典，其中有对官吏进行监察的完整条款，为后世提供了诸多借鉴。这或许也是西夏政权以少数民族占据西北，存在时间较长的原因之一。

3. 金朝时期的监察思想

金朝是以女真部落为核心建立的少数民族政权，在攻占北方后逐渐汉化，从金收国元年（公元 1115 年）太祖完颜阿骨打建立金朝，至金哀宗天兴三年（公元 1234 年）亡于蒙元，共历时一百二十年。金朝建立初期保持其本民族的“勃极烈”和“猛安谋克”制度，官制文武不分，地方官吏掌管军政、民政、经济、监察等各项事务。待其入主中原，至熙宗时期，中央政府废除“勃极烈”制，仿照唐宋之制，中央建立三省六部制，作为中央政府最高监察机关的御史台也设立于熙宗时期。

熙宗之后，海陵王继位，为了保有帝位，他一方面排斥异己，另一方面重视监察。如：

《金史·海陵本纪》言：

“正月甲午，（海陵）谓御史大夫赵资福曰：‘汝等多徇私情，未闻有所弹劾，朕甚不取。自今百官有不法者，必当举劾，无惮权贵。”[①]

以上为天德三年（公元 1151 年），海陵王对当朝御史大夫赵姿福所言，以鼓励姿福不畏权贵，强化监察。同时，海陵王于正隆二年（公元 1157 年）进行官制改革，提高御史台的地位，扩大监察官吏的权限，提高监察官吏的品秩。

金世宗对监察工作极为重视，多次劝告臣下，要求他们积极履行监察职责。如：

《金史·梁襄传》言：

“监察，人君之耳目，风声弹事可也。”[②]

可见，世宗时期允许监察官吏风闻言事。此外，世宗时期御史台建设进一步完善。首先，世宗将御史台从尚书省独立出来，成为独立的机构。其次，御史大夫品秩从正三品提升为从二品，御史中丞品秩从正四品提升为从三品，侍御史从正六品提升为从五品，明确监察御史人员编制为八人。第三，御史

---

① 《金史》卷五《海陵本纪》。

② 《金史》卷九十六《梁襄传》。

台官吏的选举权从宰相手中收回，改为皇帝亲选。如：

《金史·梁肃传》言：

“(梁肃)上疏论台谏，其大旨谓：‘台官自大夫至监察，谏官自大夫至拾遗，陛下宜亲择，不可委之宰相，恐树私恩、塞言路也。’上嘉纳之。”①

“凡选监察御史，尚书省具才能者疏名进呈，以听制授。”②

最后，强化对监察御史的管理，合格者得到提升，不合格者予以处分。

章宗为一代雄主，在位期间金朝达到鼎盛，他对百官的监察也较为重视。章宗的监察思想在于强化对御史的监察，仿照宋制建立御史回避制度，在御史选举方面，多选用汉人或汉化的进士清贵，将监察御史与谏议官员的权限合并，使御史也有谏议的权力。

宣宗、哀宗时期，外有蒙古步步紧逼，内有权臣当道，当权者对监察工作不甚重视，在减少御史台编制的同时缩减御史权限，监察御史大多无法履行职责，遭受百官轻视。如：

《金史·陈规传》言：

“虽有御史，不过则以纠察官吏，照刷案牍，巡视仓库而已，其事关利害或政令更替，则皆以为机密而不闻。”③

由此可见，金朝后期监察之没落。天兴三年（公元1234年）正月，蒙古军攻陷金末帝所在地蔡州，随着金朝的灭亡，监察制度也随之灭亡。

三、宋辽夏金时期的监察法规

宋辽夏金监察法规建设，以宋夏为优，辽金次之。宋辽夏金四朝多因袭唐制，监察法规建设偏重地方监察法，相比较汉之《刺史六条》、唐之《监察六法》而言，没有一部专业性监察法律，而是将其融入行政监察法规、考核监察法规和国家其他法典中，更为广泛化、详细化、系统化。

宋朝的监察法规以太宗年间颁布的《弹劾十五条》，仁宗年间颁布的《转运使课考细则五条》，宁宗年间颁布的《庆元条法事类》中的《考课敕》《考

---

① 《金史》卷八十九《梁肃传》。

② 《金史》卷八十九《梁肃传》。

③ 《金史》卷一百〇九《陈规传》。

课格》《考课令》及其他监察法规为主。辽金两朝没有专门的监察法规，对官吏监察的法规存在于其他律令之中，西夏对官吏的监察法规以《天盛改旧新定律令》中官吏职责的相关规定为主。

（一）宋朝时期的监察法规

宋朝为革除唐末五代武人专政的祸患，提倡文教，优待士大夫，纵观两宋时期文人集团在气节方面为中国古代最善。他们专讲修养，砥砺名节，虽然也有不少害群之马和在一定程度上脱离了政治实际，但整体蔚然成风。

士大夫阶层不仅对于气节有一定的标准，而且将个人仪表也上升到朝廷礼节的高度。太宗时期下诏强调文武官员休假时，须沐浴、洗衣，违背此规定者视为不恭。淳化三年（公元 992 年），北宋政府颁布御史弹劾朝臣违反朝政礼仪的十五条准则。如：

《宋史·礼志》言：

“淳化三年，令有司申举十五条：常参文武官或有朝堂行私礼，跪拜，待漏行立失序，谈笑喧哗，人正衙门执笏不端，行立迟缓，至班列行立不正，趋拜失仪，言语微喧，穿班仗，出合门不即就班，无故离位，廊下食、行坐失仪，入朝及退朝不从正衙门出入，非公事入中书。犯者夺奉一月；有司振举，拒不伏者，录奏贬降。”①

由上可知，“违反朝仪”的十五条规定如果深究可分为三类，其一为控制官吏私相交往，防止结党营私。如禁止官吏之间在朝堂行私礼、非公事进入中书省。其二为维护君主权威。如官员跪拜、待漏行立失序、谈笑喧哗，人正衙门执笏不端，至班列行立不正、趋拜失仪、言语微喧、穿班仗、出合门不即就班、无故离位等。其三为百官的个人礼仪。如廊下食、行坐失仪等。可见对臣子而言，礼仪制度的要求并非为了礼仪本身，而是为了礼仪中包含的秩序和稳定。

仁宗亲政之后，北宋政府“强干弱枝”国策的弊端开始显现。内外矛盾不断加剧，朝廷对诸路监司的监察也在持续强化，尤其是掌握国家财政命脉的转运使，朝廷对其监察尤为严格。三司主官郑戬建议推行《转运使考课格》，根据诸路实际情况和最终向中央政府缴纳财物的多少确定对转运使的奖罚措

---

① 《宋史》卷一百一十六《礼志》。

施。仁宗皇祐元年（公元1049年），朝廷制定转运使考课监察条例。如：

《宋会要辑要·职官五十九》言：

“一、户口之登耗；二、田土之荒辟；三、茶酒盐税统比，不亏递年租额；四、上供和买物不亏年额抛数；五、报应朝臣文字及帐案齐足。”①

凡是做到户口增加，田地开辟，茶税、盐税相比以往不加亏空，行政事务处理合理无懒政、懈政，以上五点全部做到，在行政考核中该转运使为上上等级，以上五点做到三点及三点以上，在考核中该转运使为中下等级，五点之中有四点没有做到，在行政考核中该转运使为下上等级，五点全部没有做到，为下下等级。同时，针对不同考核结果制定相应的奖惩措施。

宋神宗年间，社会矛盾加剧，政府财政连年亏空。神宗本人亦有改革维新的志向，以图挽救时弊，于是任命王安石为参知政事，变法图强。虽因各种原因最终未能完全成功，但对当时的吏治有所整顿。变法期间重新制定对“路”级政府安抚使、转运使、提刑按察使、提举常平使的监察考核条例，称为《七事考核监司课法》。如：

《宋史·职官三》言：

“一曰举官当否，二曰劝课农桑、增垦田畴，三曰户口增损，四曰兴利除害，五曰事失案察，六曰校正刑狱，七曰盗贼多寡。”②

若要强行比照，《七事考核监司课法》与汉之《刺史六条》、唐之《监察六法》有相似之处，都是针对地方政府官吏的监察要求。但是，相比《刺史六条》和《监察六法》，北宋《七事考核监司课法》中没有对地方豪强的监察要求，可见当时地方豪强已无法对中央政府构成威胁。《七事考核监司课法》将监察的重点放到地方官吏举荐人才、发展经济、增加户口、治理冤狱，巡查盗贼的称职与否上。

《七事考核监司课法》是中央政府对地方诸路监司的监察要求，为了保证监察的有效性和严密性，徽宗崇宁五年（公元1106年），颁布了监司之间相互监察的法规，史称《监司互察法》。如：

《宋史·徽宗本纪》言：

“诸路监司，互相察举如法。或庇匿不举，以其罪罪之，仍令御史台弹劾

---

① 《宋会要辑要·职官五十九》之七。

② 《宋史》卷一百一十六《职官三》。

以闻，朕当验实重行黜责。”[①]

及至南宋《监司互察法》补充规定后更为严格。南宋光宗绍熙元年（公元 1190 年）颁布规定：“外路诸司体分职之意，若暴横赋敛以摇民心，若隐蔽水旱以欺主听，若大吏奸赃而蠹国，若兵将包藏而于纪，则当如今互察。[②]”

“路”级政府官员安抚使、转运使、提刑按察使、提举常平使之间可以相互监察，其下属官吏也可以相互监察。诸监司在巡视州县的过程中，不可横征暴敛以致民心不稳，在政府规定的接待标准之外，不允许接受礼品。《监司互察法》弥补了《七事考核监司课法》的不足，使得地方监察更为有效。

宋室南渡之初政局混乱，至宁宗时期稍显安定，然其地方吏治不彰，官吏监察考核标准纷乱复杂。宁宗颁布庆元年间修订的行政法规《庆元条法事类》，其中有关地方政府监司的监察考核法规尤多，最为著名的是对地方监司巡视地方以发展经济为中心的监察法规《考课格》。如：

《庆元条法事类·考课格》言：

“奉行手诏，有无违戾；兴除利害；有无朝省，行下本路过失已上簿及贵罚不了过犯；受理词讼，及指挥州县，与夺公事，有无稽滞不当；有无因受理词讼，改正州郡结断不当事；应于职事，有无废弛，措置施行，有无不当；奏请及报应朝省文字，有无鲁莽乖谬。以上应上簿罚，废弛不当，鲁莽乖谬事件并逐一名件，分明开说；按察并失按察所部官犯贼流以上罪及按察不当；荐举所部官有无不当；劝农桑；招流亡，增片口；分定巡历，是何州县，自甚月日起，离至某处，至何月日本司，有无分巡，不编去处，如有开具缘由；逐年合上供钱物有无出限违欠；所部刑狱，有无平反，及驳正冤滥，并淹延；几察贼盗，已获、未获各若干。”

由上可知，对诸路监司而言，《庆元条法事类·考课格》相比《七事考核监司课法》更为严密。《考课格》中的十五条法规可分为四个方面的内容。其一为维护君主及中央政府权威的内容，如要求地方监司奉行诏令，不可违背；按时朝省；上书奏折及中央政府的文件应做到严肃认真。其二为发展经济，劝课农桑的内容，如要求地方监司劝课农桑，招抚流民，勤于政事，按时向中央政府缴纳赋税，不可拖欠。其三为做官公正，平理冤狱方面的内容，如

① 《宋史》卷二十《徽宗本纪》。

② 《宋史》卷二百《刑法二》。

要求地方监司自己及督促州县官吏公正受理案件，巡敦盗贼，不可拖延了事。其四为加强对下属官吏监察的内容，如按照国家规定有效巡视州县，尤其应考察自己举荐的官吏是否合格。

（二）辽夏金朝时期的监察法规

辽夏金三朝除辽朝有一部监察法典外，夏金两朝将对官吏的监察法规融入相关敕令和《金律》《天盛改旧新定律令》中，就辽夏金三朝法规的监察范围而言，可以分为对监察官吏的自我监察法规、经济监察法规、行政监察法规、刑事监察法规等四种。

1. 自我监察法规

金朝不允许监察官员风闻言事，对官吏的弹劾必须有据可依。章宗时期规定监察官吏的考核以其监察事情的大小和多寡作为评判标准。宣宗时将此考核标准进行细化。如：

《金史·选举四》言：

“以所察大事至五、小事至十为称职，数不及且无切务者为庸常，数内有二事不实者为不称职。”①

举凡称职者给予奖赏，庸常者一般给予斥责或调任，不称职者给予处罚。金朝尤为重视监察官员弹劾的准确性和有效性，若有诬告弹劾，当事监察官吏将遭受惩罚。如：

《金史·章宗纪四》言：

“诸按察司体访不实，辄加纠劾者，从故出入人罪论，仍勒停。若事涉私曲，各从本法。”②

2. 经济监察法规

西夏仿效宋制，地方财政长官为转运使，在《天盛改旧新定律令》中有诸多针对转运使经济职责方面的要求，并对此进行监察。如：

《天盛改旧新定律令·催缴租门》言：

“转运司人将簿册、凭据种种于十一月一日至月末一个月期间引送磨勘司不毕，逾期延误时，大人、承旨、都案、案头、司吏等一律与前述郡县局分

---

① 《金史》卷五十四《选举四》。

② 《金史》卷一一二《章宗纪四》。

大小误期罪状相同。”①

转运司下辖州县的财政部门需将财务凭据于十一月一日前交纳至转运司府衙，如若延期一到五天，施以杖刑；延期五到十天，判处三个月有期徒刑。转运司必须在十一月一日至十一月底将账册汇总送至磨勘司，若有延误，转运司相关官吏按照州县财政部门官吏的处理办法。

3. 行政监察法规

辽朝的行政监察法规基本继承了唐朝的《监察六法》，此外辽朝广泛应用唐朝考核监察中的“四善二十七最”原则，其中“四善”内容如下。

《新唐书·百官一》言：

“德义有闻、清慎明著、公平可称、恪勤匪懈。”②

“二十七最”将政府官员分为二十七类，每类提出履职要求，以此作为官吏的监察标准。详情如下。

拾遗补阙，勇于谏议，敢于言事是对皇帝近侍的要求；

选举良才，为国尽忠是对掌管选举官吏的要求；

激浊扬清，评价适当，严格监察是对掌管考核官吏的要求；

仪式合规，动合典籍是对掌管礼仪官吏的要求；

善为音律，不失节奏是对掌管礼乐官吏的要求；

决断合理，按时处理不予延期是对掌管判事官吏的要求；

协调统帅有方，警备无失是对掌管宿卫官吏的要求；

士兵精良，武备充足是对掌管督领官吏的要求；

判案合理，处断公正是对法官的要求；

明于刊定，校阅精细，书中没有错误是对校阅书本官吏的要求；

言辞清晰明白，承旨敷奏是对宣纳官吏的要求；

教导有方，学子认真读书是对学官的要求；

赏罚分明，战必克，攻必取是对军中将领的要求；

礼义兴盛，文教彰显，社会风气良好是对政教官吏的要求；

详细得体，评判公正，言辞合理是对文史官吏的要求；

访察详细，弹劾有理，处置得当是对掌管监察官吏的要求；

---

① 《天盛改旧新定律令》卷十五《催缴租门》。

② 《新唐书》卷四十六《百官一》。

人数确定，役使合理，丁匠没有怨言是对掌管役使官吏的要求；

按时耕种，谷物收获，收税合理是对掌管屯田官吏的要求；

严谨对待，明确府库钱粮账目是对掌管国家仓库官吏的要求；

合理精密，稳定有序以资国家所用是对掌管历法官吏的要求；

占卜灵验，医术高超，病人得以好转是对占卜者、医者的要求；

检查严密合理，商人、旅客不受到特殊干扰是对关卡官吏的要求；

市场秩序稳定，无奸诈之商人是掌管市场官吏的要求；

牧养肥硕，繁殖较多是对掌管牧场官吏的要求；

边境肃清，城池维修得当是对镇防官吏的要求。

西夏《天盛改旧新定律令》中有较多对官吏监察的法规，立法的基本原则为严格监察、奖优惩劣。一般情况下对考核优秀的官吏给予财物、升迁奖励，对考核落后，甚至有违法犯罪行为的给予惩罚，具体惩罚措施为上交马匹、杖责、降职、有期徒刑直至死刑。如：

《天盛改旧新定律令》言：

“一前述任职位人三年期满时，期间住滞词中遭降官、罚马者，依文武次第引送中书、枢密，当入升册。日毕索功时，局分□□□当磨勘。降一官者，官赏皆□□，遭罚马则罚一次者可得官，不得赏，罚二次者得半赏，不得官，罚三次官赏皆不得。”

从上可知，西夏对官吏的考核监察充分考虑官吏以往是否有被罚马、降职等惩罚，如果没有，在转迁他任的中将会给予奖励，官职越高奖励财物越多。若官员有罚马、降职等处分，应将处理文书送中书省、枢密院登记入册，若没有送往中书、枢密或送往中书、枢密而没有登记入册，根据事态情况，被监察官员、监察官员、登记入册官员全部给予相应惩处。

金朝在官吏的行政监察方面，采用金宣宗时期吸取唐、宋、辽监察旧制，结合自己本民族传统颁布的“四善十七最”，基本要求和辽朝的“四善二十七最”相似，但还颁布了监察县令的《六事县令法》。如：

《金史·百官志一》言：

“宣宗兴定元年，行辟举县令法，以六事考之，一曰田野辟，二曰户口增，三曰赋役平，四曰盗贼息，五曰军民和，六曰词讼简。”①

---

① 《金史》卷五十五《百官志一》。

可见，金朝《六事县令法》应受到汉唐《刺史六条》《监察六法》的影响。县令在“皇权不下县”的古代为低级官员，直接和百姓接触，《六事县令法》可以分为三个方面的内容，其一为经济监察，要求辖区田野开辟，人口增加，赋役公平；其二为社会治安监察，要求辖区盗贼止息，军民关系和谐。金朝对县令监察中所要求的“军民关系和谐”此点在古代监察中较少，可见金朝部落制度中以兵为主，因而兵祸较多。其三为刑事监察，要求县令做到“词讼简”。

四、宋辽夏金时期的监察体制

宋辽夏金时期的监察制度，宋沿袭唐朝监察制度，结合自身立国实际与国策需求加以损益，辽、西夏、金三朝多采用唐宋之制度，加之以本民族的传统有所损益，保留着较多少数民族的风俗习惯。

（一）宋朝时期的监察体制

北宋建国之初即以“强干弱枝”作为基本国策，在中央政府制度建设方面，虽然名义上采用隋唐的三省六部制，但在实际执行中形成了具有宋朝特色的“二府三司”制度。“二府”即以“政事堂”为核心的中央政府和以“枢密院”为核心的军事机构，“三司”即掌管财政的“盐铁、度支、户部”。如果说隋唐中央政府制度的特点在于决策、审议、执行三权的分离，那么宋朝中央政府的特点则在于行政、军事、财政三权的分开。

宋朝的监察制度相比汉唐，监察和谏议职权趋于统一，中央监察部门监察的作用和意义有所弱化，更多的是行政系统内部的监察。中央设立御史台，下辖三院，将谏议权从中书、门下二省逐渐剥夺，形成独立的谏议机构谏院。谏院设立鼓院和检院，神宗年间在门下后省又设立通进司和进奏院。在地方监察方面，形成官吏安抚使、转运使、提刑按察使、提举常平使之间相互监督制度，巡视监督制度，通判监察制度及走马承受监察制度。

1. 中央政府的监察体制

（1）御史台监察体制

北宋建国之初，御史台仿效唐朝旧制，下设台院、殿院和察院。如：

《宋史·职官志四》言：

“(御史台)其属有三院，一曰台院，侍御史隶焉；二曰殿院，殿中侍御史隶焉；三曰察院，监察御史隶焉。”①

宋代御史台有一个逐步发展完善的过程，大致在北宋仁宗年间得以完成。御史台最高长官为御史大夫，额员一人，但在宋初并没有真正任制，仅为加官。元丰改制后由从三品御史中丞主持御史台事务，也被称为台长。御史中丞下设侍御史一人，为御史台副贰，殿中侍御史二人，监察御史六人。此额定十员为御史台官员，下有相关办事人员。在西京河南府（洛阳）、南京应天府（商丘）、北京大名府设立留司御史台，下设判台一人及相关书吏，但实际监察作用有限。

御史台下属台院由侍御史掌管。

御史台下属殿院由殿中侍御史二人掌管，其主要职责如下。

《宋史·职官志四》言：

“掌以仪法，纠百官之失．凡大朝会及朔望六参，则东西对立，弹其失仪者。”②

具体职责按照太宗时期颁布的《朝政礼仪准则十五条》，监察百官礼仪。

察院为御史台的主体机构，职权范围广泛。如：

《宋史·职官志四》言：

“掌分察六曹及百司之事，纠其谬误，大事奏劾，小事则举正。”③

“台官职在绳愆纠谬。自宰臣至百官，三省至百司，不循法守，有罪当劾，皆得纠正。”④

“百官应赴台参谢辞者，以拜跪，书札体验其老疾，凡事经郡县、监司、省曹不能直者，直牒阁门，上殿论奏。”⑤

宋代御史台官员一般不会被派遣至地方履行监察职责，而是直接监察中央各个部门，仿照唐朝的“六察官”制度建立了“六察制”。宋朝的“六察”为察院六位监察御史，分别称为吏察、户察、礼察、兵察、刑察、工察，监察范围并不局限于国家吏部、户部、礼部、兵部、刑部、工部六部，而是凡

① 《宋史》卷一百六十四《职官志四》。

② 《宋史》卷一百六十四《职官志四》。

③ 《宋史》卷一百六十四《职官志四》。

④ 《宋史》卷一百六十四《职官志四》。

⑤ 《宋史》卷一百六十四《职官志四》。

国家行政、军事、财政等各个部门都在监察范围内。最终，“六察”职权确定为监察六部及中央政府的各个部门。监察范围划分如下。

吏察对吏部、审官东院、审官西院、三班院进行对口监察；

户察对盐铁、度支、户部、司农寺进行对口监察；

礼察对礼部、太常寺进行对口监察；

兵察对兵部、武学进行对口监察；

刑察对刑部、大理寺、审刑院进行对口监察；

工察对少府、将作进行对口监察。①

御史台的监察职权可以分为五个方面。其一为弹劾官吏，上至当朝宰辅，下至无名小吏无须回避，对官员的不法行为全部可以弹劾；其二为参与朝政，宋朝将御史的职权和谏议官吏的职权逐渐合二为一，监察御史可就相关问题进行发言，劝谏皇帝，参与军国大事；其三为审理案件，宋沿袭唐制，御史台官员有部分司法审判权，凡官吏违法犯罪的案件，在送往大理寺之前，先由御史台进行初步审问，有重大社会影响的案件，御史台也可派遣御史参与审理；其四为课考官吏，宋朝课考官吏的机构除了审官院和课考院外，御史台也有课考官吏的职权，南宋末期，御史台成为总的课考部门；其五为经济监察，御史台有权查阅财政部门账册，并对账册特殊部分进行问询、审计。

宋朝的“三权分立”是兵权、政权、财权的分离。宋朝对财权异常重视，财政管理方面尤为独立和特殊，分为盐铁、度支、户部三司，共同掌管财权。端拱二年（公元989年）十二月，中央政府设立三司磨勘司，部门长官为判磨勘司官，对三司的收支进行审计。后又设立专门的财政监察部门“都凭由司”，强化对财政部门的监察。

宋朝御史台下设机构名为三院，实则台院并未发挥应有的作用。从唐制“三院”变为“两院”，监察御史也仅监察中央政府各个部门及官吏，一般不会被派遣巡视地方，相比唐朝御史台，宋朝御史台的监察职权有所削弱。

（2）言谏系统监察体制

言谏系统分为言谏和封驳两部分，言谏官吏在唐朝时分属中书、门下二省，但因中书、门下二省在宋朝时期不掌握实权，部门长官多不设置或为加官，部门副职多由其他部门官员兼任，中书、门下二部地位降低。元丰年间

---

① 《文献通考》卷五十三《职官考七》。

设立门下后省，将言谏和封驳权力归入其中。

门下后省设置左散骑常侍一人，给事中四人，左谏议大夫一人，左司谏一人，左正言一人。主要职责如下。

《宋史·职官志一》言：

“同掌规谏讽谕。凡朝政阙失，大臣至百官任非其人，三省至百司事有违失，皆得谏正。”①

门下后省四名给事中除了“规谏讽谕”外，尚有封驳的权力。四人在封驳中形成分工，分别对吏部、户部、礼部、兵部、刑部、工部的事情进行审议，形成明朝六科给事中分科治事的雏形。此外，门下后省还有通进司和进奏院两个下属机构，具体职权如：

《宋史·职官志一》言：

“通进司，隶给事中，掌受三省、枢密院、六曹、寺监百司奏牍，文武近臣表疏及章奏房所领天下章奏案牍，具事目进呈，而颁布于中外。”②

再如：

《宋史·职官志一》言：

“进奏院，隶给事中，掌受诏敕及三省，枢密院宣劄，六曹、司监百司符牒，须于诸路、凡章奏至，则具事目上门下省。若案牍及申禀文书，则分纳诸官司。凡奏牍违房法式者，贴说以进。”③

宋朝仁宗明道元年（公元1032年）设立谏院，成为独立的谏议机构。高宗年间谏院进一步独立，有了独立的治所。谏院下设知院官六人，多以中书、门下两省官吏充任，其中从四品左谏议大夫一人、右谏议大夫一人，正七品左司谏一人、右司谏一人，从八品左正言一人、右正言一人。主要职责如下。

《文献通考·职官四》言：

“供奉诤谏，凡朝廷阙失，大则廷议，小则上封。”④

谏院设置群臣吏民上奏的机关登闻鼓院和群臣吏民上奏后的审理机关登闻检院。一般情况下具体流程为群臣吏民上书登闻鼓院后，登闻鼓院不予审

---

① 《宋史》卷一百六十一《职官志一》。

② 《宋史》卷一百六十一《职官志一》。

③ 《宋史》卷一百六十一《职官志一》。

④ 《文献通考》卷五十《职官四》。

理或当事人认为审理不公，当事人可以上奏登闻检院，登闻检院依然不予审理或当事人继续认为审理不公，可以上奏御史台，直至上奏皇帝。

2. 地方政府的监察体制

宋朝建国之初，地方形成州（郡）、县二级政府，后又在州（郡）之上设立“路”，宋朝之“路”与汉代之“部”不同，设置之初便具有监察之外的功能。“路”下设诸司官吏除了本职军民事务、赋税事务、司法事务、水利救恤外都有监察的责任，此外尚有走马承受监察，诸州通判“监州”。

（1）监司监察制度

宋朝“路”数并不固定，太宗年间分全国为四京十五路，神宗年间分全国为二十三路，徽宗年间再分为二十六路，南宋偏因安江左路的数量减少，将领土分为十六路。现以太宗至道三年（公元 997 年），最早划分的四京十五路为例进行说明。具体划分如下：①

其一，京东路，辖区为东部沿海直至汴梁，南至淮河、泗水，北至黄河。下辖东京开封府、十六个州、四个军、二个监。

其二，京西路，辖区为今河南省西部，湖北省北部，安徽省西北部及陕西省东南部。下辖西京河南府、十六个州、二个军。

其三，河北路，辖区为东部沿海直至太行山，南至黄河，北至三关。下辖北京大名府，二十四个州，二个军。

其四，河东路。辖区南至砥柱山，北至雁门，约为今山西省南部、中部。下辖十七个州、六个军、二个监。

其五，陕西路，辖区为今陕西省中部、北部、陕南商洛及甘肃东北部。下辖京兆府、凤翔府、河东府三府，二十四个州、二个军、二个监。

其六，淮南路，辖区为今江苏省中部，安徽省中部，河南省东南部，湖北省东北部，下辖十七个州，四个军，二个监。

其七，江南路，辖区为今江苏省西南部，安徽省南部及江西省全境。下辖十四个州，六个军。

其八，湖南路，辖区为今湖南省大部分地区，广西部分地区。下辖七个州，一个监。

---

① 台湾三军大学编著．中国历代战争史（第十二卷）[M]．北京：中信出版社，2013：48－49.

其九，湖北路，辖区为今湖北省大部分地区，湖南省北部地区。下辖江陵府，九个州，二个军。

其十，两浙路，辖区为今浙江省全部地区，江苏省东南部。下辖十四个州，两个军。

其十一，福建路，辖区为今福建省全境。下辖六个州，二个军。

其十二，西川路，辖区为今四川省中部、南部地区。下辖成都府，二十二个州，二个军，一个监。

其十三，峡西路，辖区为今四川省东部，贵州省东部、北部地区，陕西、甘肃二省部分地区。下辖兴元府，二十个州，二个军，一个监。

其十四，广东路，辖区为今广东省大部分地区。下辖十六个州。

其十五，广西路，辖区为今广东省大部分地区。下辖二十六个州。

"路"主要由诸"监司"和"走马承受"进行监察，"监司"监察可分为转运司监察、提刑按察司监察、提点刑狱司监察。转运司下设转运使和转运副使及相关属官，来源于唐代的转运使，最初职责是向中央政府转运地方财货，后逐渐拥有了地方民政和监察权力。如：

《宋史·职官七》言：

"(转运使)岁行所部，监察储积，稽考帐籍。凡吏蠹民虞，悉条以上达及专举刺官吏之事。中兴后，……而察其稽违，督其欠负，以供于上。间诣所部，则财用之丰欠，民情之戚，官吏之勤惰，皆访问而奏陈。"①

由此可见，转运使的具体职责不仅是将地方财物转移向中央，也具有监察地方官吏的职责。转运司的监察范围较广，凡地方官吏贪污腐败、玩忽职守、断狱不公、懒政怠政皆可上奏。

转运司的长官转运使后来逐渐获得了财政、刑狱、选举、监察等各项权力，除了军事权外，转运使拥有了唐末节度使的绝大多数权力。为防止地方出现不稳定因素，宋淳化二年（公元991年）在转运司下设提点刑狱司，真宗年间提点刑狱司脱离转运司，成为独立的监司。具体职责如：

《宋史·职官七》言：

"提点刑狱公事，掌察所部之狱讼而平其曲直，所至审问囚徒，详复案牍。

---

① 《宋史》卷一百六十七《职官七》。

凡禁系淹延而不决，盗贼逋窜而不获，皆劾以闻，及刺举官吏之事。”[①]

提点刑狱使的主要职责是掌察狱讼，对地方官吏狱讼不直、盗贼不获进行督促弹劾，以促进地方法制的公正性。

提举常平司是在神宗熙宁年间，因王安石变法时期经济改革的需要而设定，设立之初就遭到司马光、曾公亮、韩琦等人的反对，前后废立多次。具体职责如下。

《宋史·职官七》言：

“掌常平、义仓、免役、市易、坊场、河渡、水利之法，视岁之丰歉而为之敛散，以惠农民。……皆总其政令，仍专举刺官吏之事。”[②]

由上可知，提举常平使本职是管理国家府库、水利、市场交易、赈济灾害、官方专买专卖以及地方监察。此外，转运使、提点刑狱使、提举常平使三者之间也有相互监察的权力和要求。

走马承受全称为“走马承受公事使者”，又可称为“走马使者”。走马承受的设置和南朝时期的“典签”有相似之处，实际是君主派遣在监司身边的耳目。一般由太监或者武将担任，设置时间已不可考证，设置之初权限较小，至北宋徽宗期间不断扩大。走马承受的具体职责为三个方面，其一为风闻言事，徽宗期间允许走马承受不需实际证据，只要有所风闻便能上奏弹劾诸官；其二为奏报边事，边镇地区的走马承受需及时上报边关军情，特殊军情还需亲自骑乘快马前往京师奏报；其三为监察军事，走马承受在北宋的中前期仅对将领有监察权，不可干预军事，徽宗年间开始可干预军事。

（2）通判监察体制

“通判”之名最早出现在唐朝，北宋初年为防止出现唐末五代藩镇割据的局面，太祖、太宗时期设立通判的官职。通判的主要职责除了相关行政事务外，更重要的是对“伪命官”和“武将知州”进行监察。“伪命官”是指在北宋统一过程中，留任其他政权的官吏。北宋在都督州、节度州、观察州、防御州、团练州、军事州等六种军事形势严峻的州以武将知州，这六等州中均设立通判用来监察武将，防止出现地方割据局面。

北宋后期及南宋时期，通判的监察权力逐渐弱化，行政权力不断增强。

---

① 《宋史》卷一百六十七《职官七》。

② 《宋史》卷一百六十七《职官七》。

通判对财政、水利、讼狱、农桑均有较大的管理权限，多称其为知州的“副贰”，但监察职权一直存在，并未消亡。

（二）辽夏金时期的监察体制

1. 辽朝监察体制

（1）中央政府监察制度

御史台监察制度：辽太祖耶律阿保机建国之初，政府官制较为粗糙，太宗年间辽国占领燕云十六州，使国内形成了以汉族为主体的农耕生产方式和以契丹族为主体的游牧生产方式。太宗采取了以旧制治理契丹人民、以汉制治理汉族人民的北面官和南面官制度。如：

《辽史·百官志三》言：

“辽有北面朝官矣，既得燕、代十有六州，乃用唐制，复设南面三省、六部、台、院、寺、监、诸卫、东宫之官。诚有志帝王之盛制，亦以招徕中国之人也。”①

南面官制仿效汉制，中央政府设立监察机构御史台，设置御史大夫、御史中丞、侍御史、殿中侍御史、监察御史等官。御史大夫为御史台最高长官，既有实授又有加官。御史中丞为御史大夫副贰，设置两人，分工管理御史台事务。侍御史设置四人，监察中央官吏，弹劾检举不法行为。殿中侍御史设置六人，主要职责是纠正百官礼仪和协助侍御史开展监察工作。监察御史数量不定，主管监察百官，巡视地方郡县，一般实授监察御史拥有实际监察权，加宪衔监察御史无监察实权。

中丞司监察制度，辽代前期中央监察机构主要以南面官制下的御史台为主。辽圣宗时期，鉴于吏治不彰，贪污横行，于枢密院下设置监察机构中丞司，官员皆为契丹人，人员配置和主要职责如下：

北南枢密院点检中丞司事：为中丞司名义官长，实为沟通南北两院中丞司相关业务的官员。

总知中丞司事：为中丞司实际长官。

中丞：北院左中丞、北院右中丞、南院左中丞、南院右中丞、同知中丞司事、同中丞司事都可以被称为中丞，负责中丞司的具体业务。

---

① 《辽史》卷四十七《百官志三》。

侍御：分为北院侍御和南院侍御。为中丞司一线监察人员，具有监军的职权。

言谏系统监察制度：辽代的谏议设置仿照唐制，除了给事中属于门下省外，其余谏议官员均分为左、右，左属于门下省，右属于中书省，建立起较为完备的谏议监察体系。主要人员设置和职责如下。

门下省下设左谏院：属官有左谏议大夫、左补阙、左拾遗，主要职责为谏诤君主，查漏补缺，防止重大失误。

中书省下设右谏院：属官有右谏议大夫、右补阙、右拾遗，主要职责同左谏院属官。

（2）地方政府监察制度

地方常置监察官：辽代统治者建立“五京”制度来统治广大地区，在地方监察方面也充分结合实际，具有因地制宜的特点，在“五京”和军中设立“处置使司”，主官为处置使，掌管监察事务。在北面和西南部边防重地设立安抚司，长官安抚使除了拥有民政和军事权力外，也承担监察职责。在南部设置“三州处置使司”，由三州处置使对平州、滦州、营州地区的官吏进行监察。

地方临时监察官：辽代国土广阔，民族众多，吏治纷繁复杂，除了地方常驻的监察官外，朝廷还派遣前往地方进行临时性监察、处理专项事务的监察官。主要有以下三种，其一为“分决诸道滞狱使”，多为加官，临时派遣前往地方进行监察、治狱；其二为“按察诸道刑狱使”，前往地方治理刑狱并监察百官；其三为采访使，仿照唐制而设，前往地方考察民情、倾听民声并监察官吏。

2. 西夏监察体制

（1）中央政府监察体制

御史台监察体制：西夏仿照唐宋旧制，中央设立监察机构御史台，是否和宋朝一样下辖台院、殿院和察院则不得而知。御史台主要属官员有御史大夫、御史中丞、殿中御史、监察御史等。主要监察职责有以下四点。

其一，弹劾官邸，纠正礼仪。西夏御史大夫不同于北宋初年的御史大夫为加官，而是实际授予，御史大夫拥有较大权力。此外，殿中御史可根据规定对官吏礼仪、服饰等进行监察，凡有失礼、失仪者都将受到惩罚。

其二，上书言事，考课百官。受宋朝“台谏合一”趋势的影响，西夏御史台官吏除了可监察百官，进行考核外，还可拥有谏官的部分权责，可上书言事，进行谏议。

其三，参与审案，平治冤狱。如：

《天盛律令·越司曲断有罪担保门》言：

“诸人有互相争讼陈告者，推问公事种种已出时，京师当告于中兴府、御史，余文当告于职管处，应取状……”①

其四，充当使节，出使他国。如西夏贞观年间御史大夫苏愈出使辽国，乾祐年间御史大夫李元吉出使金国等，都取得较好的效果。

谏议监察体制：西夏谏议体制和宋朝不同。宋朝谏议不属任何部门管辖，逐步形成独立的地位。西夏言谏机构属于中书省，为中书省下属机构。如：

《西夏书事》言：

“曰中书，掌进拟庶务，宣奉命令，属有侍郎、散骑常侍、谏议大夫、舍人、司谏等官。”②

西夏史料中谏官言谏的事例较少，是否仿照赵宋建立谏院，则众说纷纭，没有确切的答案。

（2）地方政府监察体制

西夏地方监察体制与北宋相似，不同之处在于西夏的刺史监察和巡检监察。西夏在南院、西院、肃州、沙州、瓜州等地区设立刺史，履行对官吏的监察职责，防止官吏出现不法行为。如：

《天盛律令·诸司判罪门》言：

“国境中诸司判断习事中，有无获死及劳役、革职、军、黜官、罚马等，司体中人当查检，明其有无失误。刺史人当察。”③

再如：

《天盛律令·行狱杖门》言：

“边中诸司都巡检等处现拘囚中，有以枉法、稽缓、受贿、情而遣放之等，所属刺史人当每十日依法审视推察之，当登记于板簿上。”④

---

① 《天盛律令》卷九《越司曲断有罪担保门》。

② ［清］吴广成．西夏书事［M］．龚世俊等，校证．兰州：甘肃文化出版社，1995：133.

③ 《天盛律令》卷九《诸司判罪门》。

④ 《天盛律令》卷九《行狱杖门》。

此外，西夏刺史还有财政方面的监察权。在缴纳租税时期，刺史需严格对财政官员进行监察，如果未按期巡视、巡视过程敷衍应付或巡视中接受贿赂，都将遭受严重惩处。

巡检司为地方巡查机构，巡检是最普遍、最基层的巡查官吏。西夏在皇宫、京城、盐池、边地都设有巡检司，皇宫和京城设立巡检司是为了确保安全；盐池设立巡检司是为了打击走私，监察官吏，增加税收；边境则是为了防止偷渡，进行警戒。

3. 金朝监察体制

（1）中央政府监察制度

御史台监察制度：金朝御史台是中央政府最高监察机构，御史台长官为御史大夫，品秩为从二品，主要职责如下。

《金史·百官一》言：

“掌纠察朝仪，弹劾官邪，勘鞫官府公事。凡内外刑狱所属理断不当，有陈诉者付台治之。”①

此外尚有御史中丞，为御史台副贰，品秩为从三品，协助御史大夫处理御史台相关事宜，职权相比唐、宋御史大夫为重，可独立处理台务。

侍御史额定二人，品秩为从五品。

治书侍御史额定二人，品秩为从六品，侍御史和治书侍御史职权相似，主要掌管奏事、审判台事等事务。

殿中侍御史额定二人，品秩为正七品，朝会或者重大典礼时监察百官礼仪，且掌管百官告假事宜。

监察御史额定十二人，品秩为正七品，掌管内外监察事务。

此外，尚有掌管文书的典事二人，掌管勾稽簿籍的检法四人，看守御史台监狱的狱丞一人，令史汉人十五人，女真人十三人。

谏议监察制度：金朝的谏议系统由四个部分组成。其一为审官院。封驳审议最初是门下省给事中的职责，金朝撤销门下省，虽保留了给事中官职，但不主封驳，给事中成为皇帝的内侍官吏。章宗承安四年（公元 1199 年）设立审官院，将封驳权限部分转入其中，审官院官制设定从三品知院一人，为其主官，掌管具体事务的掌书四人，品秩为从四品。金朝末期将审官院撤销，

---

① 《金史》卷五十五《百官一》。

相关职责归入御史台。其二为谏院。金朝撤销中书省、门下省后，将原属二省的谏议官吏全部归于独立谏议机构谏院，下设正四品左、右谏议大夫，从五品左、右司谏，正七品左、右补阙，左、右拾遗等官职。其三为登闻鼓院。登闻鼓院是独立的谏议监察机构，下设品秩从五品的知登闻鼓院，为部门主官，品秩正六品的同知登闻鼓事，还有知法二员。其四为登闻检院。从属于御史台，既有谏议君主的权力，又有监察百官的权力。

（2）地方政府监察体制

金朝地方监察可分为地方常设监察与地方巡视监察，地方常设监察为提刑司与司农司监察，地方巡视监察为御史巡视和审录官巡视监察。

地方常设监察体制：金朝入主中原后，政局逐渐稳定，但多因民族矛盾和金朝统治者武略有余、文治不足，导致地方官吏贪赃枉法，屡禁不止。章宗继位后仿效宋朝地方制度，建立提刑司主管地方监察。

大定年间，金朝国力进入全盛时期，分全国为二十路。章宗在九“路”中设提刑司，每路提刑使分别监察二或三路行政区。具体划分如下：

《大金国志·路府军州》言：

“提刑司九处。中都、西京路（大同置司），南京路（南京置司），北京、临潢路（临潢置司），东京、咸平府路（东京置司），上京、易懒等路（上京置司二），河东南、北路（汾州置司），河北东、西、大名府路（河间置司），陕西东、西等路（平凉置司），山东东、西路（济南置司）。”①

承安四年（公元 1199 年）提刑司更名为按察司，长官按察使的监察职责如下。

《金史·百官三》言：

“掌审察刑狱，照刷案牍，纠察滥官、污吏、豪猾之人，私酒曲并应禁之事，兼劝农桑，与副使、签事更出巡案。”②

由此可知，金朝提刑司或按察司的监察职权十分广泛，几乎无所不察，后因蒙古入侵等各种原因，按察司被撤销。宣宗年间，改劝农司为司农司，设置各地掌管监察。

地方巡视监察制度：金朝建立初期，设立御史巡视地方监察制度，一般

---

① 《大金国志》卷三十八《路府军州》。

② 《金史》卷五十七《百官三》。

挑选汉人御史和女真人御史各一人，巡查一路。开始时每年巡视一次，宣宗时期改为每年巡视两次。熙宗时期，派遣亲信担任审录官，与御史一起巡视州县，考核地方官吏。

五、宋辽夏金时期监察的特点

宋朝在“强干弱枝”国策的指导下，君主权力相比前朝有所扩大，中央集权继续强化，监察制度更有体系性和严密性。辽、金、夏三朝以少数民族入主中原或占据西北，既汲取了中原汉族王朝历代以来的监察成果，又结合自己本民族的实际特点，制定了胡汉融合的监察制度，促进了中国古代监察制度的深入发展。宋辽金夏时期的监察制度具有以下特点。

其一，监察机构设置系统化、严密化，同时强化对监察官吏的监察。宋辽夏金监察机构设置分为中央监察机构和地方监察机构，中央监察机构以御史台和谏议系统为主，地方上施行分权制衡下的监司监察制度。如宋路级行政单位中安抚使、转运使、提点刑狱使、走马承受都可进行监察，诸司之间也要求相互监察。辽夏金三朝监察制度也具有此项特点，监察部门多样，组织严密。此外，宋辽夏金四朝都强化了对监察官吏自身的监察，使其在行使监察权时，保持一定的边界性，促进监察官员的清正廉洁。

其二，御史台和谏议系统职权趋于合一，监察法治化思维较为明确。宋朝时期虽出现独立的谏议机构“谏院”，但主管监察的御史和主管言谏的官吏职权趋于统一。除了给事中封驳审议权限有所弱化外，御史台官员拥有了谏议权力，言谏官员也拥有了监察百官的权力。此外，宋辽夏金都较为重视依法监察，南宋《庆元条法事类》，辽朝的“四善二十七最”，西夏的《天盛改旧新定律令》，金朝的“四善十七最”、《六事县令法》中都有大量关于监察的条款。

其三，因地制宜，结合实际，因俗而治的监察原则。宋因建国之初的国家形势，在数次北伐失败后，改变了开拓进取的国家战略，代之以“强干弱枝”，分权制衡，重用文人士大夫的统治思想，所以宋朝的监察思想和监察制度建设也将此种现实与思想贯穿其中。辽夏金三朝治下少数民族和汉族之间存在风俗习惯的差异，在监察方面也充分考虑到此等现实问题，如辽采取南北面官制，将监察机构进行划分，以适合国家政治的需要。

其四，监察机关地位提高，监察范围扩大，但言谏系统有所衰弱。宋代御史台上至宰相重臣、皇亲国戚，下至乡野小吏，都可以进行监察，而且准许御史台官吏不经考证，风闻言事，地方监司亦可以监察驻守地方的一切文武官吏。但随着对君主的言谏系统不断弱化，无论是封驳审议的给事中，还是进行劝谏的中书、门下两省及其他谏议官吏，都脱离了宰相的控制，无法对专制主义皇权形成汉唐时代的牵制，限制专制主义皇权继续强化。

第六章　元朝：中国古代监察法制的反动与推进

一、元朝时期的政治和社会背景

中国北部塞外，有众多游牧民族，其中常有一个民族或者部落，侵略其他近邻而逐渐强大，又乘中央王朝多事之秋入寇中原。中原王朝除少数有雄才大略之君主和德才兼备之将帅可饮马瀚海，封狼居胥外，其余皆不可敌之或仅能保持守势。少数民族入主中原后，学习了汉族的繁文缛节和等级秩序，遂快速丧失其英勇善战之民风，虽从政治上统治中原，但从文化上被汉族同化。后继者又延续旧路，莫过于是。

反观中原汉族政权建国极为久远，政治思想和统治策略较为发达，人伦文物昌盛，中国对夷夏之分别并不以血统而论，是以文化分之。五胡乱华之后的汉族已经不同于秦汉时代的汉族，无论入主中原的少数民族武力如何强盛，终被同化。此等同化又使得中华民族获得进取的精神，去除此前数百年所积攒的萎靡之气，再次强盛。

蒙古种族生活在今内外蒙古及其他广大地区，以孛儿只斤部为主体的部落联盟首领也速该有子铁木真，于金泰和四年（公元1204年）统一蒙古诸部，泰和六年获得“成吉思汗”尊号，正式建国，是为“大蒙古国”。[①] 其时中原及北部为金人所占，西夏国割据西北，宋氏偏安江南，三国以衰微的国力不能抵抗初兴的蒙古。成吉思汗先取西夏数地，又占领金国西京大同，中京大定，北京临潢，因事北归，其后大将木华黎攻占金国河北、陕西、山西，金国北据黄河，集重兵于潼关一线，国势颓危。[②]

---

① 萨孟武．中国社会政治史（宋元明卷）[M]．北京：生活·读书·新知三联书店，2018：237.

② 傅乐成．中国通史（下）[M]．北京：中信出版社，2014：515－516.

成吉思汗北归之后进行西征，先灭掉西辽，后兵分三路，分别以术赤，察合台、窝阔台，自己和托雷为将，远征花剌子模，出奇兵绕道锡尔河防线之后，前后夹击，破其防线，占领花剌子模首都不花剌，花剌子模主死国亡。蒙古军再次兵分两路，一路在哲别和速不台的带领下进攻钦察，攻城略地直至克里米亚半岛。一路由成吉思汗亲自率领，率军挺进阿富汗地区。后与哲别及速不台合兵缓归蒙古。①

1226 年，蒙古军再次进攻西夏，西夏州郡望风而降。1227 年，成吉思汗病逝，秘不发丧，待西夏君主来投降时，将其擒而杀之，西夏遂亡。1229 年，太宗窝阔台继承汗位，欲绕过潼关从宋境入金，于是派遣托雷占据南宋汉中、四川北部部分地区，从汉江东进，后与金军大战于三峰山，歼灭金军主力。端平元年（公元 1234 年）蒙古军攻陷蔡州，金朝国祚一百二十年而亡。

宋室之所以能够维持半壁江山，在于其东部有江淮天险，西部有荆襄四川之固，且其水师较之以骑射为主的蒙古军队更为精锐。在联蒙抗金收复部分国土后，朝廷以孟珙守卫江陵，② 余玠守卫四川，此二将德才兼备，军事能力突出，因此朝廷暂得苟安。孟珙、余玠二将病逝后，度宗咸淳三年（公元 1267 年）蒙古再次南下，围困长江中游重镇襄阳，守将吕文焕据城死守达六年之久，后才沦陷。蒙古军长驱直入直捣南宋首都临安，俘虏恭宗北去。

宋之忠臣陈宜中、文天祥、张世杰、陆秀夫等立端宗为帝，③ 后端宗为元兵所迫，身死。众人又立卫王昺为帝，不久天祥兵败被俘。祥兴二年（公元 1279 年）张世杰迎战元军失败，陆秀夫背负帝昺于崖山跳海而亡，汉家官军民等纷纷蹈海而死，海面浮尸数万。文天祥于狱中拒绝了元人的高官厚禄，面南被杀而亡。其衣带诏有赞:“孔曰成仁，孟曰取义，惟其义尽，所以仁至。读圣贤书，所学何事，而今而后，庶几无愧。”天祥为天地栋梁，其忠节义行，为我中华男儿之楷模，如日月星河，永世不灭。④

元朝以少数民族入主中原，百万之蒙人统治万万数之汉人，保留着大量部落制度，其政府组织建设和行政效率都未达到汉人的统治标准，缺乏合理

---

① 多桑．多桑蒙古史（下）[M]．冯承钧译，北京：商务印书馆，2013：142.

② 《宋史》卷四百一十二《孟珙传》。

③ 《宋史》卷四百一十八《陈宜中传》。

④ 《宋史》卷四百一十八《文天祥传》。

的政治理想，也没有政治责任之意识。政府的主要工作在于横征暴敛和防止反动。前者在于繁重多样的课税，后者在于庞大的武力和不平等的制度、法律和监察。

在财税方面，忽必烈先后以阿合马、卢世荣、桑哥等为财政大臣，灭亡宋朝后，建立了繁重的税务制度，不断增加赋税。元朝中叶之后国家税收总收入比世祖忽必烈时期增加了二十倍，仍然不够使用，① 于是将银两集中府库，以钞票等纸币代替现钱，但多次改革币制且旧钞、损钞不换，伪钞横行，人民损失极大。此外，元朝将人民分为国人、色目人、汉人、南人四个等级，每个等级在经济、政治、文化、社会等各个方面权益极不平等，如蒙古人殴打汉人，汉人不得还手，② 蒙古人打死汉人惩罚其出征并赔偿烧埋银而免除其罪。③

元朝内部还有宗教问题和皇位继承问题。蒙古人对于宗教，一般持比较宽容的态度，无论是中国本土宗教还是外国传入的宗教，在不影响统治稳定的情况下都可任其发展。元世祖忽必烈以喇嘛教为国教，以吐蕃喇嘛八思巴为国师，号为“大宝法王”，此后元朝历代皇帝继位都需接受喇嘛教戒律，上层贵族渐渐全部接受教义。皇室花费在宗教上面的钱财占到国家收入的一半甚至三分之二。④ 宗教人士多行不法，如江南释教总统杨琏真伽挖掘宋朝皇室及大臣陵寝以取钱财，篡夺百姓田地达二万三千多亩，受其庇护不缴纳租税的二万余户，烧杀抢掠，奸淫妇女之事不可胜数。⑤

促使蒙元迅速瓦解，皇位继承亦为其重要原因，根据蒙古旧有习俗，诸子成年之后，家中就给予其一定牧群等财产，使之外出独立自谋生计。此等制度只适合游牧部落之时，不适合“大一统”时代中央王朝的皇位继承。蒙元皇位继承自始至终都存在着争执和矛盾。太祖铁木真逝世后，太宗窝阔台经由部落大会推选和太祖遗命，无甚争议，定宗贵由时已出现争议，其后太宗及托雷后人相互争执，宪宗蒙哥逝世后，忽必烈更是自立为帝，击败其弟阿里不哥。至元三十一年（公元 1294 年）世祖去世，成宗即位，至 1333 年元朝最后一任皇帝元顺帝继位，此四十年间元朝竟然更换了十位君主，他们

---

① 《元史》卷九十三《食货志一》。

② 《元史》卷一百〇五《刑法志四》。

③ 《元史》卷一百〇五《刑法志四》。

④ 《续资治通鉴长编》卷一百七十九元武宗至大三年九月。

⑤ 《元史》卷二百〇二《释老》。

继位之时多发生纠纷，进行政变或者权臣、宗室直接进行战争，此种现象为历朝历代少有。①

元朝的政治和吏治始终未能清明，成宗大德七年（公元1303年），一年间曾罢免贪官污吏一万八千四百七十三人，审理冤狱五千一百七十六事，② 其官场之赃官、奸官不可胜数。

顺帝继位后身居宫中，整日饮酒作乐，不理朝政，以权臣伯颜为相，把持国政。当时水旱地震不断，而元朝政府剥苛尤甚，至元三年（公元1337年）正月广州朱光卿反，二月陈州胡润儿反，四月合州韩法师、惠州聂秀卿反，至元四年六月袁州周子旺、漳州李志甫反。至正四年益都郭火你赤反，至正六年汀州罗天麟反，至正八年台州方国珍反，至正十一年（1351）刘福通、韩林儿反后，芝麻李，徐寿辉、陈友谅，郭子兴、朱元璋，张士诚等纷纷造反，③ 遂成燎原之势，最终将蒙元王朝葬送。

本章之所以称蒙元的监察为反动与推进，在于其国家整体制度建设中的不平等，一切皆以蒙古、色目人为优，此为历史之反动。但其监察制度建设和监察法规建设，虽然执行过程中不甚完美，但并非没有可取之处，对于明代的监察产生了重要影响，此为蒙元监察的推进。

二、元朝时期的监察思想

蒙元是以少数民族入主中原建立起来的全国性政权，世祖之前多沿用蒙古部族旧有制度。游牧民族和农耕民族不同，游牧民族的政权多追水草而居，重视土地和产出而不重视人口，视外部人口如奴隶。农耕民族安土重居，既重视土地和产出，又重视人口，将人口视为最重要的生产力。世祖定鼎中原之后，为了进行有效的统治剥削，采用汉法，以“祖述变通”为立国原则。但是，这并不意味着元朝统治者对汉族的完全信任，英明神武如元世祖，在南宋灭亡后对汉人、南人之重视亦不如以前。

若言唐朝中央政府机构设定在于决策、审议、执行的三权分立，宋朝在

---

① 傅乐成．中国通史（下）[M]．北京：中信出版社，2014：558.

② 《新元史》卷十四《成宗纪》。

③ 萨孟武．中国社会政治史（宋元明卷）[M]．北京：生活·读书·新知三联书店，2018：282－283.

于行政、财政、军事的三权分立，则元朝在于行政、军事、监察的三权分立。元朝以中书省掌管行政权，枢密院掌管军事权，御史台掌管监察权。元朝的监察除了世祖、成宗、仁宗等皇帝和部分汉族或汉化官员对此有较为清晰的认知外，其他皇帝和蒙古官僚对此大多不予重视，元朝统治者之贪残亦为中国历朝之最。

元朝初年并没有设立御史台，后汉人张雄飞和汉化色目人廉希宪分别上书，阐述了监察的重要性。如：

《元史·张雄飞传》言：

“古有御史台，为天子耳目，凡政事得失，民间疾苦，皆得言。百官奸邪，贪秽不职者，即纠弹之，如此，则纲纪举，天下治矣。”①

再如：

《元史·廉希宪传》言：

“(御史台)内则弹劾奸邪，外则察视非常，访求民瘼，裨益国政，无大于此。若去之，使上下专恣贪暴，事岂可集耶？”②

世祖在张雄飞等人的建议下设立御史台。御史台为风宪之官，对统治阶级的不法行为有一定的约束作用。当时权臣阿合马等人上书要求废除御史台，强烈反对设立监察机构。廉希宪上书劝谏，强调设立御史台的重要性，忽必烈支持了廉希宪的意见，御史台得以续存。世祖本人曾称：

《历代职官表·内阁下》言：

“中书朕左手，枢密朕右手，御史台事朕医两手的。”③

此外，世祖时期御史台官吏的品秩相比唐宋时期得到较大提升，主官御史大夫品秩为从一品，获得与中书省平章政事，左、右丞，枢密院知院同等品秩。一般职官三十个月考核一次，考核结果优秀者可以提升一等。但是，监察御史并不按照这一规定执行，御史升迁不按照时间而以具体业绩论，业绩较好可以直接从正七品监察御史升任正五品廉访司佥事。

世祖时期，叶李奏请扩大监察官吏的权限，允许实封言事。如：

《元史·叶李传》言：

---

① 《元史》卷一百六十三《张雄飞传》。

② 《元史》卷一百二十六《廉希宪传》。

③ 《历代职官表》卷四《内阁下》。

"然御史台，天子耳目，常行事务，可以呈省。至若监察御史奏疏、西南两台咨禀，事关军国，利及生民，宜令便宜闻奏，以广视听，不应一拘律，遂成文具。臣请诏台臣言事，各许实封，幸甚。"①

叶李所奏请的"实封奏事"扩大了监察官吏的权限，监察御史所上奏折不需再经任何人同意，可直接上达天听，维护了监察的有效性。世祖不仅重视监察，而且裁撤谏议机构，将对百官的监察和对皇帝的谏议两个系统都划归御史台，御史台官员拥有谏议的职权。世祖多次鼓励言官谏议，如他曾对御史大夫塔察尔和御史张雄飞有言。

《元史·张雄飞传》言：

"卿等既为台官，职在直言，朕为汝君，苟所行未善，亦当极谏。"②

忽必烈本人较能接受群臣劝谏，如至元年间权臣桑格当政，横征暴敛，贪赃枉法无度。御史刘敏中、程文海、周祚、赵世延等人先后上书弹劾，桑格最终遭受灭门处置。

世祖对地方巡视监察也极为重视，为了保证监察官吏能够独立行使监察权，不至受到行政官员的干扰。如至元十五年（公元1278年）顺德路总管张文焕、太原府达鲁花赤太不花因贪赃枉法被按察使告发，二人反而诬陷按察使有其他罪行，御史台认为即使按察使真的有罪，也不能因为检举张文焕、太不花二人而被反告，应待此事结束后另行审理按察使罪责，此建议被世祖接纳。③至元三十一年（公元1294年）世祖颁发圣谕，再次强调监察官员监察的独立性。如：

《元典章·圣政·肃台纲》言：

"肃政廉访司官员、监察御史察出公事取问，期间诸人毋得搅扰沮坏。"④

宋朝时期御史台官员由皇帝直接任命，将御史台官吏的选举权由宰相手中收归皇帝所有，进一步强化了对宰相的监察，削弱了相权，强化了皇权。元朝监察官吏由御史台选举，中书省不得参与。如：

《元史·相威传》言：

---

① 《元史》卷一百七十四《叶李传》。

② 《元史》卷一百六十三《张雄飞传》。

③ 《新元史》卷九十六《刑法下》。

④ 《元典章》卷二《圣政·肃台纲》。

“陛下以臣为耳目，臣以监察御史、按察司为耳目。倘非其人，是人之耳目先行闭塞，下情何由上达？帝嘉之，命御史台清其选。”①

元成宗对群臣劝谏较为支持，自己基本上也能做到虚心纳谏，曾在大德十一年（公元1307年）颁布诏令，要求群臣吏民上书劝谏。如：

《元典章·圣政·求直言》言：

“朕自即位以来，孜孜求治。四海之广，万机之众，岂能周知。……然恐下情不能上达，凡政令得失，军民利病，许诸人上书陈言。在内者呈省闻奏，在外者经由有司投进。若言无可采，并无罪责；如其可取，量加迁擢。”②

大德元年（公元1297年）大都路总管沙的因为贪赃枉法，按照律令应该被罢免，但成宗认为沙的是世祖故臣，不应该将其罢免，而应给予降职惩罚。御史中丞崔彧认为不可，于是上书进行劝谏，帝无奈只能说道：“卿和中书省的官员要以此为戒，若沙的再次犯罪，则处以死刑。”③虽然，成宗没有完全接受崔彧的谏议，但相比元朝其他君主好之甚多。

武宗对监察工作也较为重视，他认为御史台是主管官吏纪律的部门，关系到民生好坏、吏治清明和政事废举，责任非常重大。至大四年（公元1311年），武宗发诏令。如：

《元典章·圣政·肃台纲》言：

“风宪之官，职膺耳目，纠核百司，凡政之从违，民之休戚，言责所关，实要目重。吾今百度裁新，图治伊始，式遵世祖皇帝以来累朝成宪，名扬乃职，以肃政纲。”④

武宗虽对监察较为重视，但在执政过程中设立尚书省，以亲信管理财税，重用漠北旧部，滥行赏赐、滥封王爵和滥授官职，导致朝政松弛。如在世祖时，枢密院主要官吏设置为六人，武宗时期扩大到三十二人，武宗时期的监察主要针对汉人、南人，对蒙古贵族、色目贵族的监察极为松弛。⑤

武宗逝世后，仁宗继位，仁宗是元朝除世祖外汉化程度最深的皇帝，师从名儒李孟，继位之初就诛杀了武宗朝遗留下来的脱虎脱、三宝奴等贪赃枉

---

① 《元史》卷一百二十八《相威传》。

② 《元典章》卷二《圣政·求直言》。

③ 《新元史》卷九十六《刑法下》。

④ 《元典章》卷二《圣政·肃台纲》。

⑤ 李治安．元史十八讲 [M]．北京：中华书局，2014：204－206.

法之臣，废除尚书省，恢复科举制度。他纠正武宗时代的一些错误做法，废除达鲁花赤部分特权，本人对监察较为重视，总结编纂了风纪类书籍《风宪宏纲》，明确御史言官职权，监察御史张养浩曾言：

《风宪忠告·三事忠告》言：

“夫台宪之职，无内外远迩之分，凡有所知，皆得尽言以闻于上。虽在外苟知居中非人，纠而言之，可也。虽在内，苟知外官不法也，纠而言之，亦可也。”①

仁宗在位时，铁木迭儿担任中书省右丞相，贪赃枉法，收受贿赂，残害百姓，遭受四十余名内外监察御史联名上书弹劾，仁宗依照御史弹劾，下诏将其逮问。但铁木迭儿有太后庇护，此事最终未能得到公正处理。②

后英宗、泰定帝、幼主、明宗、文宗、宁宗等人对监察不甚重视，文宗时期侍讲学士揭傒斯曾想肃政纲纪、澄清吏治，重视御史台的监察工作。如：

《揭溪斯全集·序·送张掾序》言：

“夫今号称风宪者，下而肃政，上而台察，皆为朝廷耳目之寄，四海生民之命，以伐奸立善，扶纲振纪为职仁。”③

然而在大厦将倾，全国上下腐败成风，吏治浑浊的状况下，一二人之操守如萤火之光难以照亮漫漫黑夜。元朝末年，一方面，政治腐败极甚，赋税沉重而国库空虚，财政赤字加大，滥发纸币严重。另一方面，元朝对科举不太重视，官吏多为世袭或者推荐，蒙古本身文化落后，不认识汉文，所选官吏有的几乎签字画押尚且不能，何谈其行政能力，官场风气大坏。如：

《吴文正公集·赠史敏中侍亲还家序》言：

“数十年来，风俗大坏，居官者习于贪，无异盗娥，己不以为耻，人亦不以为怪，其间颇能自守者，千百不一二焉。”④

众多官吏只管贪污腐败，以聚敛钱财为上，没有几人把治理百姓，发展生产，劝课农桑放在心上。河南行省御史台官员范孟端曾在墙壁上写道：“人皆谓我不办事，天下办事有几人，”可见官吏懒政、懈政、怠政之形势。

元顺帝虽为元朝末帝，但其人相比元朝大多数皇帝较好，在驱逐宰相伯

---

① （元）张养浩．风宪忠告·三事忠告，哈尔滨：哈尔滨出版社，2004.

② 李治安．元史十八讲 [M]．北京：中华书局，2014：206.

③ 揭溪斯：《揭溪斯全集》卷四《送张掾序》。

④ 《吴文正公集》卷一十四《赠史敏中侍亲还家序》。

颜后，他任命有一定才能的脱脱为相，进行了以整顿吏治和整理财赋为核心的“至正更化”。其中整治吏治方面，尤其重视监察。如：

《元史·顺帝本纪四》言：

“作新风宪。在内之官有不法者，监察御史劾之；在外之官有不法者，行台监察御史劾之。”①

“风者，天地之使也，王者之声教也，故上行下效谓之风宪者，法则也。”

由此可知，元顺帝本人对监察持支持态度，他认为“风宪”具有两方面的内容，其一是进行监察教育；其二是执行监察法规。至正五年（公元1345年）鉴于吏治腐败，国弊民贫，顺帝派遣监察官吏分为十二组，分别巡视监察两浙江东道、江西福建道、江南湖广道、河南江北道、燕南山东道、河东陕西道、山北辽东道、云南行省、甘肃永昌道、四川行省、京畿道、海北海南广东道，察看吏治，检举不法。如：

《元史·顺帝本纪四》言：

“稽先朝成宪，遣官分道奉使宣抚，布朕德意，询民疾苦，疏涤冤滞，蠲除烦苛。体察官吏贤否，明加黜陟。”②

在巡视中，元顺帝给予监察官吏一定的自主权，凡五品及五品以下官吏，有不法行为者巡视官员可自行处理，四品及四品以上官吏可以先行停职，然后上书申请处理。地方百姓对巡视官吏的到来极为欢迎，此次中央政府巡视也产生了一定的监察作用。元顺帝虽有整顿吏治、扶大厦将倾的理想，亦有名相脱脱以为协助，但元朝入主中原后，数十年间横征暴敛，腐败统治，已成积重难返之势，最终在农民起义的战火硝烟中走向灭亡。

元朝监察思想的弊端，在于民族之间不平等的监察思想，自始至终元朝统治者都将广大汉人视作奴隶，虽有一二汉人在元朝初期得到世祖恩宠，但在统一全国后，直至元朝灭亡，元朝中枢之中未有汉人重臣。监察官吏的设定亦如是，御史台长官御史大夫非蒙古人不可，综元一朝，唯有贺惟一被顺帝改名“太平”后授予御史大夫之职。③元朝对南人极为苛刻，中央政府高

---

① 《元史》卷四十一《顺帝本纪四》。

② 《元史》卷四十一《顺帝本纪四》。

③ 萨孟武．中国社会政治史（宋元明卷）[M]．北京：生活·读书·新知三联书店，2018：266.

级官吏中几乎没有南人。如清人钱大昕所言：

《十驾斋养新录·杨世延杨多儿只皆色目》言：

“汉人有官至宰执者，而南人不得入台省。顺帝时稍用南人，而入参政者仅危素一人耳。”①

南人在元朝四等人中，遭受的剥削也是最严重的，元朝末年农民起义者大多来自南方，并最终推翻了元朝，与此有莫大的关系。

三、元朝时期的监察法规

元朝对中国古代监察制度推进最重要的方面在其完整的监察立法。元朝建立之初，以武力入主中原的蒙古族对法治建设并不十分重视，处理行政事务时多沿用金朝的《泰和律》。后来在汉族知识分子的建议下，以蒙古旧制为基础，参考唐、宋、辽、金四朝律法，于至元二十八年（公元 1291 年）颁布元朝第一部法典《至元新格》。

元朝的监察立法尤为严密，如至元五年颁布规范御史台职权的《设立宪台格例》三十六条，十四年颁布《行台体察等例》。至元六年颁布规范地方监察机构肃政廉访司职权的《察司体察等例》三十条，二十一年颁布《禁治察司等例》一十二条，二十三年颁布《察司巡案事理》，二十五年颁布《察司合察事理》七条，二十九年颁布《廉访司合成条例》六条等。这些法规的主要内容可以分为监察机构地位和职权范围的法规、监察官吏自身纪律及惩处的法规、考课监察方面的法规、行政监察方面的法规、经济监察方面的法规、司法监察方面的法规和军事监察方面的法规。

（一）监察机构自身地位和职权的法规

1. 中央监察机构的地位和职权

《设立宪台格例》言：

“弹劾中书省、枢密院、制国用使司等内外百官奸邪非违，肃清风俗，刷磨诸司案牍，并监察祭祀及出使之事。”②

---

① （清）钱大昕:《十驾斋养新录》卷九《杨世延杨多儿只皆色目》。

② 《元典章》卷五《台纲一》。

“中书省、枢密院、制国用使司凡有奏禀公事，与御史台官一同闻奏。”①

由上可知，御史台监察广度近乎无限，可以弹劾中书省、枢密院、治国用使司、刷磨诸司等行政、军事、财政、考核部门，此外地方官吏、祭祀礼仪、出使他国等御史台也可以监察。相比前朝，御史台地位取得较大提升，与中书省、枢密院、治国用使司地位几乎等同，凡有军国大事，则需要御史台同行上书。御史台取得了对中央政府其他机构的绝对监察权。

2. 地方监察机构的地位和职权

（1）行御史台地位和职权

元朝因版图辽阔，担忧监督不力，设立江南诸道行御史台和陕西诸道行御史台，行御史台与御史台监察的区域不同，三个御史台可视为三个监察区，行御史台官员设置和官吏品秩与中央御史台相同。②

《行台体察等例》言：

“弹劾行中书省、宣慰司及以下诸司官吏奸邪非违，刷磨案牍，行省、宣慰司委行台监察，其余官府并委提刑按察司。”③

行御史台和行中书省是平等关系而不是隶属关系，行御史台可以监督行中书省和宣慰司官吏，即可以监察弹劾省级官吏。监察御史向御史台上呈公文或进行通报称为“咨台”，向中书省上交公文称为“呈省”。

（2）提刑按察司（肃政廉访司）的地位和职权

至元六年（公元1269年），世祖于地方设置提刑按察司，后为了有效进行监察将其改为肃政廉访司以监察各路、县。提刑按察司是行御史台的下级机构，与宣抚司是平级单位，以监察地方官吏、打击谋逆、稳定地方为主要职责。如：

《察司体察等例》言：

“若有谋反叛逆，啸聚山林贼人，并许诸人火速告报。所属官司随即根捕，须管得获。其告首人，闻奏旌赏，强窃盗贼捕捉得获，钦依元奉给赏。如官司陈告，不即掩捕追理，及匿而不申者，仰提刑按察司究治。”④

---

① 《元典章》卷五《台纲一》。

② 《元史》卷八十六《百官志二》。

③ 《元典章》卷五《台纲一》。

④ 《元典章》卷六《台纲二》。

因提刑按察司为地方监察机构，直接监察府、县等地方官员，提刑按察使监察地方官吏的具体职权范围，将在行政监察、经济监察、司法监察和军事监察中详述。

（二）监察官吏自身纪律及惩处的法规

1. 监察官吏自身纪律要求

宋朝对监察官吏自身已有相关立法，以便规范监察官吏的行为，但不够全面。元朝监察法规不仅重视对被监察官吏的监察，而且重视对监察官吏自身的监察。防止监察官吏滥用职权，口含天宪，造成不公的现象。如：

《察司体察等例》言：

“提刑按察司非奉朝命，不得擅自离职。”①

“提刑按察司有声迹不好者，仰御史台体察，虽未任满，许行奏代本司除额。定官吏不得擅自增设员数，安置各官门下私己之人，非公厅不得接受词状，如遇巡按许行接受。”②

“应有其余合行公事，照依累降圣旨事意施行，若事关利害，申台呈省。”③

再如：

《廉访司合行条例》言：

“年终检校所在监治去处，能使官吏廉勤，不敢违法。凡事办集不致扰民，非因天灾流行，百姓安业，则为称职。其有习弊不改，败事扰民之人，若无所看循纠治得当者，亦如之。圣旨已有定例，其余在任官员，比及来岁将终，视其有治效最多，并败事为甚者，各备事迹，等候省台差去官员到彼移文复察。”④

综上所述，监察官吏自身也具有监察纪律要求。如提刑按察使，如果没有奉命公干，则不能擅离职守；监察官吏的名额固定，不可以随意添加；监察部门非巡视工作期间，不可以随意接受诉状，以防监察官吏权限过大，侵入行政权中。此外，要求地方监察机关服从御史台的管理，以维护最高监察机关的权威。一般监察事件，按照相关法规实施，若事态严重，则上报御史

---

① 《元典章》卷六《台纲二》。

② 《元典章》卷六《台纲二》。

③ 《元典章》卷六《台纲二》。

④ 《元典章》卷六《台纲二》。

台等待命令再进行处理。

地方监察官吏应对被监察官员的工作业绩详细考察，除天灾外，其余不称职的行为全部记录在案，等待御史台官吏巡视督察时移交。此外，相关法律规定肃政廉访司官员到任十日之内，必须前往各路进行巡视监察，并将结果上报御史台，如不能按期完成，则会遭受严厉惩处。① 巡视期间，地方官府尚未决断之事，监察官员不能仅凭借原告一纸诉状，前往地方行政机关要求翻阅卷宗，进行审判。②

2. 监察官吏自身惩处规定

因元朝监察法规完善，监察官吏权力较强，为了防止监察官吏贪污腐败、以权谋私，遂对其进行较为严格的要求。元朝对监察官吏的惩处规定主要体现在至元二十一年（公元1284年）颁布的《禁治察司等例》中，具体内容共有十二条。如：

《禁治察司等例》言：

“按察司官吏因事取受者，依至元十九年圣旨条画断罪。

“凡在司或巡按，并不得与各路府州司县应管公事官吏人等私同宴饮。

不得因生日、节辰、送路、洗尘受诸人礼物。违者，以赃论。

“如遇巡按差役，止宜于各处馆驿或麻内安下，不得辄居本处吏民之家。

“遇巡按差使，验元定正从人数，分例应副，不得于正支应外，多余取要。如违，赃论。

“巡按去处并不得求娶妻妾，如违，治罪。

“不得以私己事役使公吏人等。

“任所并巡按去处，并不得拜识亲眷，因而受人献贺财物。如违，以赃论。

“如遇巡按去处，不得买货物及阴使官吏置造私己应用诸物，或于系官局院带造物件。如违，计取得利息以赃罚论。

“遇巡按，将引书史、书吏人等合骑铺马数目，钦依圣旨条画施行。除外，不得将带妻子亲眷闲人，并长行马匹同行。如违，治罪。

“不得将门下带行人员分付各路府州司县官司委用。

① 《元典章》卷六《台纲二》。

② 《元典章》卷六《台纲二》。

“书史、书吏、奏差人等宿娼饮会，已经遍行禁治。违者。依条断罪。”①

以上对监察官吏的惩处可分为三类：

其一为违反工作作风方面的惩处。如监察官吏巡视之时不得和路、府、州、县官吏私下宴饮；巡视过程中不可以娶妻、纳妾；会同前去的书史、书吏、奏差等人不可嫖娼、宴饮。凡违反以上规定，监察官吏将遭受严惩。

其二为违反行政纪律方面的惩处。如监察官吏在巡视中只能居住在国家规定的场所，不能居住在官吏或百姓家中；不能因自己私人的事情而役使政府人员；在巡视中不能与妻子、亲戚同行；随行人员因公支出应按照国家标准，不可超额花费；不可将随从人员安排至地方政府，干涉行政选举。凡违反以上规定，监察官吏亦遭受严惩。

其三为贪赃枉法方面的惩处。如监察官员在巡视中不能因生日、过节、送别、接风等理由，接受地方官吏的礼物；不能拜认亲眷，接受礼物；不能买卖货物、让地方官吏为自己买卖或将公家之物据为己有；凡违反以上规定的监察官吏皆以贪赃罪惩处。

（三）考课监察方面的法规

1. 监察官吏自身的考课法规

元朝无论是肃政廉访司官吏，或是地方其他监察官员，一般都由御史台进行考课。考课结果分为称职和不称职两种，凡自己监察区域内行政清明、官无违法、民无冤狱、整体镇静视为“称职”。② 凡官吏残暴、民多冤狱、所巡不实、专务苛细是为“不称职”，③ 此外，还应当考课监察官吏追到赃款的数量，弹劾官吏的数量和举荐人才是否合理等。以考课结果作为监察官员升迁、贬斥的标准，对违法乱纪的监察官员依法惩处。

2. 被监察官吏的考课法规

元朝对其他官吏的考课并不完全以御史台的意见为主，中央政府最高行政部门中书省负责京城内所有职官的考核，中书省下属吏部负责所有外任官吏的考核，御史台和肃政廉访司负责地方各级派遣官吏的考核。④ 为了防止

---

① 《元典章》卷六《台纲二》。

② 《元典章》卷五《台纲一》。

③ 《元典章》卷五《台纲一》。

④ 邱永明．中国古代监察制度史 [M]．上海：上海人民出版社，2006：367.

在考课过程中某些部门以权谋私，营私舞弊，致使考核结果失真，所有官吏的考核结果将由御史台进行检验复审。最终的年终考核“殿”“最”者各一人，“殿”者受到惩罚，“最”者予以赏赐。①

（四）行政监察方面的法规

元朝行政监察的法规数量较多，中央御史台监察法规《设立宪台格例》、行御史台监察法规《行台体察等例》、地方按察使监察法规《察司体察等例》中有较多关于行政监察方面的内容。如：

《设立宪台格例》言：

“应合迁转官员，如任满不行迁转，或迁转不依格者，委监察纠察，仍令监选。”②

“诸孤老幼疾人贫穷不能自存者，仰本路官司验实，官为养济。应养济而不收养，或不如法者，委监察纠察。”③

“诸求仕及诉讼人，若于应管公事官员私第谒托者，委监察纠察。”④

“诸官吏入茶坊酒肆者，委监察纠察。”⑤

以上所选取的行政监察法规是《设立宪台格例》中行政监察方面较为有代表性的四条，代表了行政监察法规中官吏升迁、民生责任、求官诉讼、吃喝宴饮四个方面的内容。根据上述及《设立宪台格例》中的其他规定，官员在任年限已满，按规定应该迁转而不行迁转或迁转不按照规定的，监察官吏需对此进行重点监察，没有遵奉中央政府命令擅自升迁官吏的，也需进行监察。地方贫苦百姓生活不能自理，需官府赡养，应该赡养而没有赡养或赡养不合法规的，需监察官吏进行监察。预想求官或者诉讼人员案情未结束，私下面见官员的，需进行监察。官员随意出入茶坊酒肆吃吃喝喝，懒政、怠政的，需进行监察，此外还有对官吏贪赃枉法的监察规定。

再如：

《行台体察等例》言：

---

① 《元典章》卷一《圣政》。
② 《元典章》卷五《台纲一》。
③ 《元典章》卷五《台纲一》。
④ 《元典章》卷五《台纲一》。
⑤ 《元典章》卷五《台纲一》。

“自行御史台到任日为始，凡察到诸职官赃罪，追问是实，若罪至断罢停职者，咨台闻奏。其余盗官财者，虽在行台已前，并听纠察。

“诸色官吏私使系官船只诸物者，纠察。

“职官若有老病不胜职任者，委监察体究。

“官员权豪之家，较固山林川泽之利，及妄生事端，恐吓小民，田宅诸物或恃势侵夺者，纠察。

“诸官员，除正名破使人从外，占使军民者，纠察。

“守土官司火禁不严，以致疏失者，纠察。仍须常切申明火禁。朝廷所行政令，承受官司稽缓不行，或虽已施行而不复检举，致有驰废者，纠察。”[①]

行御史台是连接江南十道监察区、陕西四道监察区和中央御史台的桥梁，《行台体察等例》是根据《设立宪台格例》的精神和主旨所仿制。如上所示，《行台体察等例》中对官吏贪赃枉法、色目官吏私自使用官方船只谋取私利、官吏火禁不严格等行为的监察规定。《行台体察等例》中最特殊的一条是对地方豪强的监察规定，经唐末五代的长期战乱，阀士族基本退出了历史舞台，宋朝的士人政府形成了地方乡绅阶层。但蒙元入主中原后，蒙古、色目及少数汉人贵族，通过强取豪夺土地、人口，形成了新的地方豪强。此等“豪强”与三国两晋南北朝时期的豪强不同，只有其消极的一面，无其家学人伦积极的一面，对历史发展而言，是历史的一种倒退。

再如：

《察司体察等例》言：

“各路在逃军民并漏籍户计，仰本处官吏、主首人等，常切用心收拾，尽数申报。如有隐藏占使，私取差发者，仰究治施行。

“各路民户合纳丝银、税粮、差发，照依已立限期征纳，不得违限并征，仰常切体究。若百姓自愿并纳者，听。

“诸公使人员，若非理搔（骚）扰，各处官司因事取受钱物者，仰体究得实，申台呈省。

“察到职官污滥罪犯，每上、下半年类申御史台，合速申者，逐旋申覆（复）。若年老及虽未年老而病不胜职者，皆相验明白，申台呈省。如有清廉

---

① 《元典章》卷五《台纲一》。

才干者，亦仰开坐实迹申呈。”[①]

相比中央御史台法规《设立宪台格例》和行御史台法规《行台体察等例》，按察司的监察法规《察司体察等例》更为具体、明确。按察司作为地方低级监察机构，直接和地方政府官吏交通，关系到地方政权的稳定和百姓的切身利益。所以如上所示，按察司需监察地方在逃及藏匿人口的真实数据，以确定国力及稳定赋税；凡各路所缴纳的银、丝、粮和征发的劳役需按规定征收，违反者由按察使进行监察处理；地方官吏不可无故骚扰百姓，有贪污腐败或懒政、怠政等行为，按察司需严加处理。

（三）经济监察方面的法规

官员有双重社会属性，既是个体的存在，又是行使国家权力的代表。因其地位和职权的特殊性，更易利用职权获得非法财物。蒙古族本身人丁稀少，总共不过七万余户，[②]文物典章较为落后，二等色目人也不能深刻了解汉族的政治技术和政治责任，元朝官员大多以谋财取利为上。所以，更需要对官员进行经济方面的监察，使其不至于横征暴敛，造成统治危机。《设立宪台格例》中对官吏经济监察的条款如下：

《设立宪台格例》言：

“随路总管府、统军司、转运司、漕运司、监司及大府监并应管财物造作司，分随色文帐（账），委监察每季照刷。

“官为和买诸物，如不依时价，冒支官钱，或其中扣减给散不实者，委监察纠察。

“诸官吏将官物侵使或移易借贷者，委监察纠察。

“诸官吏乞受钱物，委监察纠察。

“诸院务监当官办到课程，除正额外，若有办到增余，不尽实到官者，委监察纠察。

“应营造役工匠之处，委监察随事弹纠。

“私盐、酒曲并应禁物货，及盗贼生发、藏匿处所，若官司禁断不严缉捕怠慢者，委监察随事纠察。

---

① 《元典章》卷六《台纲二》。

② 多桑．多桑蒙古史（下）[M]．冯承钧译，北京：商务印书馆，2013：178.

“沮坏钞法涩滞者，委监察纠察。”[①]

以上经济监察可分为七个方面，其一为财经制度方面的监察，凡和政府赋税、造作有关的部门需建立完善的账簿，监察官吏需每季度进行审计核对。其二为公款买卖方面的监察，官吏用公款买卖时，不符合当时市场价格、多支公款或暗中收取回扣的，需对此严加监察。其三为官方财物方面的监察，官吏不得私自侵吞政府财物，不得将官方财物进行市场借贷，谋取私利。其四为贪污受贿方面的监察，官吏不可贪污受贿。其五为工程建设方面的监察，政府进行工程建设时需监察官吏跟随监督，凡有不法行为监察官吏需进行弹劾。其六为政府专营方面的监察，盐、酒曲为政府专卖，凡有官员私卖监察官吏需及时处理。其七为货币管理方面的监察，凡官吏有故意损坏货币、制造假币等行为，监察官吏需及时监察。

再如：

《行台体察等例》言：

“管屯田、营田官司不为用心措置，以致无成者，纠察。

“大兵渡江以来，田野之民不无骚动。今已抚定，宜安本业，仰各处正官每岁劝课。如无成效者，纠察。

“蝗生发，官司不即打捕、申报，及申验灾伤不实者，纠察。”[②]

可见，行御史台比御史台在经济监察方面更为细致，主要监察官员劝课农桑、发展经济的情形。如管理屯田的官吏需勤于公事，用心处置，劝课农桑不能毫无成效；若地方发生蝗灾，辖区官员需及时打捕并向上级上报，上报的灾害损失应与实际相符。若未能做到以上要求，监察官员将严加处分。

元朝对官吏的经济监察确实比前朝更为详细、规范，但从其立国与监察的本质而言，除少数人法自公心外，其余君臣并非为了教养百姓的政治责任而进行经济监察，而是为了能够更好地横征暴敛、征收赋税和征发劳役，满足自身骄奢淫逸的生活需要。

（四）司法监察方面的法规

唐宋时期凡遇到大案要犯，均由刑部、大理寺和御史台会同审理，以求

① 《元典章》卷五《台纲一》。

② 《元典章》卷五《台纲一》。

公正。元朝废除了大理寺，中央政府司法机构变为御史台和刑部，且御史台参与司法审判比之唐宋更广泛，司法监察权力更大，所以司法监察方面的法规对其提出了一系列要求。如：

《设立宪台格例》言：

“诸罪囚枷锁监禁之例，各以所犯斟酌，干连人不关利害及虽正犯而罪轻者，召保听候，毋致非理死损。违者，纠察。

“刑名词讼，若审听不明及拟断不当，释其有罪，刑及无辜，或官吏受财故有出入，一切违枉者，纠察。

“司狱司直隶本台，非官府不得私置牢狱。

“诸承追取合审重囚，及应照刷文卷漏报者，纠察。

“诸诉讼人，先从本管官司自下而上依理陈告，如有冤抑，经行中书省理断。不当者，仰行御史台纠察。

“枉被囚禁及不合拷讯之人，并从初不应受理之事，纠察。

“诸罪囚称冤，按验得实，开坐事因，行移元问官司，即行归结改正。诸违行御史台指挥，及上御史台诉以不实，或诉讼人咆哮陵忽者，并行断罪。”①

元朝监察部门在司法监察方面职权广泛，主要表现在司法程序监察、审判监察和复审监察三个方面。司法程序方面，根据元朝法律规定每年三月一日至十月一日为农桑繁忙时期，此期间政府部门对民事案件不予立案，除此之外其他时间可进行民事诉讼，官吏不能该立案而不立案或不该立案而立案；原告诉讼之时应从低级部门开始起诉，层层审理直至中书省；上级部门审理重犯、要犯时应详细查看案宗，除官府外不能私设牢狱，不能在不合规矩的情形下对犯人严刑拷打，防止屈打成招；御史台官吏在地方官吏审理案件未曾结束时，不能仅仅按照原告或者被告一面之词去提取卷宗。凡有以上违反司法程序的行为，需严加监察。

在审判监察方面，元朝规定官吏判案时应公正严明，依照律法判案。凡是官吏判定罪责时有失公允、常年不判、屈打成招、收受贿赂等，将由监察机关直接取证监察，进行“录囚”。监察官吏不仅需要审理案件，还需监察审判人是否依法断案。“录囚”范围较广，下至省府州县的案件，上至中书省的案件都可进行“录囚”。

① 《元典章》卷五《台纲一》。

复审监察方面，元朝律法规定杖刑以下刑罚州府即可以判定，徒罪总管府判定后，申报上级备案审批，流罪以上需要地方监察部门肃政廉访司批准才可实施。至于死刑案件，需上报提刑按察司再次审理，确保无误后上报中书省，待其批准后才可执行。

（五）军事监察方面的法规

元朝军队在攻城略地、镇压反动和稳定统治方面发挥了重要作用，士兵按照民族可分为蒙古军、探马赤军、新附军和汉军，分别主要由蒙古本族、色目人、金军和北方汉人武装、南宋投降军队组成。[①] 蒙元上层对军队极为重视，全国军队的数目除皇帝和枢密院少数高官外，兵部尚书尚且不知。统治者对军事监察的要求较为细致。如：

《行台体察等例》言：

“边境有声息者，不即申报者，纠察。

“随处镇戍，若约束号令不严，衣甲器仗不整，或管军官取受钱物，放军离役，并虚申逃亡，冒私代替，及私自占使商贩营运，或作佃户，一切不公，并仰纠察。

“管军官不为约束军人，致令掠卖归附人口，或诱说良人为驱，一切骚扰百姓者，纠弹。

“管军官申报战守功劳，狗私不实者，纠察。

“把军官起补逃亡军人，存心作弊，骚扰军户、军前不得实用者，纠察。”[②]

《设立宪台格例》中也有四条关于军事监察的法规，基本内容与《行台体察等例》类似，只是《行台体察等例》更为详细，遂将其略去不表。军事监察的要求体现在五个方面。其一为军事情报方面，边境有敌对势力的军事行动或意图进行军事行动，需立即上报。其二为军事纪律方面，军事将领需军令严明，士兵衣甲整洁，不可贪污腐败，违反军规。其三为军民关系方面，军队不可私自强迫商贩经商，或者掠夺、买卖人口及有其他骚扰百姓的行为。其四为战功申报方面，将领申报战功应据实上奏，不可弄虚作假。其五为征召士兵方面，士兵逃亡所需增补时，应严格公正择优选取，不可随意骚扰军

① 李治安．元史十八讲 [M]．北京：中华书局，2014：108－112.

② 《元典章》卷五《台纲一》。

户。监察官吏将对以上要求严加监察。

元朝的监察法规相比前朝更为系统和完善，而且为明清时期监察法规的制定提供了重要参考。但是，也应该看到元朝法令虽明却执行不力，或言之元朝统治阶级不想完全执行，监察法规在多数情况下，只是用于监察汉人及南人官吏，对蒙古、色目官吏约束较小。

四、元朝时期的监察体制

元朝建国之初，耶律楚材依照辽朝旧制，设置中书省而不设置尚书省。后刘秉忠、许衡二人参考金朝制度，不设门下省，于是元朝形成了中书一省制。中书省下设中书令、左右丞相、平章政事、左右丞、参政等官职，分设吏、户、礼、兵、刑、工六部。元朝以枢密院掌管军务，下设知院、同知、副使等官，中书省中书令和枢密院知院一般由太子担任，主要官吏多为蒙古、色目人。①

地方建立行省制度，除河北、山东、山西属中书省直辖的腹地，其余地区共分为十一个行省，分别是河南江北行省、江浙行省、江西行省、湖广行省、陕西行省、四川行省、辽宁行省、甘肃行省、岭北行省、云南行省、征东行省。“行省”意为中书省的派出机构，行省之下一般为路、府、州、县四级，以蒙古人为达鲁花赤，担任政府主官。②

元朝监察体制以中央御史台为核心，以地方行御史台为重点，二十二道肃政廉访司为网络，从而建立起从上到下的监察体系。相比唐宋时期的监察，元朝监察官吏职权明确、位高权重、分工细致，组织更为严密。

（一）御史台监察体制

元朝开国之初，世祖对监察工作尤为重视，曾将御史台视为医治中书省、枢密院的机构，中统、至元年间汉人张雄飞、高智耀，色目人廉希宪先后奏请设立御史台。至元五年（公元 1268 年），御史台正式设立。

具体官制如下：

---

① 萨孟武．中国社会政治史（宋元明卷）[M]．北京：生活·读书·新知三联书店，2018：291－295.

② 傅乐成．中国通史（下）[M]．北京：中信出版社，2014：548－549.

御史大夫。至元五年御史台初设，设置御史大夫两员，品秩为从二品，至元二十一年提升至从一品。御史大夫品秩相比唐宋有所提高，御史台摆脱了宰相的控制，可对中书省和枢密院进行监察，真正成为国家最高监察机关，此非世祖心血来潮之举，而是中央政府成为中书一省后分权制衡思想的体现。①

御史中丞。正元五年设，御史中丞品秩为从三品，二十一年提升为正三品，二十七年为从二品，大德十一年为正二品。额定二人，为御史台副贰。②

殿中侍御史。至元五年设，殿中侍御史品秩为正七品，后提升为正四品。掌管御史台下设机构殿中司。殿中侍御史主要职责有三，其一在朝会、祭祀等重大场合纠察百官礼仪；其二主管京城百官请假、销假、无故旷工等事宜；其三大臣入内商议军国大事，对所需回避事宜进行纠避。③

治书侍御史，额定二员，品秩为从二品。④

监察御史，品秩为正七品。至元五年御史台初设时有汉人十一人，至元八年增加六位监察御史，至元十九年增加十一位监察御史。这一年，开始参用蒙古人为监察御史，主要负责监察百官，弹劾非法。⑤

此外尚有其他办事官吏。

元朝中央御史台设置及职权与唐宋时期相比除上述外，还有以下两点变化，其一，唐朝御史台以御史大夫为主官，御史中丞为御史台副贰，下属设置为“三院”，分别为台院（侍御史）、殿院（殿中侍御史）、察院（监察御史），职权分工明确，各有所司。宋朝前期御史大夫多为加官，以御史中丞主持台务，虽设置“三院”，但台院为御史台副贰侍御史掌管，仅此一人，三院名目得以保全。元朝撤去台院，将殿院改称“殿中司”，察院有监察御史三十二名，“三院”变为“二院”。其二，唐朝设置谏官，宋朝谏官有自己的独立机构“谏院”，元朝建立中书一省制度后，中央政府不置谏官，御史台除了监察百官外，还有谏议皇帝的职责。⑥

---

① 《元典章》卷五《台纲一》。

② 《元典章》卷五《台纲一》。

③ 《元典章》卷五《台纲一》。

④ 《元典章》卷五《台纲一》。

⑤ 《元典章》卷五《台纲一》。

⑥ 《元史》卷八十六《百官志二》。

（二）行御史台监察体制

元朝监察制度方面的重大创举是创建了行御史台，行御史台之于御史台亦如行中书省之于中书省，是其派出机构。元朝先后建立四个行御史台，分别为云南行御史台、江南行御史台、陕西行御史台和河西行御史台，后因各种原因，裁撤云南行御史台和河西行御史台，定制为两个行御史台。如：

《宪台通纪．·南台备要》言：

“大德元年十月初三日，御史台承奉中书省札付：奏准整治御史台事内，行台除授官员集会翰林院，官议行建康行台为江南诸道行御史台，京兆行台为陕西诸道行御史台。”①

江南行御史台和陕西行御史台由此设立。

1. 江南行御史台

元朝灭亡南宋后以占领者自居，但没有安抚百姓的办法，所用官吏多为贪官污吏，江南百姓不堪其苦，民心思变。元朝为稳定统治，在监察御史田滋的建议下，忽必烈于扬州设置江南行御史台，后先后迁往杭州、江州，最后定为南京，官吏设置同中央御史台。如：

《元史·世祖纪九》言：

“设官秩如同内台，置大夫一员，中丞二员，侍御史二员，治书侍御史二员，经历一员，都事二员，照磨一员，架阁库管勾一员，承发管勾兼御丞一员，令史一十六人，译史四人，回回缘史，通事，知印各二人，宣使十人，典吏库子，台医各有差。”②

江南行御史台监察范围为江浙行省、湖广行省和江西行省，管辖江东、江西、浙东、浙西、湖北、湖南、广东、广西、福建和海南十道提刑按察司，监察官吏，纠弹非法。

2. 陕西行御史台

陕西、甘肃两省位于中原和西域交界之地，元朝诸王大军往来多依靠陕

---

① 赵承禧等编撰．宪台通纪（外三种）[M]．王晓欣点校．浙江：生活·读书·新知三联书店，浙江古籍出版社，2002：168.

② 《元史》卷十二《世祖纪九》。

甘两省的钱粮供应，云南、四川两行省形势稍好。若在云南设立行御史台，而陕西、甘肃、四川设立肃政廉访司有本末倒置之感，于是将云南行御史台撤销设立云南肃政廉访司，在陕西设立陕西行御史台，下辖陕西、甘肃、云南、四川四道肃政廉访司。官吏设置及品秩如同中央御史台。

江南行御史台和陕西行御史台的设置除了监察百官外，还有明显的政治、军事意义。江南御史台主管南宋故土，陕西行御史台除陕甘重地外，云南、贵州两省地理位置特殊，地理单元较为独立，汉族与少数民族杂处，民族情形复杂。设立行台可以有效地监察百官，促进地方稳定。

（三）肃政廉访司监察制度

肃政廉访司原称提刑按察司，是元初仿效宋制建立的监察机构。至元六年（公元 1340 年）世祖设立山东东西道、河东陕西道、山北东西道、河北河南道四道提刑按察司，长官为提刑按察使，主管监察事务。至元十四年又增设八道，后权臣卢世荣、桑哥等为聚敛财富，欲将提刑按察司改为提刑转运司，但因群臣反对而未能成功。

世祖至元二十八年，桑哥因事伏诛，为整顿吏治，澄清朝政，强化监察，将提刑按察司改为肃政廉访司，肃政廉访司多次变迁，最终确定为二十二道。分属中央御史台及陕西、江南行御史台，具体划分如下：

中央御史台下辖八道肃政廉访司，称为“内八道”，详情如下：

山东东西道，置司济南路，在今山东济南。

河东山西道，置司冀宁路，在今山西太原。

燕南河北道，置司真定路，在今河北正定。

江北河南道，置司汴梁路，在今河南开封。

山南江北道，置司中兴路，在今湖北江陵。

淮西江北道，置司庐山路，在今安徽合肥。

江北淮东道，置司扬州路，在今江苏扬州。

山北辽东道，置司大宁路，在今辽宁宁城。[①]

陕西行御史台下辖四道肃政廉访司，详情如下：

---

① 萨孟武．中国社会政治史（宋元明卷）[M]．北京：生活·读书·新知三联书店，2018：307－309.

陕西汉中道，置司凤翔路，在今陕西凤翔。

河西陇北道，置司甘州路，在今甘肃张掖。

西蜀四川道，置司成都路，在今四川成都。

云南诸路道，置司中庆路，在今云南昆明。①

江南行御史台下辖十道肃政廉访司，详情如下：

江东建康道，置司宁国路，在今安徽宣城。

江西湖东道，置司龙兴路，在今江西南昌。

江南浙西道，置司杭州路，在今浙江杭州。

浙东海右道，置司婺州，在今浙江金华。

江南湖北道，置司武昌路，在今湖北武汉。

岭北湖南道，置司天临，在今湖南长沙。

岭南广西道，置司静江路，在今广西桂林。

海北广东道，置司广州路，在今广东广州。

海北海南道，置司雷州路，在今广东海康。

福建闽海道，置司福州路，在今福建福州。②

每道肃政廉访司设立肃政廉访使二人，品秩为正三品；肃政廉访副使二人，品秩为正四品；佥事四人，品秩为正五品；经历一人，品秩为正七品，其余人员尚有知事、照磨兼官勾、书吏、译史、通事、奏差、典吏等。③肃政廉访司官吏职权有以下五种。

其一为监察官吏，弹劾不法。肃政廉访司设立之初的目的是监察官吏贪污犯罪，级别和行省平级，可监察行省官吏，也可按照朝廷诏令越区监察，因此权力日盛，导致官员不满。顺帝至正七年（公元1347）规定，肃政廉访司不可越“道”监察，只能监察自己管辖之人事。

其二为进行刷卷，处罚官吏。照刷文卷简称刷卷，是审计官府文书档案，借此考察官员政绩，此种监察方式在唐朝时期已有，称为检校文案。元朝将此作为一种严格的文书检查制度，肃政廉访司官员在刷卷中，若确定官吏有

---

① 萨孟武．中国社会政治史（宋元明卷）[M]．北京：生活·读书·新知三联书店，2018：307－309.

② 萨孟武．中国社会政治史（宋元明卷）[M]．北京：生活·读书·新知三联书店，2018：307－309.

③ 《元史》卷八十六《百官志二》。

不法行为，可直接进行处罚，但重大案件须上报御史台及中央政府。

其三为兼管刑狱，进行复审。每半年肃政廉访司官吏对重大案件复审一次，详细查阅卷宗或直接提调当事人进行再次审理，确保无误后可将案件上交总管府，再行上报中央。若发现问题可推翻原有结论，重新审理。此外，肃政廉访司官吏还有对上期未判决案例的复审权、接受官军民等状告喇嘛等涉及宗教性质案件的审判权。

其四为选贤举能，督责科举。元朝肃政廉访司除了监察权力外，还有为国家举荐人才的职责，肃政廉访司官吏在巡查过程中若发现人才，可将其带到肃政廉访司衙门，再行详细考察，有才学者可向行省及中央举荐。元朝不甚重视科举，官吏多为世袭或者推荐，在少数几次开科取士时，要求地方举荐举子，肃政廉访司官吏可对此进行监察，以防徇私舞弊。

其五为赈济灾民，劝课农桑。肃政廉访司除了有监察权力外，还有一定的行政权力。当地方发生灾荒时，中书省对官吏汇报并不完全相信，需派肃政廉访司官员进行现场考察之后将详情上报中书省。特殊情况下，肃政廉访司官员可便宜行事，开仓放粮。元朝前期将劝农司并入了肃政廉访司，增减佥事二人，凡地方官民不积极农事，有懒农、懈农行为，肃政廉访司可直接对当事人进行惩处。

五、元朝时期监察的特点

元朝以蒙古族入主中原，旋而一统天下，其领土之广大，北越漠北，南及南洋，东至于海，西跨西域，是中国古代领土最广的朝代。中国古代正统之说在取天下以“正”，“统”天下于一。[①] 但按照朱熹之说能统一中华，即有资格成为正统，[②] 这种说法得到元朝知识分子的认可，因此元朝也成为中国古代正统王朝之一。元朝的监察简单明了，职权分明，去除了汉、隋、唐、宋时期的重复监察，也为明、清时期监察思想、法规、制度的形成提供了借鉴，具体特点如下。

---

① 《晋书》卷八十二《习凿齿传》。

② 萨孟武．中国社会政治史（宋元明卷）[M]．北京：生活·读书·新知三联书店，2018：253.

其一，元朝监察法规制定完善，但执行不力。元朝监察最为耀眼之处在于监察法规的严密与完善，改变了之前历朝监察法规简洁、零散的特点。中央御史台有监察法规《设立宪台格例》，地方行御史台有监察法规《行台体察等例》，肃政廉访司有监察法规《察司体察等例》，有对监察官吏自身职责进行约束的《禁治察司等例》及其他一大批监察法规，明确了各级监察官吏的监察职权。但元朝颁行的监察法规大多未能执行，这和元朝以少数民族建立政权，自身民族人丁稀少，文化落后有绝对关系，监察法规多用于监察汉人、南人中下层官吏，对蒙古人、色目人官吏无法进行有效监察。

其二，监察制度建设简单有效，但地方军事、行政官吏职权过大，难以有效监察。元朝中央设立御史台，地方设立行御史台、二十二道肃政廉访司，职权分明，可以进行有序的垂直和纵向监察，也去除了汉、隋、唐、宋时期的重复监察，监察部门的地位和权限得到较大提高，御史大夫成为一品高官。但元朝在近百年的统治中无汉族政府的政治理想，亦不知道何为政治责任，以横征暴敛、镇压反抗为主要职责。严重依赖军事，导致地方军事和行政机关职权过大，监察部门的监察职权往往为地方军事、行政职权让路，难以进行有效监察。

其三，监察官员所用非人，导致官吏贪污腐败，残害百姓成风。元朝选官用人，各级政府主官必须为蒙古人，取士之法多论其根脚。综观元朝，中央政府及地方达鲁花赤未有几个汉人、南人。监察官吏的选举也是如此，御史台御史大夫、殿中侍御史非国姓不授，御史中丞虽有不少汉人，但多为北方辽、金名臣之后，或有功于蒙古的功勋子弟，极其排斥南人。但因蒙古、色目人中能够胜任台宪职责的官吏极少，导致监察官职多为空缺。元朝世祖以降直至元朝灭亡，包括监察官吏在内，官吏贪残害民不绝于史书。

其四，谏议制度被废除，专制主义皇权继续强化。汉、隋、唐多以制度来约束皇权，强化谏议职能。虽有一二君主“不喜人谏”，但总体对谏议制度及谏议官吏保持基本尊重的态度。宋朝以养士之文风和士人之气节对皇权也形成了一定约束，并设有独立谏议机构“谏院”。元朝实行中书一省制，实为将唐朝尚书省的职权全部归属中书省，将原属于中书省、门下省的所有谏官裁撤。台谏完全合一，御史既有监察百官之职权又有谏议皇帝的权力，但多用以监察百官，专制主义皇权继续强化。

第七章　明朝：中国古代监察法制的继续强化

一、明朝时期的政治和社会背景

元朝末年政治腐败，水旱灾难多发，官府虐民无度，因而民变四起，栾城韩山童烧香惑众，以弥勒下凡相号召，与颍州刘福通商议起兵，事泄被诛。福通遂拥立韩山童子韩林儿为主，至正十五年（公元 1355 年）韩林儿称帝，号为“小明王”，建国号“宋”。①后天下群雄纷纷起兵，徐寿辉占据江西、湖广，后基业被陈友谅篡夺，②张士诚崛起浙西，自立吴王，③方国珍屡降屡叛，占据浙东，④明玉珍称雄四川，⑤陈友定举兵福建。⑥其余较小的诸侯不可胜数。

明太祖朱元璋，今安徽凤阳人，为人善于权谋，骁勇善战，果敢勇毅，投奔濠州郭子兴后屡立大功。至正十五年，郭子兴病逝，元璋得统其众，于次年攻陷南京，遂成一方霸主。但其势力东有张士诚，西有陈友谅，夹在两雄之间。太祖采用“先强后弱”之策，于鄱阳湖水战歼灭陈友谅主力，次年平定友谅残余势力。至正二十六年（公元 1366 年）进攻张士诚，越明年，平定张士诚及浙东方国珍所部，并派遣徐达、常遇春进行北伐。至正二十八年（公元 1368 年）称帝，以“明”为国号，改元“洪武”，至洪武十五年平定云南，中国复得一统。⑦太祖出身卑微，深知民间疾苦，在位期间轻徭薄赋，整顿吏治，改变了元朝的政治风气，但太祖“家天下”思想强烈，在位期间分封

---

① 《明史》卷一百二十二《韩林儿传》。

② 《明史》卷一百二十三《陈友谅传》。

③ 《明史》卷一百二十三《张士诚传》。

④ 《明史》卷一百二十三《方国珍传》。

⑤ 《明史》卷一百二十三《明玉珍传》。

⑥ 《明史》卷一百二十四《陈友定传》。

⑦ 《明史》卷一《太祖纪一》。

诸王，废除宰相，兴文字狱，都给后世造成了不良影响。

因太子朱标早逝，太孙朱允炆继位，太祖四子燕王朱棣以“靖难”为号，起兵谋反，后攻陷南京，是为成祖。成祖其人颇有父风，勤于政事，厉行节俭，但治国方略亦为粗暴。他在位期间北征鞑靼，南定安南，西平南蛮，东御倭寇，远通西洋，但文治实有不足。

成祖逝世后，仁、宣二帝先后继位，改变了明初的政治风气，号为中兴。正统十四年（公元 1449 年）英宗在宦官王振的蛊惑下，北击瓦剌造成“土木堡之变”，数十万明军精锐被歼，英宗被俘。消息传回都城，成王朱祁钰监国，后在兵部尚书于谦等人的拥戴下称帝，是为景帝。瓦剌首领也先挟英宗进攻北京，多次战败后与明朝议和，放回英宗。景泰八年（公元 1457 年）英宗发动政变，宣布复位，改元天顺。

后宪宗、孝宗、武宗先后继位，武宗时宦官专政日甚，以刘瑾为首的“八虎”把持朝政，以致政治腐败。宁王朱宸濠素有不臣之心，于正德十四年（公元 1519 年）起兵十万发动叛乱，幸得赣南巡抚奇才王守仁四十三日而平定，才未造成重大危害。[①]

因武宗无子，时内阁首辅杨廷和等人，迎立宗室子弟朱厚熜为帝，是为世宗。世宗为人，多有才干，但非勇于任事之主，以权谋治国，中年以后，求仙问道，不理朝政，内阁首辅权臣严嵩把持朝政数十年，内外皆困。世宗逝后，穆宗继位，内阁成员徐阶、高珙、张居正等多有才干，国势颇转。及神宗以冲龄继位，司礼监宦官冯保和内阁首辅张居正相结，内外协调，进行改革，重用戚继光、李成梁等人，使得内外靖肃。但居正个性偏颇，刚愎自用，与朝廷之臣结怨甚多。逝世之后，竟得抄家之祸，而神宗怠政非常，荒于酒色，竟数十年不上朝，朝臣结党营私，种下亡国之祸。[②]

神宗、光宗、熹宗年间，恰有明末“三大案”发生，更成为朝臣党同伐异的借口。三大案即梃击案、红丸案、移宫案，详情如下。梃击案，神宗因宠爱郑贵妃，欲以郑贵妃之子朱常洵为太子，而非原本之朱常洛，后因朝臣反对而立常洛。万历四十三年（公元 1615 年）张差持梃硬闯太子宫殿，被俘后言为郑贵妃指使，在神宗的包庇下，郑贵妃无事。红丸案，神宗逝世后常

① 傅乐成. 中国通史（下）[M]. 北京：中信出版社，2014：575 – 578.

② 傅乐成. 中国通史（下）[M]. 北京：中信出版社，2014：579.

洛继位，是为光宗，光宗身体有疾，朝臣李可灼进贡红丸，光宗服用后身死，朝臣在处置李可灼的问题上争论不已。移宫案，光宗逝世后熹宗继位，光宗宠爱的选侍李氏仍然居住于乾清宫，意图听政，后在东林党人的坚持下移居别处。①

纵观有明一朝，始终有若干问题未能解决，详情如下：

其一为分封之祸。太祖认为功臣集团不足信任，于是分别在洪武三年、十一年、二十四年前后分封二十四位儿子为实权藩王，诸位藩王拥有重兵，占据要地，成尾大不掉之势，酿成靖难之祸。后众多藩王子弟虽无军国大权，然而却成为国家财政的沉重负担，例如嘉靖四十一年（公元1562年），岁贡京城米粮仅四百万石，但各藩禄米即需八百五十三万石，②成为政府的沉重负担。

其二为边疆之警。元顺帝北归传之数代后称为鞑靼，屡次寇边，后鞑靼一部瓦剌更是造成土木堡之变。宪宗以降，鞑靼所部又逐渐占据河套地区，多次进犯北部边境。待其势稍安，东南沿海又有倭寇横行，及戚继光、胡宗宪平定后，辽东女真又起，明朝防不胜防，耗费国力无度。

其三为朝政腐败。明朝皇帝之素质，除明初数位颇有明君之风外，其余皆中人庸主之姿，数十年不理朝政者有之，求仙问道者有之，荒淫无度者有之，贪残害民者有之。中叶以后，无一位是可改革政治风气、励精图治的中兴之主，幸国家宰辅多有贤人，文官集团可维持朝局大体稳定。

其四为宦官干政。明朝宦官干政虽无唐朝之厉害，然也给政治造成一定的伤害，如英宗时期的王振造成土木堡之变，③曹吉祥之子曹钦谋反；④宪宗时期汪直统领西厂，屡兴大狱；⑤武宗时期的刘瑾、马友成、谷大用专擅朝政；⑥神宗时期的冯保号称“内相”，其命令与内阁大臣有同等作用；⑦熹宗时期的魏忠贤把持朝政，号称“九千岁”。⑧广大宦官在监军、盐政、矿产、税务方

---

① 温功义．三案始末 [M]．北京：生活·读书·新知三联书店，2013：147－161.

② 《明会要》卷四《诸王杂录》。

③ 《明史》卷三百〇四《王振传》。

④ 《明史》卷三百〇四《曹吉祥传》。

⑤ 《明史》卷三百〇四《汪直传》。

⑥ 《明史》卷三百〇四《刘瑾传》。

⑦ 《明史》卷三百〇五《冯保传》。

⑧ 《明史》卷三百〇五《魏忠贤传》。

面上下其手，严重危害到了明朝政治。

其五为党朋之争。明朝开国之初即有淮西功勋集团和其他势力之间的争斗。明朝以科举制选官，所选官吏号为同年，或以时间划分，或以地域划分，结党营私，相互照应。神宗之后，朝臣分为齐、楚、浙、宣、昆五党，吏部文选司顾宪成罢职后和高攀龙等人讲学于东林书院，自负气节，评古论今，制造舆论，成为江南士绅势力的代表。各派之间以政治事件为标，党同伐异。如梃击案时东林党主张严纠，非东林党就反对；红丸案时东林党主张严办，非东林党亦反对；移宫案时东林党主张移宫，非东林党亦反对。[①]但东林党人除少数人外，其余多为少有气节之人，在清朝的马蹄前节操尽毁。

明思宗继位后，虽有重振宇内之决心，但外有清朝步步紧逼，内有农民起义纵横中原，内政方面亦弊端已深，积重难返。思宗虽勤于政事，却非雄才大略之君主，为人刚愎多疑，任用宦官监军，在位十七年竟然更换宰辅达五十三人之多，明朝遂至于无可挽救，终在崇祯十七年（公元1644年）李自成的兵锋之下走向灭亡。

二、明朝时期的监察思想

中国古代政治发展至宋朝，中央集权和地方分权的矛盾基本得以解决，明洪武十三年（公元1380年），朱元璋废除宰相，直辖六部，君权和相权的矛盾也得以基本解决。从此，中国古代专制主义中央集权高度强化。

明朝国家制度创建的指导思想，深受元朝影响，如军户、匠户之世袭，中央政府也如同元朝一样，实行行政、军事、监察三权分立。太祖本为淮右布衣，家境贫寒，深知民间疾苦，自古得国之正，无有出其右者，然其建国规模，没有士族皇帝之宏大，妄图以万古不变之制度维持朱家天下，使其子孙后代永远享受富贵荣华。

明朝监察思想与制度的创建深受明太祖的影响，尤其在其治理贪腐、稳定政治思想的影响下，明朝监察制度建设集中国古代之大成，有明一代虽有昏庸之君主，然因制度建设完善，朝局始终能够基本运转。

---

① 萨孟武．中国社会政治史（宋元明卷）[M]．北京：生活·读书·新知三联书店，2018：400－409.

（一）明朝前期的监察思想

明太祖朱元璋出身微末，家境贫寒，在元末暴政与天灾人祸中，父母兄嫂皆逝，深知百姓之苦，甚为痛恨贪官污吏及不法之人，对监察工作异常重视。太祖将监察提至与行政、军事同等重要的地位，甚至认为监察之任尤为重要。朱元璋曾经指出：

《明史·职官二》言：

“国家立三大府，中书总政事，都督掌军旅，御史掌纠察，朝廷纲纪尽系于此，而台察之任尤为清要。”①

太祖对元末暴政有充分的认识，要求官吏引以为戒，清正廉明，不能虐待百姓过甚。如：

《御制大诰·谕官无作非为》言：

“昔者元处华夏，实非华夏之议，所以九十三年之治，华风沦没，彝道倾颓。……今将天下害民事理，昭示天下诸司；敢有不务公而务私，在外赃贪，酷虐吾民者，穷其源而搜罪之，斯令一出，世世守行之。”②

在朱元璋的监察思想中，对惩治贪污存有严重的“重刑主义”观念，《大明律》针对官吏贪赃枉法行为特有《受赃》一篇，提出了六种贪赃枉法的行为，将此六种贪赃枉法行为列为仅次于“十恶”的严重犯罪，违反者必然遭受从重处罚。如朱元璋创设“剥皮实草”刑罚，举凡贪赃白银六十两以上者，皆“剥皮实草”，在府县卫所衙门口设立“剥皮庙”，查证主官贪污后，将其剥皮，皮中装满稻草，悬挂于官府之中，后任之官须以此为戒。

太祖对开国功勋集团与朝廷重臣亦严加管理，无宋朝“刑不上大夫”之愚论，亦无法不责众之阔谈。明初淮西功勋集团自认在明朝建立过程中，自己立下了汗马功劳，于是抢占农田、矿山，贩卖私盐，多有不法行为，太祖颁布《铁榜》，规定了对功勋集团及朝廷重臣的处罚措施。

《明史·公主列传》言：

“伦颇不法。洪武末，茶禁方严，数遣私人贩茶出境，所至绎骚，虽大吏

---

① 《明史》卷七十三《职官二》。

② 《御制大诰》卷四十三《谕官无作非为》。

不敢问。有家奴周保者尤横，辄呼有司科民车至数十辆。过河桥巡检司，擅捶辱司吏。吏不堪，以闻。帝大怒，赐伦死，保等皆伏诛。”①

欧阳伦为安庆公主的丈夫，因私贩茶叶，纵容刁奴不法，太祖知道后将其赐死，刁奴周保也因此事伏诛。此外，洪武年间尚有“郭桓案”，牵扯进朝廷六部及十二布政使司众多官吏，前后处理六七万人，胡惟庸、蓝玉案件牵扯者亦达到数万。

太祖对朝中都察院、六科给事中，地方提刑按察司的监察并不完全信任。除国家正式监察之外，他设立锦衣卫作为天子亲军，遍布全国，充当自己的耳目，强化特务监察，以便充分了解官军民的动态，防止出现不法行为。如：

《明史·职官五》言：

“(锦衣卫)掌侍卫、缉捕、刑狱之事，恒以勋戚都督领之，恩荫寄禄无常员，……其属有御椅等七员，皆正六品。设经历司，掌文移出入；镇抚司，掌本卫刑名，兼理军匠。”②

锦衣卫沿袭汉朝之“诏狱”，三国之“校事”，北魏、隋朝之“内外候官”，唐朝之“丽景门”，五代十国之“侍卫司狱”，宋朝之“皇城司”。开明朝特务政治之先河，对国家正常法治建设造成严重危害，但在监察官吏、军事情报、稳定政治、皇家仪仗等方面也发挥了一定的积极作用。朱元璋后来认识到特务政治的危害，烧毁锦衣卫刑具，裁撤锦衣卫，并且严令后世之君不得复立。然特务政治伴随明朝始终，未能彻底地解决。

此外，朱元璋给予百姓一定的监察权与执法权。中国古代帝王中，知百姓疾苦者无君可及。如朱元璋在《大诰》中规定，举凡官吏有暴政害民之举，百姓可以自行捉拿送往京师，沿途省、府、州、县不可阻挡，若进行阻挡，事后将对阻挡的官吏处以灭族之刑罚。

《大诰》颁布次年，嘉定县农民陈寿六因琐事与县衙小吏顾英有隙，顾英因而抢走陈寿六家中所有粮食，寿六和亲属夜间手拿《大诰》将顾英绑缚，送往京师。之后朱元璋将顾英打入大牢，赐予陈寿六等人金钱衣物，减免其劳役。再如乐亭县的主簿汪铎设立“佥派徭役”，聚敛百姓钱财，农民赵罕辰带着三十余人将该事负责人八人绑缚送往京师，朱元璋亲自下令将此八人斩

① 《明史》卷一百二十一《公主列传》。

② 《明史》卷七十六《职官五》。

首示众。

太祖年间处于建国之初，人才缺乏，亡元之祸未远，太祖充分汲取蒙元废除谏官，导致言路闭塞的不良后果，因而提倡官军民等勇于谏议。如：

《皇明世法录·太祖高皇帝宝训》言：

“朕常患下情不能上达，得失无由以知，故广言路以求直言。其有言者，朕皆虚心以纳之。尚虑微贱之人，敢言而不得言；疏远之士，欲言而恐不信。如此则所知有限，所闻不广。其令天下臣民，凡言事者实封直达朕前。”①

太祖仿效唐朝门下省封驳审议职官，设立六科给事中，六科给事中在某种程度上可以进行封驳审议，弥补了谏官在蒙元朝被裁撤的弊端。

明成祖朱棣以“靖难”为号召，篡夺侄子朱允炆的帝位，改年“永乐”。成祖本人行事风格与太祖相同，但因其得国不正，遂大力褒奖儒家“孝道”“君道”等政治传统，强化官吏自我监察。成祖制定颁布了下至百姓、上至天子的“孝道”行为准则，其中对官员的要求如下：

《明太宗实录》言：

“士居官食禄，能持身循理，建立功业，荣亲于当时，显名于后日，可以为孝。”②

官吏“孝道”要求“持身循理”，即对自我的监察。

此外，明成祖制定的《圣学心法》分为君、父、子、臣四道，“臣道”中有许多对官吏的要求，对“刑政赏罚”的作用也有较为经典的描述。朱棣将礼乐置于“刑政赏罚”之中，不允许有法外之人存在，使君主进一步获得了对“赏”和“罚”的解释权，将所有臣民置于君上大权的控制之下。但成祖未听从太祖的言语，再次重用锦衣卫，复行设立“诏狱”。

成祖因其篡位之举对锦衣卫的特务监察亦不完全信任，违背太祖、惠帝时期不重用宦官的传统，开始重用身边的亲信宦官，设立新的特务监察机构“东厂”，以宦官为统领。如：

《明史·刑法三》言：

“东厂之设，始于成祖…万安奏，故设东厂，令内臣提督，行五六十年，

---

① 《皇明世法录》卷三《太祖高皇帝宝训》。

② 杨士奇．明太宗实录 [M]．台北：“中央研究院”历史语言研究所，1962：356.

事有定规。”①

东厂由天子内臣担任首领，地位较锦衣卫高，东厂和锦衣卫之间可以相互监督。提督东厂的太监地位仅次于司礼监秉笔太监，在向皇帝汇报相关情况时，秉笔太监亦需回避。

明仁宗朱高炽多有仁德之心，较能体恤民间疾苦，成祖靖难时他留守北京，永乐五次北伐时他监国，有着丰富的政治经验。仁宗继位之后，轻徭薄赋，积极调整阶级矛盾，严控锦衣卫、东厂等特务组织权限，扩大国家中枢内阁的权力，广开言路，鼓励言谏。如：

《明史·仁宗本纪》言：

“（杨士奇、杨荣、金幼孜）卿三人及蹇、夏二尚书，皆足弟旧臣，朕方倚以自辅。尝见前代人主，恶闻直言，虽素所亲信，亦畏威顺旨，缄默取容。贤良之臣，言不见听，退而卷舌。朕与卿等宜深以为戒。”②

由于仁宗提倡言谏，所以他执政时期群臣所上奏章阿谀奉承、夸夸其谈之言较少，形成了良好的政治风气。仁宗本人也基本能做到虚心纳谏，如其采纳群臣谏议罢免郑和宝船出海的行动，节省国家财政开支。但是，从实际情况来看，仁宗在位时期较短，所采纳的谏议不过数次而已。史书对其评价甚高，如：

《明史·仁宗本纪》言：

“在位一载，用人行政，善不胜书。使天假之年，涵濡休养，德化之盛，岂不与文、景比隆哉。”③

仁宣时代号为明朝中兴之世。宣宗之前明朝北部蒙古残存势力多次寇边，内部政治风气较为严峻，经过太祖、成祖时期数次北伐，仁宗平抚内政，政治气氛有所缓和。宣宗对百官的监察极为重视，不仅重视法制监察、特务监察，而且重视官吏的自我监察。宣宗将当时的国家机构分为三十五类，制定《官箴》三十五篇，作为官吏的行事标准。如《吏部箴》：

《明宣宗实录·宣德七年六月是月条》言：

“尔惟敬之，务公戒私，善尔勿蔽，才尔勿遗。必黜愉邪，必进忠贞，用

① 《明史》卷九十五《刑法三》。

② 《明史》卷八《仁宗本纪》。

③ 《明史》卷八《仁宗本纪》。

舍适宜，治由汝兴。……度德定位，乃称任使，小知大受，官罔不他。精尔识鉴，励尔正直，相予于治，夙夜无斁。”④

三十五篇《官箴》以《都督府箴》为首，其次为《吏部箴》，这反映了宣宗对于军事和吏治的重视。在《吏部箴》中宣宗首先溯及吏部历史，他认为吏部源于周朝的太宰和汉朝的选部，承担着为国选才和监察百官的重任，吏部主官必须公正无私，严于律己，选用贤良方正之人，摒除奸臣小人。

《官箴》中其他篇目亦有对官吏职责的要求，如《都督府箴》要求官员“必壮其猷”，《吏部箴》要求官员“必黜愉邪”“必进忠贞”，《詹事府箴》要求官员“必谨大猷”“必以辰告”，《翰林院箴》要求官员“必端乃志”“必慎乃守”，《太仆寺箴》要求官员“必敬乃德”，《京府箴》要求官员“情必上通”“泽必下流”，《行人司箴》要求官员“必敬必饬”，《各按察司箴》要求官员“必自尔躬”，《各县箴》要求官员“必道其行”等，⑤都是对官吏行为的要求，科道和锦衣卫、东厂等监察部门，也将以此为标准对官吏严加监察。

太祖、惠帝、成祖、仁宗、宣宗五帝在位时间始于洪武元年（公元1368年），终于宣德十年（公元1435年）。可将此阶段视为明朝前期，此期间政治清明，是明朝监察制度与思想构建的黄金时期，言官政治也控制在一定范围内，有效发挥其优势，控制其劣势。

（二）明朝中期的监察思想

自宣宗以降，英宗继位，明朝历史进入中期，共经历英宗、代宗、宪宗、孝宗、武宗、世宗、穆宗、神宗八帝。在此期间无雄才大略之君主，嬉戏无度者有之，求仙问道者有之，不理朝政者有之，而且特务政治、宦官政治和言官政治愈演愈烈，幸得中国古代专制主义中央集权制度发展到较为完善的地步，依靠制度的稳定与完善，国家机器基本可以正常运转。

英宗以冲龄继位，朝政多由杨士奇、杨荣、杨溥主持，保持基本稳定。三杨对监察较为重视，于正统元年（公元1436年）、正统七年（公元1442年）两次上书请示，最终得到敕谕明确了监察部门和选举官吏的重要性。如：

《大明政纂要·洪熙元年至宣德三年》言：

---

④ 《明宣宗实录》卷九十二《宣德七年六月是月条》。

⑤ 《明宣宗实录》卷九十二《宣德七年六月是月条》。

“朝廷设风宪，所以重耳目之寄，严纲纪之任。”①

再如：

《国朝典汇·吏部·御史》言：

“朝廷以纲纪为首，御史职纲纪之任，不可不慎择也。”②

及张太后病逝，“三杨”也在宦官王振的打击之下离开中枢。王振专权，打击异己，如：

《明通鉴·正统元年十二月丁丑》言：

“自是言官承振风旨，屡摭大臣过，自公、侯、驸马、伯及尚书、都御史以下，无不被劾，或下狱，或荷校，甚至谪戍，殆无虚岁。”③

王振虽纵横揽权，但英宗朝监察部门仍由皇帝控制，从后期清算王振余党来看，王振党羽只有寥寥数人，言官并未依附王振或结党营私，而是在皇帝的授意下进行弹劾，言官也未成为一股独立的力量。王振只是借用皇权威势压制言官为自己服务，言官在维护皇权，进行有效监察，促进政治稳定，打击违法犯罪等方面依然发挥着重要作用。

从英宗处理“夺门之变”“曹石乱政”及任用李贤进行拨乱反正的举措来看，英宗并非一味昏庸。天顺年间对李贤整顿吏治、严密监察的行为，英宗多持支持态度。即使是皇亲国戚犯法，英宗也能够一视同仁，法外无恩，如其在处理皇舅孙继宗及其弟弟孙显宗违法犯罪事件时秉公执法，李贤称：“真可谓王者不私矣！”④

此外，英宗对御史监察工作十分重视，在天顺八年（公元1464年）对巡抚凤阳等地的都御史王竑道：

《明英宗实录·天顺七年三月甲辰》言：

“尔为朝廷宪臣，受兹简任，须殚精竭虑，输忠效劳，凡百举措，务合事宜，俾粮运无误，军民安妥，贼盗屏息，地方宁靖，斯称委托。如或恣情偏徇，乖方误事，责有所归。”⑤

英宗、代宗时期在明朝“以文制武”治国思想的影响下，言官军事监察

---

① 《大明政纂要》卷一十八《洪熙元年至宣德三年》。

② 《国朝典汇》卷五十四《吏部·御史》。

③ 《明通鉴》卷二十二《正统元年十二月丁丑》。

④ 《皇明通纪》卷一十八《戊寅天顺二年》。

⑤ 《明英宗实录》卷三百五十《天顺七年三月甲辰》。

职能迅速扩大，“土木堡之变”使明朝军事勋贵和数十万精锐损失殆尽，从此自明朝开国以来的军事勋贵集团在和言官、文臣的斗争中进一步落入下风。以于谦为首的文人集团既有对代宗的拥立之功，又有北京保卫战胜利挽救大明社稷之功，御史言官遂借此获得一定的军事监察权和军事统帅权。

宪宗、孝宗、武宗时期，除孝宗有一定作为外，宪宗、武宗皆为昏庸之主。宪宗时期除国家正式监察机构都察院、六科给事中的监察外，还有锦衣卫、东厂的监察。但宪宗对这些监察机构不甚信任，于成化十三年（公元1477年）设立“西厂”，以亲信太监汪直提督，强化特务监察。因宪宗支持，西厂后来居上，权势超过东厂和锦衣卫。后因西厂纵横跋扈多有不法，在重臣商辂的劝谏下，宪宗撤销西厂，但不久又复立，宪宗朝西厂存在时间达六年之久。史书评价：

《明史·刑法三》言：

“直中废复用，先后凡六年，冤死者相属，势远出卫上。”①

武宗幼年继位，喜音律、诗文、佛法，继位之后重用太监刘瑾、谷大用等人，重开西厂，命刘瑾掌管东西二厂，以至于人心惶惶。此时，武宗尚觉不足以监察群臣百姓，于正德三年（公元1508年）设立内厂，对东西二厂亦有监察之权。如：

《明史·刘瑾传》言：

“时东厂、西厂缉事人四出，道路惶惧。瑾复立内行厂，尤酷烈，中人以微法，无得全者。又悉逐京师客佣，令寡妇尽嫁，丧不葬者焚之，辇下汹汹几致乱”。②

明朝皇帝设立“厂”的本质是为了强化监察，维护皇权和政治稳定。但在具体执行过程中多有变质，成为权臣、宦官打击异己、滥用职权的工具，对明朝的政治造成十分恶劣的影响。

武宗以降，世宗以外藩继承大统，因“大礼议”之事与群臣不和，后期又求仙问道，将朝政委于权臣严嵩。但世宗为人聪慧，其所用严嵩、高珙、徐阶、张居正等人亦有才能，世宗对百官监察也较为重视，强化巡察御史职权，明确御史具有举荐人才的权力。如：

---

① 《明史》卷九十五《刑法三》。

② 《明史》卷三百〇四《刘瑾传》。

《大明会典·都察院·出巡事宜》言：

“御史巡历地方务要访求按属贤否，勉励戒饬。其有戒饬不悛者，即时随事参奏提问，不必以无人诉告，例难访察，使久为地方之害。仍行各抚按官，一体悉心究访。”①

世宗曾严令御史出巡时恪尽职守，体察民情，严厉惩处贪官酷吏。如有酷吏及草菅人命的官吏，查询属实后一律从严治理，六品以下官吏巡察御史可以直接处理，五品及以上官吏上报处理。此外，世宗时期颁布《满日造报册式》，作为御史巡查完毕后汇报考核的标准，明确监察官吏的考核周期。如：

《大明会典·吏部·考核》言：

“南直隶、印马、屯田御史，云南、贵州、广东、广西、福建、四川巡按御史，不拘三、六年，若满期已过，差事未完，不得赴京。及南北各差未完，而考满及期遇有升迁事故，俱许具由呈部……其余各差御史照旧例，事完回京补考。”②

世宗虽为人聪慧，政治手段亦足，但不承担责任且多归功于自己，过归于群臣，严嵩可担任数十年之宰辅，亦为世宗权术之道。然为君、为上者，举一谋，发一事，虽可以使用权术，但不可尽用权术，需勇于任事，正身方足以率人。

至神宗时期对官吏的监察可以分为前后两个阶段，前期为张居正辅政时期，后期为张居正逝世抄家之后。张居正虽私德有亏，但作风刚正，御史言官多不敢言之，然其人确有雄才大略，数十年官宦生涯，致其深知官场之弊病，于是他在《陈六事疏》中明确提出需要整顿吏治，厉行监察。如：

《张居正集·陈六事疏》言：

“奋乾纲之断，普离照之明，张法纪以肃群工，览权纲而贞百度。刑赏予夺一归之公道，而不必曲徇乎私情，政教号令必断乎宸衷，而毋致纷更于浮议。”③

张居正监察思想的本质是传统儒学之下中央集权、尊主爱民的仁政思想，而其对监察法制的应用，只是实现“仁政”思想的手段。张居正除了要求对

---

① 《大明会典》卷二百一十《都察院·出巡事宜》。

② 《大明会典》卷一十二《吏部·考核》。

③ 《张居正集》卷一《陈六事疏》。

官吏刑赏公道，严格监察外，还强调需对官吏进行严格的考核监察，并且在实践中取得了一定的效果。如：

《明神宗实录·万历八年六月己亥》言：

“宜饬部院，今后遇紧切事情若覆勘、提问、议处、催督、查验等项，其征发期会，务彼此公同参定，毋致乖异，使大小群工莫不如期奏报，以成励精图治之功。”①

张居正在数十年官宦生涯中并不完全信任道德和制度的力量，更加坚信在“人治”过程中人的作用，对官吏的监察也是如此，如他曾感叹道：

《张居正集·请稽查章奏随事考成以修实政疏》②言：

“天下之事，不难于立法，而难于法之必行；不难于听言，而难于言之必效。”③

《明神宗实录》中记载了许多张居正派遣巡察御史按《考成法》考核官吏的情形，如万历三年（公元1575年）考核各省官吏未完成的事项，其中考核官吏五十三人，未完成事项达到二百七十三件。凤阳巡按、浙江巡按、广东巡按因未完成事项较多，存在懒政、怠政嫌疑，均遭受惩处。再如万历四年（公元1576年），六科给事中未按时完成事项较多，张居正也按照律法对其进行处置。

张居正改革吏治、强化监察的行为，是明朝历史之“回光返照”。张居正本人刚愎自用，勾结宦官，滥施刑赏，败坏科举，且未能找到合适的改革接班人，以至于朝野非议不断。再加上明朝中后期土地兼并无度，士绅阶级兴起，削弱了大明王朝的统治，张居正一人之改革，未能挽救明朝颓势。待其逝世之后，神宗皇帝亲政，其为人贪财懒惰、极其懈怠，数十年不上朝，甚至两京十三省众多官缺都无法补足。神宗又重用宦官，设立矿监，为己敛财，御史言官对此多有批评。

但此时之言官与明朝中前期的言官不同，自世宗以降，朝廷外有党争不断，内存宦官干政，内阁首辅尚需宦官支持才可顺利做事。言官也多成为某党派之爪牙，依附其党为自己牟利。如：

---

① 《明神宗实录》卷一百〇一《万历八年六月己亥》。

② 《张居正集》卷一《请稽查章奏随事考成以修实政疏》。

③ 《张居正集》卷一《请稽查章奏随事考成以修实政疏》。

《明史·汪若霖传》言：

“明自中叶以后，建言者分曹为朋，率视阁臣为进退。依阿取宠则与之比，反是则争。比者不容于清议，而争则名高。故其时端揆之地，遂为抨击之丛，而国是淆矣。”①

此时政治上文牍之风盛行，言官举荐弹劾时，某些奏章达到数万字，通篇多之乎者也圣人之言，神宗对此多留中不发，对奏章不予理睬。文臣、言官好名，若因事处置之后虚名更盛，如顾宪成被罢官后名声更盛，赵南星被罢官后名益高。明朝的局势岌岌可危。

（三）明朝后期的监察思想

后人有言：“明之亡，不亡于崇祯之失德，而亡于神宗之怠惰。”此语虽然有一定的道理，但还是未能触及明亡之本质。明朝之亡的重要原因在官绅阶级兼并田地无度，尤以江南士绅阶级为甚，而东林一党即为江南士绅在官方的代言人。

明朝后期两代君主熹宗、思宗都非雄才大略之人，熹宗痴迷木匠工艺，将朝政委于宦官魏忠贤，以致朝廷乌烟瘴气。思宗虽为人节俭，勤于政事，但为守成之主，亦无法根除明末之弊端。两任君王在任时期，吏治污浊，监察不力，言官制度弊大于利，无法形成有效的监察体系。

明熹宗年间，言官权力继续扩大，本应只具有监察之权的言官，在此时对朝廷的选举、司法多加干涉，甚至辽东的军事战略制定，言官也发挥了重要的或好或坏的作用。如天启年间，萨尔浒之战后后金占据东北重镇辽阳、沈阳，直逼广宁，此时中央政府并没有完善的战略，而言官形成了两派，分别支持熊廷弼和王化贞，争论不休，党同伐异，对辽东军略丝毫无补。

熹宗以降，思宗继位，此时宦官魏忠贤擅权，朝野上下将其称为“九千岁”，朝中党派多依附忠贤。思宗继位之初即削弱忠贤，以树立君王威信和夺回部分权势。思宗拿下相关人等后，因阉党势大，群臣多怕自己牵扯其中，不敢审问，是时御史曹于汴上书弹劾魏忠贤及其党羽相关罪状，思宗以此为契机，令曹于汴主审忠贤及其党羽案，使魏党人员得到了应有的惩罚。

但思宗在处理魏忠贤案后，对锦衣卫、东厂不加重视。在朝廷正式监察

---

① 《明史》卷二百三十《汪若霖传》。

部门不能有效发挥作用时，作为天子耳目的锦衣卫、东厂也不能有效发挥监察和特务机构的作用，思宗内无法有效监察群臣，外无法得知军国大事的最新消息，为明朝的灭亡埋下了伏笔。

三、明朝时期的监察法规

明朝监察法规沿袭自宋元，尤其深受元朝监察法规的影响，结合自身实际情况得以制定，整体结构较为系统化、严密化、专业化。明朝之所以能够存在近三百年，沿袭十六帝，监察法规在其中发挥了重要作用，对于清朝在修撰《明史》时对其监察人员与监察法规亦连连称赞。

就明朝监察法规而言，可将其分为总则性监察法规《宪纲》，以及《大明会典》中记载的对六科给事中的《各科分掌》、南京都察院的监察法规《南京都察院事例》和出巡法规《出巡事宜》。

（一）总则性监察法规《宪纲》

宪，法也，纲，即为纲纪，“宪纲”二字是监察官吏应该践行的法规，即其应该行使哪些监察职权，如何行使此等监察职权的规定。明朝的《宪纲》正式颁布于正统四年（公元1439年）。如：

《明英宗实录·正统四年十月》言：

“《宪纲》之书，肇于洪武，厥后官制不同，所宜因时改书，而中外宪臣，往往有任情增益者。我皇考宣宗皇帝，临御臣下，屡以为言，遂敕礼部同翰林儒臣，考洪武旧文而申明之。”①

《宪纲》的制定开始于洪武四年（公元1371年），是年御史台拟定《宪纲》，具体内容一共四十条，是明朝第一部监察法规，但之后因监察制度多变，监察部门对此法规不断进行修订，以至《宪纲》体例繁杂。宣宗时期曾要求礼部和翰林院臣子对《宪纲》进行修订，但因宣宗早逝及至英宗时期才得以修订完成。

《宪纲》的修订坚持三个原则，其一，以洪武时期颁布的《宪纲》为蓝本；其二，凡大臣私自增添的条例一律废除；其三，永乐、洪熙、宣德、正统四

---

① 《明英宗实录》卷六十《正统四年十月》。

帝所增加的内容进行保留。最终汇编成《宪纲》三十四条，具体内容可分为以下六个方面。

1. 典礼监察条款

《宪纲》第一条明确提出：

《大明会典·都察院》言：

“凡风任纲纪之重，为耳目之司。内外大小衙门官员但有不公不法之事，在内从监察御史，在外从按察司纠举。”①

再如第二、三条：

“凡大朝会行礼，若有失仪，听纠仪御史举劾。常朝大小衙门官员奏事理有未当及失仪者，听侍班御史并给事中劾奏，依律罚俸。”②

“凡祭祀郊社、宗庙、山川等神，若有怠于职事及失仪者，并听纠仪御史举劾，依律责罚。”③

第一条类似于监察法规的总则，明确监察部门的地位、作用和职能，提出内外大小官员但有徇私枉法、贪污腐败等不公之事，在朝廷内部由监察御史进行纠察，地方由按察司相关官吏进行纠察。第二、三条为朝会与祭祀礼仪的要求，在古代封建社会，礼仪的要求也是等级和秩序的体现，需对此严加监察。

此外，《宪纲》对监察官吏的纠举弹劾提出了具体要求。如：

《大明会典·都察院》言：

“其纠举之事，须要明着年月，指陈实迹，明白具奏。若系机密重事，实对御前开拆，并不许虚文泛言。若挟私搜求细事及纠言不实者，抵罪。”④

可见，明朝监察法规不允许言官“风闻言事”，需保持监察的准确性和严密性，若言官检举不实或者私相报复，将遭受惩罚。此外，《宪纲》较为注重纠察的保密性，御史可不经都察院主官同意，由御史个人直接上奏，甚至可以“御前开拆”直接汇报。但有明一朝对禁止“风闻言事”一事，始终未能严格执行，而是根据皇帝和政局的需要来决定能否施用。

---

① 《大明会典》卷二百〇九《都察院》。

② 《大明会典》卷二百〇九《都察院》。

③ 《大明会典》卷二百〇九《都察院》。

④ 《大明会典》卷二百〇九《都察院》。

明朝监察官吏的权力较以往各朝代都大。为了促进监察有效性的同时保持监察的边界性，防止出现监察权侵入行政权，造成如同汉朝刺史尾大不掉之势。《宪纲》中也有较多对言官监察权进行约束的条款。如：

《大明会典·都察院》言：

“凡纠举官员，生杀予夺，悉听上命，若已有旨发落，不许再劾。”①

“凡都察院、按察司堂上官及首领官，各道监察御史、吏典，但有不公不法及旷职废事、贪淫暴横凌虐，皆当红劾，毋得徇私容弊。其所纠举，并要明具实迹奏。按问明白，覆奏区处。其有挟私妄奏者抵罪。”②

此处反映了明朝皇权的至高无上和监察御史为天子耳目的本质属性，被纠察官吏的最终处分权在皇帝手中，皇帝颁布圣旨对监察事件进行定性之后，不允许监察官吏再次弹劾。此外，为进一步控制监察御史，对监察官吏本身也需进行监察。《宪纲》规定监察官吏之间需进行相互监察，上级监察官吏、同级监察官吏、下级监察官吏三者之间可相互监察。各道监察官吏虽受都察院管辖，但都察院所有监察官吏亦受到河南道监察人员的监察，此种上下相互制衡的监察办法，可以有效进行监察，也促进了国家监察体制的正常运转，防止监察官吏权限过大或自身违法犯罪。

2. 巡视监察条款

明朝初期，巡视监察由两部门共同进行，中央由都察院派遣巡察御史，地方由按察司派遣巡视人员。但这两部门因职权冲突，未能配合得当，多有龃龉。之后多由都察院单方面派遣巡察御史进行巡视。《宪纲》中对于御史出巡的规定如下。

《大明会典·都察院》言：

“凡点差御史分巡并追问审理等事，都察院具事目请旨点差。回京之日，不须经由本院，径赴御前覆奏。”③

“凡监察御史、各道按察司官，每出巡审囚刷卷，必须遍历，不拘期限。”④

“凡监察御史巡按，许带书吏一名；照刷文卷，许带人吏二名；若应用监

---

① 《大明会典》卷二百〇九《都察院》。

② 《大明会典》卷二百〇九《都察院》。

③ 《大明会典》卷二百〇九《都察院》

④ 《大明会典》卷二百〇九《都察院》。

生，临期奏请。按察司官分巡，许带吏典二名、承差一名。皆须官吏、监生、承差同行，不许相离。”①

这三条是对御史巡视出行汇报、巡视日期、随从人员的规定。在选择出巡的御史时，都察院只有推荐权而无最终的确定权，最终的确定权为皇帝所有。巡查结束后，巡查人员不需经过都察院，而是直接向皇帝汇报。御史巡视过程中，尽职公事，不需限定具体的巡视期限。但是，此条规定造成巡视人员办事缓慢，延误公事，久不返回，更有甚者巡视期间私自回家，导致十分恶劣的后果。于是万历三年（公元 1575 年）颁布条例，根据巡察御史巡视地区的不同，分类规定巡视日期，逾期十天以上进行处罚，逾期一月以上加重处罚，超过两月，调任其他部门。

同时为防止御史巡视之时所带随从过多，造成国家财政的浪费或产生其他不法行为，《宪纲》对御史巡视所带随从也做了严格规定。此外，明朝前期规定御史巡视之时不许骑马而应骑驴，后因有碍观瞻，宣宗时期修改规定，允许御史乘骑驿站马匹。为了保证御史巡视时的安全，《宪纲》中也明确规定御史巡视时朝廷特派弓兵保护。

此外，巡察御史属于监察人员，因关系重大，《宪纲》中明确规定巡察御史的回避制度。如：

《大明会典·都察院》言：

“凡分巡地面，果系原籍并先曾历仕寓居处所，并须回避。”②

“凡监察御史、按察司追问公事，中间如有仇嫌之人，并听移交陈说回避。若朦胧怀私按问，致有违枉者，于反坐上加二等科罪。所问虽实，亦不应科断。”③

回避制度是为了保证执法公正而设立的，历朝历代皆有。明朝巡察御史的回避主要体现在地域回避和仇嫌回避两个方面。凡巡察御史原籍或者以往历仕寓居所在地皆应回避，巡视过程中遇到仇嫌之人也应回避。此种规定，对维持监察公正，防止监察官吏滥用职权有十分重要的作用。巡察御史巡视之时除了监察任务外，还有“举明孝义”的职责。如《宪纲》第二十三条规定：

---

① 《大明会典》卷二百〇九《都察院》。

② 《大明会典》卷二百〇九《都察院》。

③ 《大明会典》卷二百〇九《都察院》。

《大明会典·都察院》言：

“凡孝子顺孙、义夫节妇、忠臣烈女，志行卓异可劝民风者，所在有司举申，监察御史、按察司覆实，移文所司，以凭奏闻旌表。”①

3. 司法权限条款

明朝的都察院，既有监察权限又有司法权限，为监察官吏有效行使司法权，并将其司法权控制在一定范围内，而不至于无限干涉国家正常司法体系。《宪纲》对此规定如下：

《大明会典·都察院》言：

“凡监察御史、按察司官有追问诸衙门官员取受不公、刑名等事，除军官、京官并勋旧之臣及在外文职五品以上官，具奏请旨，方许取问，其余六品以下，取问明白，从公决断之后，仍具奏闻。若奉特旨委问者，须将始终缘由、议罪回奏，取自上裁。”②

其一，根据明朝监察制度规定，直隶省不设提刑按察司，如果想要状告官吏，其他省份需前往该省提刑按察司进行状告，直隶地区则可直接前往都察院进行状告。其二，明朝御史虽有较大的司法权，但最终决定权依然掌握在皇帝手中。军官、京官、功勋旧臣及文官五品以上需上奏请旨，才能对相关嫌疑人进行审讯；其余六品以下官吏可直接审问，但仍需将审问结果上奏；奉旨所问案件，先由巡察御史审问清楚然后上奏，交由皇帝最终裁决。其三，巡视御史对民间诉讼案件也有相应的审判权。如《宪纲》第十五条规定如下：

《大明会典·都察院》言：

“凡有告争户婚、田土、钱粮、斗讼等事，须于本管衙门自下而上陈告、归问。如理断不公，或冤抑不理者，直隶赴巡按监察御史，在外赴按察司官或分司及巡按监察御史处陈告，即与受理推问。”③

根据此条对巡察御史审理民间案件的规定，大体说明了三个方面的事由。其一，对于民事案件，当事人应坚持从下至上的原则逐级申诉，若认为当地官员审理不公，存在徇私枉法的行为，可按照属地管辖的原则，申诉至按察司或监察御史处。其二，对于正在审理未予结案的案件，当事人一般不得进

---

① 《大明会典》卷二百〇九《都察院》。

② 《大明会典》卷二百〇九《都察院》。

③ 《大明会典》卷二百〇九《都察院》。

行上诉，若在此期间上诉至上级部门或按察司、监察御史处，上述人员不可随意接受案件，而是应将其记录在案，发回原审判机关催促尽快审理，进行结案。其三，如果地方官员确实有贪赃枉法、审理不公的情形，当地按察司或巡察御史有权进行重新审理，以求公正。

对当地按察司、巡察御史重新审理的案件，在量刑方面，杖罪以下按察司、巡察御史可以直接判处，有期徒刑、流放、死刑则需上报刑部及其他部门进行复核。有期徒刑和流放两种罪责复核在无误后执行，死刑则需上报皇帝，待其批准后执行。对审理不公的官员也需进行追责。

4. 文书审计条款

文书审计在明朝监察法规中被称为“照刷文卷”，简称“刷卷”。“刷卷”制度是元朝的定制，明朝将其进一步扩展，刷卷实质是在一定时期对政府各个部门的文件进行全面审计，查阅是否存在懒政懈怠、贪污腐败及徇私枉法行为，是一种评定官员政绩的办法。《宪纲》第二十条规定如下。

《大明会典·都察院》言：

“凡在京大小有印信衙门，并直隶卫所府州县等衙门，在外各都司、布政司、按雾察司文卷，除干碍军机重事不刷外，其余卷宗，从监察御史每岁一次或二岁、三岁一次照刷。”①

明朝的审计监察主要体现在三个方面，其一，审计范围较广，除了关系到军国大事的政府文件出于保密的需要可以不进行审计，其余所有官方文件，无论部门级别高低、主管何事一律进行审计；其二，审计监察时间规定，一般一年审计一次或者两年审计一次、三年审计一次，此处根据具体情况进行处理；其三，根据部门的不同性质和公务的繁劳程度，采用不同的审计办法，有的部门公文需全部审计，有的部门采用主官汇报或主官和下属都需汇报的办法进行审计。

此外，审计完成后对审计过程中出现的问题，需惩办相关官吏，亦需复查改正情况。此称为“磨勘卷宗”，源于宋朝磨勘官制度，是经过元朝发展完善而来的制度。“照刷文卷”和“磨勘卷宗”成为明朝审计监察中两种明文规定。如《宪纲》第二十四条对“磨勘卷宗”的规定如下：

《大明会典·都察院》言：

---

① 《大明会典》卷二百〇九《都察院》。

“凡监察御史行过文卷，从都察院磨勘。按察分司行过文卷，听总司磨勘。如有迟错，即便举正。中间果有枉问事理，应请旨者，具实奏闻。”①

“照刷文卷”和“磨勘卷宗”借助文书审计与管理制度成为元、明、清三朝监督官吏的重要方式，也成为中国古代监察的标准范式之一。

5. 监察保障条款

为了能够有效行使监察权，《宪纲》对地方官吏配合监察、约束监察权及监察官吏的选用也进行了规定。如《宪纲》第十六条、第十九条对地方官吏配合监察官吏的规定如下：

《大明会典·都察院》言：

“凡都察院并监察御史、按察司，纲纪所系，其任非轻。行事之际，一应诸衙门官员人等，不许挟私沮坏。违者，杖八十。若有干碍合问人数，敢无故占吝不发者，与犯人同罪。”②

再如：

《宪纲》第十九条规定如下：

“凡有军民相干词讼等事情，移文到日，其应该会问官员随即前去。若无故不即会问及偏占吝者，从监察御史、按察司官按问。其应请旨者，具实奏闻。”③

由上可知，若监察官吏因公事需查阅卷宗，询问相关人员，当地行政部门不可无故推脱或者私下设置障碍。若有此类行为一经查实，则与犯人同罪，惩罚不可谓不重。

明朝对监察官吏的监察作风问题也异常重视，如《宪纲》规定监察官吏巡视中需寡言少语，严于律己，循理守法，带头遵守国家相关规定。不可以私下嘱托行政官吏为自己处理私事，更不可徇私枉法、贪污腐败。若有违反者，一经查实，一律加刑三等从严论处。监察官吏巡视中所需差旅、办公费用不可浪费，应按照实际标准执行，实报实销。

监察官吏的选用十分严格。明朝初期因动乱日久，国家初建，人才缺乏，有监生、吏员提升至监察御史的事例。但承平之后，一般选用进士出身的清

---

① 《大明会典》卷二百〇九《都察院》。

② 《大明会典》卷二百〇九《都察院》。

③ 《大明会典》卷二百〇九《都察院》。

贵之人。如《宪纲》第三十一条对御史选举的规定如下。

《大明会典·都察院》言：

“凡都察院、各道监察御史并首领官，按察司并首领官，自今务得公明廉重老成历练之人，奏请除授，不许以新进初仕及知印、承差、吏典出身人员充用。”①

由此可知，御史言官除了需进士新贵出身外，尚有“公明廉重”的个人品德要求和“老成历练”的工作经验要求，这一规定确保监察官吏具备实际行政经验，熟悉官场弊病，深知民间疾苦。明朝中后期对监察御史的年龄也有一定限制，一般为三十岁以上，六十岁以下，确保监察官吏有充足的精力和清晰的思维能够履行监察职责。

（二）六科给事中的《各科分掌》法规

六科给事中是明朝时期独立于都察院的监察机构，主要职责是对中央政府六部进行对口监察。《大明会典》记载，六科给事中的监察法规可以分为两部分，第一是《六科通掌》，规定了所有给事中的权责；第二是《各科分掌》，按照吏、户、礼、兵、刑、工六部进行划分，规定各部给事中的权责。现将其具体内容分述如下。

1. 吏课监察法规

吏科监察法规一共二十条，根据内容可将其分为选举监察法规、考核监察法规和违法纠察法规。《吏课二十条》第一条、第二条规定如下。

《大明会典·六科》言：

“凡吏部引选文职官员，掌科官一员，与本部尚书侍郎同赴御前请旨选用，并看用选官印子，填写榜文。”②

凡吏部选除在外衙门官员，该领赴任文凭，俱先赴本科，画字定限，考满官复任同。如在京领凭后患病，未即出京，在外因公事稽迟，未即离任，具奏具状到部，告改凭限者，亦送科定改发行。”③

由上可知，吏部所选官员需吏科给事中和吏部尚书一起前往皇帝处请旨，

---

① 《大明会典》卷二百〇九《都察院》。

② 《大明会典》卷二百一十三《六科》。

③ 《大明会典》卷二百一十三《六科》。

然后填写任用文书。吏部所任命的外地官员在申领任命文书时，需前往吏科签字画押，限定到任时间，若因特定事宜未能及时到任，想要改定时间也需吏科批准。此外，吏部初选的官吏需前往吏科报到，吏部多次选过的官缺、大选的官吏除外，一个月或者两个月一次，上报相关公文，以备考察。

在对文官的考察方面，《吏课二十条》规定在外官员三年考察一次，在京官员六年考察一次。所有文官考察之时需准备述职报告，交给吏科进行详细审阅，若有钱粮数字出错等事，将按照律法严加惩处，南京吏科也有相关监察法规。关于违法纠察法规，《吏课二十条》主要规定了以下三条内容。

《大明会典·六科》言：

“凡杂流异途出身，及年远违例，妄行陈乞录荫者，本科参奏治罪。

凡吏部推升官员，正德四年题准，若将才力不及改除教授等官，朦奏升有司者，本科劾奏。

凡内外衙门，及巡抚、巡按等官，保举官员未当，或交通嘱托，枸私滥保者，抚按等官复命。将任浅官员既荐，及有举无劾，或将已致仕官员混劾充数者，各差御史，于本等职业之外，滥保市恩者，俱听本科参出，请旨究处。”①

因吏部主管人事，吏科的违法纠察规定主要体现在官员的违法选举、保举及升迁方面。凡不是科举正途出身而是“杂流异途”及“年远违例”的官员不可随意“陈乞录荫”，违反者吏科可上奏弹劾申请治罪。凡是保举官吏不当，或者在保举中滥竽充数、违法保举者，吏科亦可上奏弹劾，申请对保举官员和被保举官员治罪。

2. 户科监察法规

因户部掌管天下钱粮，所以户科的监察主要体现在钱粮方面。户科监察法规一共二十五条，主要可以分为钱粮监察、盐政监察、边关监察、土地监察四个方面。《户科二十五条》中，钱粮监察的条款最多。如：

《大明会典·六科》言：

“凡有司征收秋粮，南京户部照例刊印勘合，给付粮长。将本区合征税粮，依期送纳。其勘合，仍送本科注销。

凡漕运钱粮，每年终，户部各司具手本赴科注销。

---

① 《大明会典》卷二百一十三《六科》。

凡户部差官监收各处粮米，及钞关船料钱钞，本科赴司礼监领精微勘合批文一道，定限给付，岁满更替回还，仍将原批赴监查明，送本科销缴”。①

明朝建立“粮长”制度，每万石设立粮长一人，由粮长征收本地区的粮食，然后收运至府库。按期将粮食送达指定地点后，粮长需前往户科完善手续。从江南运往直隶地区的钱粮，户部各司每年也需前往户科核对注销相关手续。

户部发给各级官吏的俸禄，需相关人员详细记录后送往户科备案，若有差错，户科可以对相关人员进行弹劾。每年五军都督府、朝廷六部、都察院、国子监及京城宿卫军队、长安等四门仓库所需及粮食数目，审计核对后需将相关资料报送户科。

明朝施行食盐官卖，不允许私人贩运，盐政也为朝廷税收的重要来源之一，朝廷对此极为重视。如《户科二十五条》对此规定如下。

《大明会典·六科》言：

“凡各边盐粮，成化四年题准：内外官豪包占开中者，本科参奏。嘉靖六年题准：奏讨残盐余盐减价报中，任场买补，不候挨单者，本科查参。”②

关于盐政，《户科二十五条》中还有明确规定，由盐运司和提举司两个部门合理盐政，年终时将本年内盐政数据资料制作成册，送往户科进行审计检查，查明无误方可，若有问题户科可直接进行弹劾。

凡边关军事据点所需钱粮，着该地巡抚、都御史等人统计造册送往户科，实际发放后，监察人员需再次前往户科核对。若有报告不及、数字错误等情形，从严处理，辽东、宣抚、大同、延绥、宁夏五地每半季度造册汇报一次，甘肃每半年造册汇报一次，皆由户科进行审计。

此外，军事财产由户科和其他部门的给事中轮流进行巡视监察，如《户科二十五条》中对此规定如下：

《大明会典·六科》言：

“户部委官，每月科官旗呈报到牛马收除实在数目，开报本科并巡视官稽考。其各仓场内使，及养马指挥、千百户，有勤能廉静或贪刻废弛者，年终听本科及巡视官，察其畜产繁耗，指实旌劾。若私占旗军包纳月钱，及内外

---

① 《大明会典》卷二百一十三《六科》。

② 《大明会典》卷二百一十三《六科》。

官军医兽，倒死喂养马牛等畜，提督等官故纵容隐者，指实参奏。”①

户科主要视察牛马数目及苜蓿园地，对养马官吏勤劳廉洁的给予褒奖，若私占钱粮、玩忽职守，致使牛马死亡，或提督等官故意纵容、隐瞒此等行为，户科一律进行弹劾。

对违反规定奏请讨封土地、私自侵占土地的行为，户科也可进行参奏。

3. 礼科监察法规

礼部主要掌管课考、礼仪、关防印信、群臣谥号等事，礼科监察法规一共十六条，《礼科十六条》可以分为朝会庆礼监察、关防印信监察、外出使节监察、官员赠谥监察等四个方面。其中对朝会庆礼的监察根据《礼科十六条》规定，主要体现在以下两个方面：

《大明会典·六科》言：

“凡每日各衙门御前面奏，并封进奏本等项事理，俱先具印信奏目，送本科类写，送司礼监进呈。

“凡行庆贺大礼，导驾官十员、导表二员，传制导驾员数同。东宫行庆贺礼，导驾、导笺各二员。郊祀庆成，侍宴官每科一员，俱本科查取职名，转送礼部。”②

可见礼科为官员进奏的先声，每日官员上奏及奏本都需礼科先行列表，送往司礼监，然后由司礼监进呈皇帝。国家举办的重大庆贺仪式，导驾官、导表及相关官吏都由礼科备案，太子东宫的相关仪式也照此规定办理。

御史及其他官吏的出巡印信，全部需前往礼科办理手续后给予，群臣参加朝会所需的凭证印信，也需礼科批准后前往自己所属本科报备，再行批准后前往尚宝司领取。

官吏出使他国，按照嘉靖二十四年的规定，一定要选用容貌修伟，精明强干之人，不许采用简单的轮流出使办法。若有差错，礼科可以弹劾。

官员赠谥监察根据《礼科十六条》规定主要体现在以下两个方面。

《大明会典·六科》言：

“凡大臣曾经纠劾削夺，公论不与者，弘治四年令：本科记着，不许滥请赠谥。

---

① 《大明会典》卷二百一十三《六科》。

② 《大明会典》卷二百一十三《六科》。

“凡祭葬赠谥、荫子，正德二年题准：三品以上，未经三年考满，未及关诰命，违例陈请者，本科纠奏。”①

其一为凡大臣曾经被弹劾议定剥夺谥号或公议不授予谥号，按照弘治四年规定，不许滥请谥号，违反此条规定，礼科需进行弹劾，赠谥、荫子等事按照正德二年的规定。三品以上官员“未经三年考满，未及关诰命”不许赠谥、荫子，违反礼科亦需弹劾。

4. 兵科监察法规

兵部主管国家军政，事关国防安全与内部稳定，责任重大。兵科给事中在六科之中额员最多，鼎盛时期有十人，兵科监察法规在六科之中也最为繁复，有三十五条。《兵科三十五条》主要可以分为军官选举监察、军队财产监察、军事布防监察和立功奖赏监察四个方面。

根据《兵科三十五条》，兵科军官选举监察如下。

《大明会典·六科》言：

“凡兵部引选袭替武职官员，掌科官一员，与本部尚书、侍郎，御前奉旨同选，并看用选官印子。

“凡兵部选过官员赴任，俱先赴本科画字，其文凭，定限给付。

“凡拣选大汉将军，本科掌印官会选。

“凡拣选守卫，及操练官军，本科差官一员会选。”②

由上可知，兵科拥有对兵部尚书、兵部侍郎选举高级军官时的监督权，而且自身还有一定的选举权，对低级军官的选举、升迁也可进行全面监督。

军队财产的监察，主要表现在对马政、军屯及贪污腐败行为的监察，例如《兵科三十五条》规定边关巡抚、巡察御史、太仆寺、苑马寺及其他所有和马政有关的部门，需将军马、驿马详细数目登记造册，送往兵科审计检查。清军御史有一定的军屯巡查权，每三年一次，需将军屯数目造册送往兵科。其余贪污腐败、滥功领赏、侵吞军事财产的行为，兵科给事中亦可照实弹劾。

军事布防的监察可以分为内外两个方面，根据《兵科三十五条》规定如下。

《大明会典·六科》言：

---

① 《大明会典》卷二百一十三《六科》。

② 《大明会典》卷二百一十三《六科》。

“凡皇城内外守卫官军，三日更代，每班各卫经历，开写名数，俱奏本，送本科，类写揭贴，次日早，掌科官于御前奏进。及祭享朝贺围宿官军，并朔望车驾侍卫官军，五府各卫，俱开写名数，具启本送本科类写揭贴，先一日，于御前奏进。

“凡武职贤否，嘉靖八年题准：兵部按季将两京五府、各营及亲军卫分堂上管事，在外镇守、分守、守备、方面等官，开写履历、贯址、年岁，及曾经举劾考语，开造揭帖二本，每孟月一日，差官送科。次日早朝，掌科官将一本御前奏进，一本留科查考。”①

兵科给事中对内部军事布防的监察主要体现在对宫廷警卫布防的监察方面，皇城内外的警卫三天轮更一次，每班的详细情况，相关人员需以书面形式送往兵科，兵科主官需于次日早朝前将其汇报给皇上。祭祀、朝会、重大庆典的外围警卫及皇帝车驾旁边的亲近警卫，五军都督府需将详细情况汇报至兵科给事中处，兵科主官亦需提前一天将情况汇报给皇上。

兵科给事中对外部军事布防的监察主要体现在对军官个人的监察方面，兵部需按季度将南北二京，前、后、左、中、右五军，亲军卫及在外武官的履历、籍贯、年龄及曾经功过详细写成两册，上交兵科给事中。兵科主官将一册备留兵科，一册汇报给皇上。

此外，《兵科三十五条》规定，边防险阻及军事据点等具有军事价值的地方，每三年边关官吏需将其绘成图册，上交兵科存档。

兵科对于立功奖赏的监察体现在三个方面，其一，在军事比武、军队检阅之时，兵科官吏需前往监察，防止不公行为。其二，凡军事长官所奏下属军官、士兵因立功的请赏行为，兵科也需前往监察，防止冒滥汇功。其三，凡东厂、西厂、内厂、锦衣卫获得功劳的人员，每三年进行一次上奏核实，按照相关规定给予奖赏。嘉靖二十五年规定，若有违反此条规定的官吏，兵科需进行弹劾。

5. 刑科监察法规

刑部为国家最高司法机关，主管刑狱。刑科监察法规一共十三条，《刑科十三条》主要有审计犯人数目、协调管理、参与司法审理和进行司法监察四个方面的内容，其中《刑科十三条》中对审计犯人数目的规定如下。

---

① 《大明会典》卷二百一十三《六科》。

《大明会典·六科》言：

“凡法司送到原报并续收实在囚人数目揭贴，每月三次，本科早朝奏进。

凡每年正月初，刑部、都察院开具上年南北囚数揭贴送科，于二月二十一日，转送兵科，次早面进。

“凡每月五城兵马司捉获囚数，具奏本，送本科备照。西北二城兵马司，具有无掘挖禁山等项结状，送本科查考。”①

由此可见，相关部门需将送往狱中囚犯的数目上报刑科，刑科官员每十天早朝时向皇帝汇报一次；每年正月初刑部、都察院需开具上年囚犯的详细资料，于二月二十一日前送往户科以备监察，官员第二日早朝时需将其上报皇帝。五城兵马司所逮捕囚犯数、西北二城兵马司所具有无掘挖禁山等项结状，也需送往刑科进行备案。

每年岁终，司法机关需对本年内处置的轻重罪囚犯数目，刑科需上奏。此外，刑科尚有一定的军事司法监察权。明朝除了有专业的军事法规外，也给刑部一定的军事审判权，刑科也可对此进行监察。

刑科需参与司法的协调管理，如锦衣卫人员奉旨从刑部提取人犯，需前往刑科处办理相关手续；再如，凡判处死刑的犯人，刑科需上奏三次，三次都得以批准后才可执行。同时，刑科在一定程度上也可以参与司法审判和进行司法监察，根据《刑科十三条》规定如下：

《大明会典·六科》言：

“凡击登闻鼓诉冤，并锦衣卫等衙门捉获人犯，三法司处决罪囚奉钦依者，俱该锦衣卫值日官，将原给驾帖，填写缘由，并人犯姓名，除鼓下词状，从各科直鼓官批送外，其余俱送本科，列名批钤，以凭送问处决。”②

6. 工科监察法规

工部主要掌管修缮、造作、军器、造币、仓库事宜，工科监察法规一共十八条，《工科十八条》规定了工科监察主要体现军器制造监察、货币铸造监察和钱粮应用监察三个方面。其中对军器制造的监察条款如下：

《大明会典·六科》言：

① 《大明会典》卷二百一十三《六科》。

② 《大明会典》卷二百一十三《六科》。

“凡工部军器局制造军器，本科差官一员试验。”[1]

工部军器局制造的所有军事装备，工科需派遣官员一人前往检测。《工科十八条》中特别规定，工部直属盔甲、王恭二厂所制造的军事器械和其他各处制造的弓箭、弓弦需工科派遣官吏一人，会同御史及工部其他官吏，前往检验并收入库房之中，年底将相关材料形成书面说明，进行上奏。

工部下辖宝源局进行铸钱，根据明朝弘治十七年规定，工科和其他五科按季度轮流审计监察铸币原材料和所造钱币的数量。

工部主管建设、修缮，对各项材料价格每半年工科派遣人员，同巡视御史、工部其他四司在充分考察市场的基础上进行评估，将造价编制成册，发往需要的部门，以备参考。

（三）南京都察院监察法规《南京都察院事例》

明洪武元年（公元1368年），朱元璋称帝于南京，后成祖将都城迁往北京。但南京仍然保持着大部分的政府组织，南京都察院监察官员除了品秩和数量略低于北京都察院外，职权基本相同。为做到监察有法可依，明政府制定《南京都察院事例》作为南京都察院的监察法规。

《南京都察院事例》内容较为系统、全面，主要分为司法审判监察法规、考核监察法规、经济监察法规、军事监察法规和科教典礼监察法规等五个方面，现将详情叙述如下。

1. 司法审判监察法规

《南京都察院事例》规定，南京都察院在审理案件、判处刑徒，或者提请审理当事官吏时和南京刑部相同。操江军由南京都察院副都御史或者佥都御史进行提督，并巡视九江、镇江、松江等沿江要地，这些地方军方诉讼、违反纪律之事皆由南京都察院负责。此外，根据成化四年的规定，南京都察院负责江北四十二卫屯田，这四十二卫所有诉讼事宜归南京都察院审理。嘉靖二十七年（公元1548年）另行规定，南京都察院巡江、巡仓等御史在巡视过程中遇到和自己职权有关的案件可以受理。

2. 考核监察法规

《南京都察院事例》规定南京都察院具有一定的考核权，具体可以划分

---

① 《大明会典》卷二百一十三《六科》。

为对文职官吏的考核和对武职官吏的考核。文职考核方面，六年一次的“大计”，五品及五品以下官吏的考核由南京都察院与南京吏部共同进行。武职考核方面，南京都察院每年需派遣御史前往南京京营对将领进行考核，每年军事比武、会操及检阅之时，都察院需派遣御史前往监察并颁布相关奖赏。正德十二年规定，南京十三门守门官兵的考核亦由南京都察院进行。

3. 经济监察法规

南京都察院需派遣御史监察苏州、松江、常州、镇江等地的水利设施，审计南京光禄寺及内库的财务报告。凡是收入南京各个府库的钱粮布绢，入库之时，南京都察院需派遣御史前往监视，此外尚需派遣御史巡视赋税黄册。根据明洪武二十四年（公元 1391 年）的规定，南京都察院需派遣御史两人，会同户科给事中一人、户部主事四人，带领国子监监生审计国家钱粮账册，若发现差错或有违法犯罪行为，可对相关人等进行弹劾。

在经济监察方面，根据嘉靖八年（公元 1529 年）规定，南京政府官员所收到的俸禄钱粮，需由南京都察院派遣御史两人，会同给事中一人进行督察，防止以权谋私多发奖金、工资等。此外，盐政、矿产、竹漆、救济等事亦需御史与相关人员会同办理。

4. 军事监察法规

根据成化八年（公元 1472 年）规定，御史一人会同兵科给事中一人、兵部武库司人员一人，共同巡视南京及附近地区的军队。弘治五年（公元 1492 年）另行规定，南京都察院需派遣御史二人，其中一人对南京中、南、东三司兵马进行监察，另外一人管理西、北二兵马司。御史巡查需对其中弊端进行清查，上书弹劾。

5. 科教典礼监察法规

根据《南京都察院事例》相关规定，南京都察院对于科教典礼的监察主要体现为以下三条。如：

《大明会典·南京都察院》言：

“凡圣节、正旦、冬至、千秋节，各衙门先期进表笺，至期习仪，行庆贺礼，及迎接诏书开读，俱差御史二员，纠仪。

“凡祭孝陵及历代帝王庙，先师孔子，大江之神，俱差御史二员监礼。

“凡应天府乡试，差御史二员监试。隆庆元年，添委御史二员搜检。”①

《南京都察院事例》应用范围只为南直隶及其附近地区，也没有《宪纲》完善，但其仍为明朝监察法规中的重要组成部分，对于澄清吏治，有效监察，防止腐败及以权谋私发挥了重要作用，在一定程度上促进了国家正常秩序及政治的稳定。

（四）出巡法规《出巡事宜》

明朝御史多为进士出身者，是为天子门生，清贵至极。巡视地方即为代替天子巡狩，上至于龙子藩王、封疆大吏，下至于微末小吏、民间豪强皆可弹劾。明代巡察御史除了弹劾权外，还有审判权等司法权，为了防止巡察御史在巡查过程中作威作福，过多干涉行政或造成不法事宜，洪武二十六年（公元 1393 年）制定颁布了针对御史出巡的法规《出巡事宜》。

《出巡事宜》大体可分为经济监察、司法监察、表彰孝义、体恤孤寡、设施监察、采买监察及对巡察御史自身的规定等内容。经济监察和司法监察是御史出巡巡视的重点。《出巡事宜》规定的经济监察条款如下。

《大明会典·都察院·出巡事宜》言：

“仰本府凡有一应差役，须于黄册丁粮相应人户内周而复始，从公点差，毋得放富差贫，挪移作弊，重扰于民。先具见役里长姓名，同重甘结罪文状，依准回报。”②

“仰本府正官司多方设法召民开垦，趁时布种。其合纳秋粮须候限年满日科征，毋致抛荒。仍将任内开过田亩数目，同依准缴报。”③

“仰本府即将岁办税粮诸色课程各各数目，保结开报。”④

“仰本府取勘籍定户口，分豁城市乡都，旧管收除实在增减数目，开坐回报。”⑤

中国古代政府所掌控的人口数量和开垦的土地数量是政府强盛与否的重要标志，由上可知，巡察御史在经济监察方面主要进行赋税徭役、开垦田地、

① 《大明会典》卷二百一十一《南京都察院》。

② 《大明会典》卷二百一十《都察院·出巡事宜》。

③ 《大明会典》卷二百一十《都察院·出巡事宜》。

④ 《大明会典》卷二百一十《都察院·出巡事宜》。

⑤ 《大明会典》卷二百一十《都察院·出巡事宜》。

人丁数量方面的监察。政府所有的差役都需以赋役黄册上面的记载为准，不能只役贫民而放过富户，更不许官民勾结，私自加重徭役，骚扰百姓。

凡府县境内存有荒地，府县官吏需设法征召百姓进行开垦，开垦初期符合国家免税标准的，需进行免税，免税期限结束后需按照国家规定依法纳税。之后地方官吏需将开垦农田数目与缴纳赋税数目上报，官方在登记人口、土地时应尽量详细，不可隐瞒，按时上报。

《出巡事宜》中司法监察条款特别规定，御史巡查中应将府、县官吏对于律令的熟悉程度作为监察重点，特殊情况下，巡察御史需亲自教导府、县官吏国家律令，促使其加强学习，以便依法处理事务。此外，御史巡视过程中发现奉公守法、廉洁自律的地方官吏需上奏，请求表彰；对贪污腐败、残政害民的官吏需依法审判，进行问责。

孝义是中华民族的传统美德，也是统治者治国理政的需要，《出巡事宜》中对巡察御史表彰孝义的要求如下。

《大明会典·都察院·出巡事宜》言：

“仰本府取勘境内应有孝子、顺孙、义夫、节妇，果有志能卓异，明着实迹，结罪举保。毋得举富遗贫。影蔽差役，扶同作弊，俱依准回报。”①

府县内有孝顺子孙、义夫节妇、志气能卓绝、才华横溢者，巡察御史写明实际情况，可进行保举，但不能举荐富裕人家子弟而遗忘贫苦人家，在此过程中若有营私舞弊，巡察御史可上书弹劾相关人员。《出巡事宜》同时规定，府县下属的养济院所需钱粮每月要按时拨付，若有问题，巡察御史亦可上书弹劾相关人员。

针对国家堤坝池塘、道路桥梁、学校房舍等，巡察御史亦需巡查，具体要求如下：

《大明会典·都察院·出巡事宜》言：

“仰行府县提调官吏，查勘该管地面，应有圩岸坝堰坍缺，陂塘沟渠涌塞，务要趁时修筑坚完，疏洗流通，以备旱涝。毋致失时及因而扰害于民，先俱依准回报。

“仰令提调官常加点视。但有损坏去处，即于农闲时月，并工修理，务要

---

① 《大明会典》卷二百一十《都察院·出巡事宜》。

坚完，毋致阻碍经行，俱依准回报。”①

府县官吏需及时加固堤坝、池塘，以防旱涝。不可以因自身玩忽职守，没有按时修缮而造成害民之举，修缮应在农闲时期进行。凡违反以上规定的，巡察御史可上奏弹劾。巡察御史巡查中发现学校损坏，修缮不及时，应该督促当地官吏尽快修缮，同时应该邀请贤明的老师教导学生，不可让学生嬉戏，荒废学业。

根据《出巡事宜》规定，采买物品的监察法规为以下三条。

《大明会典·都察院·出巡事宜》言：

“仰本府照依按月时估，两平收买，随即给价，毋致亏官司损民，及纵令吏胥里甲、铺户人等，因而克落作弊违错，俱依准回报。

“仰本府即将织染局见在各色人匠机张，岁办数目，关支颜料等物，开坐回报。

“仰行提调官照依原降样式，较［校］勘均平，毋容嗜利之徒私自造置，欺诈小民，俱依准回报。”②

巡视监察是明朝监察中的重要形式之一，《出巡事宜》的颁布不仅为巡察御史巡查明确了职权，做到有法可依，而且为御史巡视监察和地方督府监察调节了矛盾，成为清朝地方巡视法规的蓝本。

四、明朝时期的监察体制

明朝初年，国家政治体制设置在沿袭元制的同时，采用了汉唐制度中的某些优良之处。中央政府如元朝政府，设置中书省、都督府、御史台三大机构，将行政、军事、监察三权分开。但国家承平之后，太祖深感此三大机构权力过大，出于稳定政治的需要，于洪武十三年（公元1380年），诛杀丞相胡惟庸后，裁撤相位，后又将军事权一分为五，改都督府为前后左中右五军都督府，将御史台罢斥，改成都察院，官吏品秩有所降低，都察院的地位同于六部。

就明朝政府的监察制度而言，并不像元朝那样单一简洁，而是如同

---

① 《大明会典》卷二百一十《都察院·出巡事宜》。

② 《大明会典》卷二百一十《都察院·出巡事宜》。

汉、宋监察制度一样，存在着重复监察、相互监察的特点。相比元制，明朝监察制度中最具创新之处在于改变了元朝不设置谏官的特点，设置六科给事中，掌握部分封驳审议的权力。

明朝监察制度设有都察院监察、六科给事中监察、按察司监察、地方总督和巡抚监察。各个机构之间相互配合又彼此监督，促进了监察制度的系统化、严密化。

（一）都察院监察体制

1. 都察院机构设置

太祖称帝之初即建立御史台，分别任命汤和、邓愈为左、右御史大夫，刘基、章溢为御史中丞，掌管监察事务。但是，此时天下尚未安定，以军旅要事为主，御史台并未发挥太大的作用。

明洪武十三年（公元 1380 年），因丞相胡惟庸案的影响，太祖裁撤御史台。洪武十五年十月设置都察院，掌管天下监察事宜，编制和职权如下。

都察院长官为左、右都御史，品秩同中央六部主官，为正二品，额员二人。

下设左、右副都御史，品秩为正三品，额员二人；左、右佥都御史品秩为正四品，额员二人。

都御史、副都御史、佥都御史为都察院的主要领导。洪武二十六年（公元 1393 年），制定并颁布都察院对百官监察的四条规定。如。

《大明会典·都察院》言：

“凡文武大臣，果系奸邪小人，构党为非，擅作威福，紊乱朝政，致令圣泽不宣，灾异迭现，但有见闻，不避权贵，具奏弹劾。

“凡百官有司，才不胜任，猥琐阘茸，善政无闻，肆贪坏法者，随即纠劾。

“凡在外有司，扰害善良，贪赃坏法，致令田野荒芜，民人受害，体访得实，具奏提问。

“凡学术不正之徒，上书陈言变乱成宪，希求进用，或才德无可称述而挺身自拔者，随即纠劾，以戒奔竟。”①

由上可知，都察院的主要职责是纠劾官邪，具体可分为四个方面，其一，

① 《大明会典》卷二百〇九《都察院》。

文武大臣有结党营私，作威作福，祸乱朝政，果真为奸邪小人，需积极上书弹劾；其二，百官之中有徇私舞弊，贪赃枉法，无有善政，才不胜任者需进行弹劾；其三，地方政府有贪赃枉法，使土地荒芜，人民受灾，残害百姓者需进行弹劾；其四，官吏学术不端，为人不正，而上书言变，希望加官晋爵，或者自身无才却挺身自拔者需进行弹劾。以上弹劾事宜将结党营私，祸乱朝政放到需要弹劾的首位，可见明代监察的本质依然为维护皇权，其次涉及内外官吏的贪赃枉法及自身无才而妄图进之事宜。除此之外，都察院主要领导有处理院内行政事务、举荐官吏及参与司法审判等职权。

除都察院主要领导官员外，其下设置：

经历司：经历额定人员为一员，品秩为正六品；都事额定一员，品秩为正七品。

司务司：司务额定人员为二员，品秩为从九品。

照磨所：设置照磨，品秩为正八品；检校，品秩为正九品。

司狱司：设置司狱，品秩为从九品。

十三道监察御史：合计为一百一十人，品秩为正七品。其中浙江道十人、江西道十人、河南道十人、山东道十人，福建道七人、广东道七人、广西道七人、四川道七人、贵州道七人，陕西道八人、湖广道八人、山西道八人，云南道十一人。

2. 监察御史职权

监察御史在组织上属于都察院，受都察院管辖，但在工作中，监察御史有着较强的独立性。可以不受都察院的领导干涉，独立上奏。监察御史除了监察地方官吏外，还需分工监察中央政府直属机构及军事卫所，进行重复监察与交叉监察。具体职权划分如下。

浙江道：监察五军都督府中的中军都督府，在京府军左、武功中等十二卫，南直隶庐州府等部门。

江西道：监察五军都督府中的前军都督府，在京府军前、龙骧等八卫，南直隶淮安府等部门。

福建道：监察户部印钞及众多国家仓库等部门，在京金吾后、武功前等十卫，南直隶池州府、常州府等部门。

四川道：监察工部修缮、营造及军事装备制造等部门，济宁卫等五卫及松江府、播州宣慰司等部门。

陕西道：监察五军都督府中的后军都督府、大理寺，兴武卫、江阴卫等八卫及保定四卫、直隶知州等部门。

云南道：监察顺天府，通州左、右，密云中、后，延庆左、右，万全左、右等卫及居庸关千户所等部门。

河南道：监察六部之中的礼部，都察院、国子监等机构，及两淮盐运司，南直隶扬州府、扬州卫、潼关卫等部门。

广西道：监察通政司、六科给事中，燕山前、沈阳左等十二卫，安庆府、保定府等四府及紫荆关千户所等部门。

广东道：监察六部之中的刑部，南京应天府，沈阳右、孝陵卫等八卫及延庆州等部门。

山西道：监察五军都督府中的左军都督府，锦衣卫、龙虎卫等十二卫及镇江府、平定千户所等部门。

山东道：监察六部之中的兵部，御马监、辽东都司，凤翔府，徐州卫、寿州卫等及洪塘千户所等部门。

湖广道：监察五军都督府中的右军都督府，京城中的五城兵马司，武德卫、江淮卫等八卫及宁国府等部门。

贵州道：监察六部之中的吏部，内官监，长芦盐运司，河间卫、天津卫及苏州府、河间府等部门。①

监察御史的职责根据分工不同，可以分为内外两部分，内为在京进行监察，外为外出巡视监察。内部监察可以分为刷卷审计监察、京城巡视监察、典礼仪式监察、其他方面监察等四个方面。②

刷卷审计是明朝监察制度中的重点，监察御史有权查看中央直属部门的公文档案及相关财务资料，通过审核文书进行监察。刷卷按照规定一般情况一年或者两年进行一次，监察御史需将被刷卷部门的公文一一查看。根据公文的实际情况分为六种，某件公事已经完成且无违法乱纪、贪污腐败的行为，称为“照过”；某件公事仍在办理未完全完成且无违法乱纪情况，称为“通照”；某件公事按照规定应该已经完成，但因各种原因未完成，称为“稽迟”；

---

① 《明史》卷七十三《职官二》。

② 《明史》卷七十三《职官二》。

某件公事已经完成，但通过审计监察发现存在失误，称为“失错”；某件公事应该办理但因管理该项事务的官吏个人原因未予办理，称为“违错”；该办理的事情不办理，该举荐的人才不举荐且存在贪污腐败、违法乱纪的行为，称为“埋没”。针对不同的评价，相应官吏受到不同的刑赏。

京城巡视性监察分为经济性巡视、军事性巡视和治安性巡视。经济性巡视方面，监察御史需巡视验收光禄寺、国家仓库的进出库物资、实有物资并详细刷卷，检验负责官吏有无私自侵吞、以次充好或管理不善等行为；在军事性巡视方面，监察御史需巡视军营，凡有私自役使士兵、军队经商或不按照军事条例进行操练、玩闹嬉戏的情况，皆可上奏弹劾；在治安性巡视方面，监察御史需巡视皇城四门，查点、盘问守门官兵，巡视五城兵马司及京城内各个街坊，巡逦盗贼，维护治安。

典礼仪式的监察分为朝会时的仪式监察和祭祀时的仪式监察。朝会时监察御史对上朝官员进行监察，凡有仪表不整、无理取闹、大声喧哗、班次僭越者，御史皆可弹劾。在国家祭祀时，官吏言语不恭、祭品不洁、仪式不佳亦可弹劾。

此外，监察御史可担任科举考试的监考官，负责考察纪律，防止考生出现私相夹带及其他作弊行为。官军民等有敲响登闻鼓进行上告时，轮值御史需将诉状代进呈朝廷。

御史奉旨出巡某地时为外执掌，可以分为两类，其一为专职巡察御史，即专门前往某地办理某项业务的御史；其二为巡按御史，即前往某地进行全面巡视监察的御史。专职巡察御史一般有以下十种监察职权。

其一为清查军队，清军御史前往军队中核对检验军队数目，防止士兵空缺；其二为提督学校，南北二京各有提学御史一人，负责国子监学生所需钱粮、校舍修缮及督促学习的事务；其三为巡盐御史，明朝在两淮盐场、河东盐场等地各设置巡盐御史一人，巡视盐务，督促上缴盐税，防止私人贩卖；其四为巡视茶政、马政御史，明朝在陕西设立“茶马司”，专门负责与少数民族进行茶叶、马匹交易，巡视茶政、马政御史负责进行监察，防止相关官吏以权谋私，或私人贩卖；其五为巡漕御史，漕运主要承担将江南运往京师的粮食等物资的运输，有专职御史对此进行巡视；其六为巡关御史，朝廷派遣巡关御史，巡视北部居庸关、山海关、宣抚、大同等边关地区，在此过程中检阅部队、审计财务、查看武库；其七为儹运御史，督责从南方送往北方的粮食，并对济宁以南的运河河道进行管理；其八为印马御史，御史与管理马政的部门对民间及军队的马匹进行印烙；其九为屯田御史，协同相关部门对京城及边关地区的屯田事宜进行管理，后期也可对军屯进行巡查；其十为监军御史，负责监军；巡按御史的职权在《出巡事宜》中已介绍，此处不再赘述。

（二）六科给事中监察体制

唐宋之时，给事中属于言谏系统的官吏，掌管对皇帝的谏议，但明朝中央政府直辖吏、户、礼、兵、刑、工六部，各部设立对应的给事中，既有言谏职责又有监察职责。每科给事中编制人数和官吏品秩略有变化，洪武二十四年（公元 1391 年）设定如下。

吏科：设置都给事中一员，品秩为正八品，左、右给事中各一人，品秩为从八品，给事中四人。

户科：设置都给事中一员，品秩为正八品，左、右给事中各一人，品秩为从八品，给事中八人。

礼科：置都给事中一员，品秩为正八品，左、右给事中各一人，品秩为从八品，给事中六人。

兵科：置都给事中一员，品秩为正八品，左、右给事中各一人，品秩为从八品，给事中十人。

刑科：置都给事中一员，品秩为正八品，左、右给事中各一人，品秩为从八品，给事中八人。

工科：置都给事中一员，品秩为正八品，左、右给事中各一人，品秩为从八品，给事中四人。

惠帝年间罢免左、右给事中，将都给事中品秩提升至正七品，给事中品秩为从七品，设置补阙官和拾遗官。宣德年后六科直属皇帝，任何部门对其无领导权。除了《各科分掌》监察法规中所规定的权力外，六科给事中尚有言谏和封驳的职责。如：

《明史·职官志三》言：

“掌侍从、规谏、补阙、拾遗、稽察六部百司之事。凡制敕宣行，大事复奏，小事署而颁之；有失，封还执奏，凡内外所上章疏下，分类抄出，参署付部，驳正其违误。”[①]

明朝虽然在制度上设立六科给事中，掌管谏议，但纵观明史，在明代君主专制与特务政治强化的情况下，给事中的谏议权很难得到有效行使，无法起到匡正君主过失的作用，但也给自身招来灾祸，轻则遭受廷杖，重则抄家灭门。给事中的职权最终和都察院基本一致，成为君主控制群臣的工具。

六科给事中名义上有封驳之权，封驳权可以分为两个方面，一方面对于以君主名义发布的敕令，给事中可对此进行审核，发现有误或者不合实际的情况可进行封还，此之谓“封”。另一方面，臣子上书给皇帝的奏折，需由各部给事中进行审核，如果发现有误，可进行改正或者驳回，要求重新拟定，此之谓“驳”。但和给事谏议权一样，有明一朝并未见到给事中太多的“封”，主要为之“驳”。正如顾炎武所言：

《日知录·封驳》言：

“明代虽罢门下省长官，而独存六科给事中，以掌封驳之任，旨必下科，其有不便，给事中驳正到部，谓之科参，六部之官无敢抗科参而自行者。故给事中之品卑而权特重。”[②]

六科给事中的其他职权在《各科分掌》已有介绍，此处不再赘述。

（三）按察司监察体制

1. 按察司的机构设置

明初沿袭元朝制度并有所损益，在各道设置按察使，品秩为正三品，下辖按察副使，品秩为正四品，佥事品秩为正五品。明洪武九年（公元 1376 年）变革官制，按察使成为地方专业的监察与司法官员，与承宣布政使、都指挥使并列。洪武二十九年分全国为四十一“道”，按察各道下属州县。详情如下。

直隶下辖六道：分别为淮西道，淮东道，苏松道，建安、徽宁道，常镇道，京畿道。

浙江下辖二道：分别为浙东道、浙西道。

四川下辖三道：分别为川东道、川西道、黔南道。

山东下辖三道：分别为济南道、海右道、辽海东宁道。

---

① 《明史》卷七十四《职官志三》。

② 《日知录》卷九《封驳》。

河南下辖二道：分别为河南道、河北道。

北平下辖二道：分别为燕南道、燕北道。

陕西下辖五道：分别为关内道、关南道、河西道、陇右道、西宁道。

山西下辖三道：分别为冀宁道、冀北道、河东道。

江西下辖三道：分别为岭北道、两江道、湖东道。

广东下辖三道：分别为岭南道、海南道、海北道。

广西下辖三道：分别为桂林苍梧道、左江道、右江道。

福建下辖二道：分别为建宁道、福宁道。

湖广下辖四道：分别为武昌道、荆南道、湖南道、湖北道。

宣德五年（公元1430年），南北二京城不再设置按察使，全国固定为十三道按察司，主官按察使品秩为正三品，副长官按察副使品秩为正四品，佥事无固定额员，品秩为正五品，下属有经历司、照磨所、司狱司等机构。

2. 按察司的职权

按察司为明代省级监察、司法机关，被称为“臬司”，明初也被称为“外台”，对军事、行政、经济、屯垦、选举、教育等各个方面均有监察权。明朝前期按察使在司法和监察权中，更偏向监察权，一般情况下可在自己辖区内独立行使监察权，但遇到重大情况需和本省承宣布政使、都指挥使进行商议，或上报处理。

按察司官吏和都察院外派的巡察御史在明朝初期职权、地位平等，在制度设计中未尝没有相互制衡之意。但是，之后出现变化，因巡察御史为中央派遣官员，具有钦差大臣的地位，按察使也多受其节制，最终巡察御史发展成为地方巡抚，成为按察使的上级。明朝中期以后，按察使的监察权逐渐被剥夺，按察司最终成为地方司法机关。

（四）总督和巡抚监察体制

在明朝制度设计中，总督和巡抚由中央政府外派的巡察御史等监察官员发展而来，一般而言巡抚为巡视抚慰之意，一般巡抚一省或者数府。总督是明末为镇压农民起义和应对辽东战事而设立的官职，也可称为“督师”，总督一般管辖数省，除了有巡抚的职权外，还有调动军队、统兵作战的权力。但直至明朝灭亡，总督和巡抚都未形成如同清朝一般的正式官制，《明史》也将总督、巡抚归入都察院监察官吏群体中。

无论是总督还是巡抚，职权都超过了一般的巡察御史，如宣德八年（公元 1433 年）规定：

《天府广记·都察院》言：

“兹命尔等巡抚郡县，务宣德意、按抚民人，扶植良善。一切税粮，从尔设法区处，必使人不劳困，输不后期。卫所屯种，从尔比较，水田圩岸，亦从提督，使耕耘有时，水旱无患。应有便民之事，悉具奏闻。”①

再如嘉靖十一年（公元 1532 年）规定：

《大明会典·抚按通例》言：

“凡徭役、里甲、钱粮、驿传、仓廪、城池、堡隘、兵马、军饷、及审编大户粮长、户壮快手等项地方之事，俱听巡抚处置。”②

由此可见总督、巡抚权力之大。

五、明朝时期的监察特点

明太祖本微末布衣之人，乘元末暴政崛起江淮之间，旋而一统天下，自古得国之正，未有超过朱明王朝者。但太祖本人家天下思想严重，裁撤丞相分权六部，使得中国古代专制主义中央集权制度进一步发展，政府无法形成对皇权的约束。明朝皇帝中寻欢作乐者有之，求仙问道者有之，玩弄军阵者有之，不理朝政者有之。但明朝是中国古代专制主义中央集权制度发展到较完善的朝代，在没有外部强力干涉的情况下，尚可依靠制度本身的运行大体维持政权的稳定。等到内部农民起义，外部女真叩关，明朝最终灭亡。明朝的监察制度有以下特点。

其一，虽然监察制度健全，但存在重复监察现象，特务监察盛行。在明朝的监察制度中，中央设有都察院、六科给事中，地方设有十三道监察区，有按察使监察，及在巡察御史的发展下最终形成的总督、巡抚监察，都察院在对地方进行监察的同时，如河南道都察院同时也进行着监察，重复监察现象严重。皇帝对国家正式监察机构并不十分信任，在此过程中又形成锦衣卫监察，东厂、西厂、内厂监察，这些机构虽然在一定程度上强化了监察，但

---

① 《天府广记》卷二十三《都察院》。

② 《大明会典》卷二百一十《抚按通例》。

是对国家法规和制度建设的破坏较为严重，在中国古代历史上形成了十分不良的影响。

其二，监察法规全面，但存在有法不依现象，监察流于形式。明朝沿袭唐、宋、元的监察法制，在中央都察院形成整体性监察法规《宪纲》，此外还有针对六科给事中的监察法规《六科分掌》，南京都察院地方检察法规《南京都察院事例》及中央政府外派的巡视御史所遵循的监察法规《出巡事宜》。监察法治建设相比元朝更为完善，但明朝中后期，政治腐败，土地兼并严重，起义蜂拥而起，士绅阶级控制民间，大多数监察官吏并不依靠监察法规进行监察，存在有法不依的现象。

其三，监察官吏权限过大，无法保持专业性的同时保持边界性，导致监察权侵入行政权。监察官吏最主要的职责是行使监察权，在需要时可要求行政官员配合。但明朝监察官吏权限过大，除了监察权外，还有司法权、审判权、军事权、行政权、财政权，导致监察权过多侵入其他权限中，无法在保证监察有效性的同时保持监察权的边界性。在明朝后期御史又同汉之刺史，这对国家整体政局稳定十分不利。

其四，监察官吏陷入党争，无法有效行使监察权，监察权的有效行使严重依赖皇权。党争历朝都有，并非一味是为争权夺利，如北宋之党争，即为变法派与保守派之争执。但明朝党争多以地域划分，内结援于宦官，外拉拢于言官，使得言官成为党争的喉舌，凡对反对党派所做之事、所用之人不论对错，一味反对，无法有效行使监察权。在明代专制主义中央集权制度强化时期，监察官吏是否能够有效行使监察权，亦看皇帝之本意，自身可做的决定甚少。

第八章　清朝：中国古代监察法制的顶峰

一、清朝时期的政治和社会背景

女真部族，发源于白山黑水之间，中国古代史中不同时期，称为肃慎、挹娄、勿吉、靺鞨，唐朝末年，称为女真。女真在唐代建立渤海国，地广千里，一时为盛。北宋政和五年（公元 1115 年），女真首领完颜阿骨打建立金朝，后虽亡于蒙古之手，但女真族依然占有故土，共有五万户左右[①]。建州女真为元朝斡多里万户之后，共经历八世，是为清朝景祖觉昌安。

明朝中后期，东北女真部根据地域和文化的不同，可分为建州女真、海西女真、野人女真，因建州女真部最为先进且临近明地，明朝册封其部落首领为建州左卫领袖。明朝万历四十六年（公元 1618 年），明朝建州左卫领袖觉昌安之孙、塔克世之子努尔哈赤以“七大恨”为名起兵叛明，万历四十七年（公元 1619 年）在萨尔浒之战中大败明军，遂占有开原、铁岭等地，天启年间又攻陷沈阳、辽阳等地，明朝辽东七十余城皆被攻占。努尔哈赤遂移居沈阳，以谋长远。

明天启六年（公元 1626 年），努尔哈赤再次进攻明朝，行至宁远城下，被袁崇焕用火炮所伤，同年逝世。努尔哈赤子皇太极继位，是为太宗，于崇德元年（公元 1636 年）称帝，国号曰“清”。皇太极继位后，于天启七年、崇祯二年（公元 1629 年）、崇祯三年、崇祯九年、崇祯十一年等多次入侵，夺取明朝财物、丁壮。[②]十三年皇太极兵围锦州，二年明朝经略洪承畴带领明军精锐救援，但于松山之役兵败，明军精锐尽失。至此，明朝内不可平定农民起义，外不可击退关外女真，再加之内部问题，国势遂不可挽回。

---

① 孟森．清史讲义 [M]．北京：北京理工大学出版社，2016：8.

② 傅乐成．中国通史（下）[M]．北京：中信出版社，2014：588 – 590.

明崇祯十七年（公元 1644 年），农民起义军李自成部攻陷北京，思宗自缢而亡。是年明朝宁锦守将吴三桂投降清朝，清军在摄政王多尔衮的带领下入关，后击败李自成、张献忠所部及明朝南方福王、唐王、鲁王、桂王政权，于顺治十八年（公元 1661 年），初步一统天下。

清朝入关定鼎中原之后，前期顺治、康熙、雍正、乾隆四代君主皆具有一定的才能。顺治在位期间，在多尔衮及其他文臣武将的协助下初步一统全国；康熙文治武功，为古今帝王所少有；雍正皇帝御下虽严，但革除了康熙末年的吏治弊病，改土归流、官绅一体纳粮、摊丁入亩、火耗归公都为其政绩；乾隆前期颇能留心政治，勤于政事，国家人口增长迅速，国力有所增强。

但乾隆后期骄傲自满，滥用国力，致使国疾民贫。嘉庆元年（公元 1796 年）川陕、贵州、湖南等地人民纷纷起义，清朝用时十余年，耗费白银两亿余两才戡平定。① 道光年间，英国输入鸦片数量越来越多，吸食者亦加增多，每年流失白银达到三千万两，导致银贵钱贱，朝廷税收困难，百姓疾苦。道光十八年（公元 1838 年），朝廷任命林则徐为钦差大臣，前往广东禁烟，则徐于十九年六月销毁鸦片 21298 箱。②

但因禁烟事宜导致了英国的报复，鸦片战争至此爆发，清朝失败后与英国签订了《中英南京条约》。不仅对英国割让香港岛，赔款 2100 万银圆，英国同时还取得在华通商权、居住权等，后又于虎门签订《善后条约》，其中协定关税和最惠国待遇对中国损害极大。二十四年与美、法分别签订《望厦条约》和《黄埔条约》，又将对于外国人的民事、刑事裁判权失去。③ 咸丰年间爆发第二次鸦片战争，抵抗失败之后与英法又签订《天津条约》《北京条约》，除赔款外，再次增开通商口岸，降低关税，允许传教士自由传教。

鸦片战争后，清朝政治更加腐败，官吏侵渔无度，再加上天灾不断，百姓难以生存。咸丰元年（公元 1851 年），广西花县人洪秀全以拜上帝会为号召，率领杨秀清、萧朝贵、冯云山、韦昌辉、石达开等人于桂平县金田村发动起义，并于咸丰三年（公元 1853 年）攻陷南京，改称“天京”。之后太平天国上层集团迅速腐化，争权夺利，杨秀清预夺洪秀全之权，韦

---

① 傅乐成．中国通史（下）[M]．北京：中信出版社，2014：616－617.

② 翦伯赞．中国史纲要（下）[M]．北京：北京大学出版社，2006：605－607.

③ 傅乐成．中国通史（下）[M]．北京：中信出版社，2014：619－620.

昌辉杀掉杨秀清及其党羽数万人，秀全又杀掉韦昌辉，对石达开亦不加信任。后在汉族地主阶级曾国藩、李鸿章、左宗棠等人的镇压下起义失败。[①]

自两次鸦片战争及太平天国起义后，清朝上层的有识之士和汉族地主阶级的精英分子开展了“自强”“求富”的“洋务运动”，翻译西方书文，引进西方工业，购买、制造西方武器，建立新式陆海军。但于中日甲午之役，功败垂成。李鸿章的北洋海军和淮军全部失败，中日签订《马关条约》，除割让台湾岛、赔款白银两亿两外，还允许日人在通商口岸开设工厂。与此同时，俄国对中国亦加紧侵略，双方所签订的《天津条约》《瑷珲条约》《北京条约》及多个勘分边界的条约，夺取中国广阔的国土。[②]日、俄两国实为中国之大敌，所签不平等条约亦为中华之大耻。

甲午之役，中国败于倭寇之蕞尔小邦，导致沉醉于天朝上国梦幻之中的国家部分上层及广大知识分子痛心不已，康有为、梁启超等人进行“公车上书”，以图迁都再战。后又依靠并无实权的光绪皇帝进行变法维新，亦失败。光绪二十六年（公元1900年），北方人民自发组织起来“扶清灭洋”，杀害教士教民，拆毁铁路电线，焚毁教堂。五月，美、英、法、德、俄、日、奥、意八国联军，进攻北京。慈禧太后亦向八国宣战，后清朝再次战败，[③]与列强签订《辛丑条约》，赔款本息合计9.8亿两白银，清廷成为“洋人的朝廷”。[④]

《马关条约》签订后，中国广大知识分子纷纷进行救亡图存的活动，且知清廷之不可挽救，非推翻君主专制政体，施行民主共和不可。广东香山县人孙文以“驱除鞑虏，恢复中华，创立合众政府”为号召，多次起义，屡败屡战，百折不挠，使得民主共和观念广为传之。清朝为自救也进行了“新政”改革，但与国人期待差距较大，立宪派对此也顿感绝望。宣统三年（公元1911年），武昌新军发动起义，随后各省纷纷响应，清朝大势已去，遂接受临时政府的优待条例，宣统退位，清朝灭亡。

纵观清朝二百七十六年之国祚，统治期间优缺并存，详情如下。

论其优点，清朝以数十万部族，数万军队，占据中原，军队骁勇善战，

---

① 罗尔纲. 太平天国史纲 [M]. 长沙：岳麓书社，2013：97－106.

② 李侃，李时岳等. 中国近代史 [M]. 北京：中华书局，1994：43－207.

③ 李侃，李时岳等. 中国近代史 [M]. 北京：中华书局，1994：232－294.

④ （清）陈天华. 猛回头·警世钟 [M]. 沈阳：万卷出版社，2015：8－20.

吃苦耐劳。及统一天下后，清朝皇帝大都十分勤政，即有一二庸主，但无昏主。圣祖康熙、世宗雍正、高宗乾隆三帝文治武功都相当不错，在位期间励精图治，开疆拓土，将新疆、西藏、蒙古、东北等地实际纳入中国版图，后嘉庆以降，道光、咸丰、同治、光绪虽有愚误之举动，割地赔款，但此为中华数千年未有之变局，假使当时为汉族政权，亦未必比清朝政权做得更好。

论其缺点，清朝存有部族政治之私心与过度汉化的倾向。以满族贵族为主体，为了维护满族利益，虽无蒙古四等人之区分，但汉族亦为下等臣民。清朝国家权力完全集中于中央，下设清朝贵族和汉族上层组成的各省督府，官制之中有一汉官，必有一满官，品秩上虽无高下之分，实际以满员为主。①此外，以数十万满族人丁统治数万万之数的以汉族为主体的各族人民，清朝力有不及。除了入关初期外，清朝基本继承了汉族政权的制度、文化、风俗，汉化程度很深。以至于在西方东渐时期，不能有效应对。但此为数千年弊端之积累，不能完全归罪于清朝。

二、清朝时期的监察思想

清朝乘着明末农民起义的烽火和南明争权夺利之际，在汉族投降派的效忠下定鼎中原，旋即统一全国。满族虽武略超群，然而文化落后，对于国家制度的创建少有建树，多沿袭明制并结合实际情况有所损益。明朝开国制度在创建时沿用了不少元制之弊端，清朝又沿用了明制之弊端。清朝最高统治集团并非不知此等制度之弊端，然为了实现有效统治，依然在维护部族政治的同时将中国古代专制主义中央集权发展到顶峰，伴随着这一发展，中国古代监察制度亦发展到顶峰。

纵观有清一朝，就其监察思想而言可分为三个阶段，第一阶段为太祖、太宗、世祖、圣祖、世宗、高宗前期，即从努尔哈赤起兵到乾隆前期，此阶段为清朝监察创建和发展的黄金时期；第二阶段为高宗后期、仁宗、宣宗、文宗时期，为清朝监察的衰落时期；第三阶段为穆宗、德宗及宣统时期，此时期西方思想传入，国人对于民族、宪政的理解加深，监察思想为之一变，但清朝暮气已深，积重难返，灭亡危机已可预见。

---

① 钱穆．国史大纲 [M]．北京：商务印书馆，2010：466－468.

（一）清朝前期的监察思想

努尔哈赤时期是满族从原始部落制过渡到封建统治的重要时期，监察思想也处于较为原始的状态，展现出以大汗礼仪为中心和与部落习俗相配合的监察思想。但此时对官吏的监察尚未达到大汗唯我独尊、以上命为准的阶段，各位首领对自己管辖的人员享有独立的监察权。对官吏的惩处也多以大汗谕令或“八王议政”后的共同决议发出，法治建设不够健全。

太宗皇太极继位后，崇德元年（公元 1636 年）将国号由“大金”改为“大清”。出于限制满族亲贵，有效进行监察和维护皇权的目的，皇太极仿照明朝制度设立了都察院。设立之初对此十分重视，上谕如下。

《钦定台规定·训典二》言：

“凡有政事背谬，及贝勒，大臣骄肆慢上，贪酷不法，无礼妄行者，许都察院直言无隐，即所奏涉虚，亦不坐罪，倘知情蒙蔽，以误国论。”①

不久之后，太宗再次下诏：

《钦定台规定·训典二》言：

“都察院各官皆系朝廷谏诤之臣，诸王贝勒有旷废职掌，或朝会轻慢，冠服不具，以及不适己意，托病偷安，不朝参人署者，尔等察奏。”②

由此可见，太宗对都察院设置的目的有着十分清醒的认识，都察院的主要作用在于两点，第一，限制清朝诸位王爷、贝勒、贝子的权力，维护皇帝至高无上的权威；第二，监察满汉官吏，凡有贪赃枉法，侵渔无度，扰乱地方的行为，都察院官吏需积极弹劾，以维护政权的基本稳定。

此外，清朝都察院建立之初，名义上也承担着见闻军国大事、进行谏议的职责。太宗时期对谏议多有鼓励，凡关系到政治得失、民间疾苦、朝廷方针、军国大略的言官有所想法的都可上奏直言。但太宗时期清朝盘踞东北一隅之地，制度建设不甚完善，皇权未确定至高无上的地位，因此即使清朝贵族尤其是掌管八旗兵马的各位亲贵有不法行为，也无法进行有效的监督和惩处。

顺治元年（公元 1644 年）多尔衮率军入关，面对中原之富庶，长期居住

---

① 《钦定台规定》卷二《训典二》。

② 《钦定台规定》卷二《训典二》。

于东北苦寒之地的满族官兵多有不法行为，跑马圈地、贪污腐败、草菅人命、纵兵劫掠，甚至屠城事件也多有发生。此外，诸位亲王、贝勒依然目无君上，专断横行。清朝文化落后，对汉族知识分子及他们奉行的孔孟忠孝仁义之道不甚尊重，从而激起汉族人民的强烈反抗。为稳定统治，顺治九年颁布谕令，再次强调监察官吏的职责。如下：

《钦定大清会典条例·都察院》言：

“都察院各官皆朝廷谏诤之臣，朕躬如有不亲政务，忠良失职，奸邪得位，有罪者録用，有功者降谪等事，尔等有所见闻，即行规谏。至于诸王贝勒大臣有旷废职掌、耽酒色、好逸乐、取民财物妇女，或朝会轻慢冠服不具，及以不适已意，托病偷安，不朝参入署者礼部稽察。若礼部狥情容隐，尔等察奏。或六部断事偏谬，及事未审结诳奏已结者，尔等亦稽察奏闻。”①

顺治九年颁布的谕令主要强调了四点内容，第一，鼓励谏议，顺治皇帝自己以身作则，若有不亲政务，朝事不公，忠奸错位的现象，言官需积极谏议；第二，明确了对清朝贵族及朝廷大臣的监察要求，如有懒政怠政，贪于酒色，残民害民的行为，言官可对其进行弹劾；第三，为礼仪要求，诸位大臣需整齐严肃，服容得体，不可假托以病，不朝不参；第四，为对中央行政部门的监察要求，六部断事不公或者诓骗上级，亦需言官进行弹劾。

顺治七年摄政王多尔衮病逝，顺治八年，顺治亲政。顺治改变了多尔衮时期的一系列做法，名义上加大了对汉臣的信任，对吏治也有一定的整顿。但此时清朝尚未完全统一，天下动乱不止，顺治皇帝较为年幼，无法从根本上落实九年间颁布的监察要求，此举笼络人心的意图远大于实际效果。顺治九年，顺治皇帝要求在各省儒学明伦堂中设立《卧碑文》，禁止学生上书言事，妄议国政，剥夺学者言论、出版、结社的自由，②其监察之心由此亦可见之。

此外，顺治时期虽然也有如赵开心等台谏直臣，但总体效果不佳。都察院多为汉臣，面对顺治时期错综复杂的政治局面，有的言官成为政治斗争的牺牲品。如顺治八年，都察院御史张煊弹劾当朝重臣大学士陈明夏结党营私、收受贿赂、任命私人、选举不公等罪状。时任吏部尚书谭泰为陈明夏党羽，想要杀掉张煊，朝廷议政之时，众多满族官吏多随声附和，导致张煊被定罪

---

① 《钦定大清会典条例》卷一百四十五《都察院》。

② 钱穆．国史大纲 [M]．北京：商务印书馆，2010：470.

为“诬陷大臣”，最后被杀。

清朝初年，面对明末党争不断，农民起义，旋而江山社稷落入清朝之手的实际状况，顾炎武、黄宗羲和王夫之三人都主张“经世致用”。黄宗羲特别重视人才、教化和风俗。他对历代社会风俗变迁和吏治问题、政治兴衰进行了系统研究，强调教育和风俗对官吏廉洁和政治稳定有极其重要的作用。如：

《亭林文集·华阴王氏宗祠记》言：

“夫子所以教人者，无非以立天下之人伦，而孝弟，人伦之本也；慎终追远，孝弟之实也。甚哉，有子、曾子之言似夫子也。是故有人伦，然后有风俗，然后有政事，有政事，然后有国家。……故民德厚而礼俗成，上下安而暴慝不作。”①

顾炎武以宋朝王安石变法为例进行说明，他认为神宗之际，王安石急于变法，富国强兵，但未从根本上使国家富强。国家财政虽然有所增多，但国家的税收政策却使理财变为敛财，用心过急，也使投机经营之辈纷纷得以巧进，朝中形成了保守党和改革党，国家深受其害。后世批判王安石变法的人只知道农田水利法、青苗法、保甲法、保马法等新法害民，却不知道更严重的是对社会风气的损害。如：

《日知录·宋世风俗》言：

“不知其移人心，变士习，为朝廷之害。其害于百姓者，可以一旦而更；而其害于朝廷者，历数十百年，滔滔之势，一往而不可反矣。”②

顾炎武认为官吏廉洁和社会风俗、人才教化之间是相互促进的关系，良好的社会风俗和对人才的教化可以使得官吏廉洁，同时官吏廉洁也可以起到教化人心的作用，促进社会良好风俗的形成。他以西汉文帝之时为例，是时提倡廉洁，严禁贪污，官吏不得徇私枉法，天下教化因而得以改善，也促进了官吏的廉洁。③

黄宗羲对君主专制进行了强烈批判，他主张改革政治、加强法治和发挥舆论监察的作用。促进政体改革，澄清吏治。

---

① 《亭林文集》卷五《华阴王氏宗祠记》。

② 《日知录》卷十三《宋世风俗》。

③ 顾家宁.儒学与民主关系的再思考：以黄宗羲政治思想之“民主性”问题为中心[J].政治思想史，2018，9(4)：18-36.

《明夷待访录·原君》言：

“然则为天下之大害者君而已矣。向使无君，人各得自私也，人各得自利也。”①

首先，黄宗羲肯定了个人私利的合理性，然君主专制是天下的大害，提倡设立学校，培养士人，然后从平等、同意和政治参与三个方面限制君权，促进吏治清明。但也应注意到，黄宗羲所说的平等并不是现代意义上的平等，而是否定君主的绝对性权威，拉近阶层之间的距离。“同意”主张政治权力的行使应该取得士人阶级的普遍认可，这种理论来源于先秦儒学及宋明理学中士人的道德自主性。②再者，黄宗羲认为现行法律有别于三代之时天下为公的“公法”，而是“天下为私”的维护君主及官僚阶级利益之法。所以，应制定新的法律弥补人治和德治的不足，以此强化对官吏的监察。③第三，黄宗羲提出要广建学校，培养士人，允许士人议论国是，批判国家大政方针，发挥社会舆论的监察作用。④

王夫之主张以严治吏，强化监察。首先，要做到严管官员，抓住要害。他对五代之时杨廷式处理某县令贪污案件的方式极其赞赏，杨廷式除了处理该县令外，还处理了该县令的上司张嵩和徐知浩。王夫之认为朝廷如要从根本上澄清吏治，需“唯严之于上官而已矣”。其次，需要强化法治，提倡廉洁。如：

《读通鉴论·懿宗》言：

“人君所恃以饬吏治，恤民隐者，法而已矣．法者．天子操之，持宪大臣裁之，分理之牧帅奉若而守之．……唯慎选大臣而与之简择牧帅．既得其人而任以郡邑之治矣．则刑赏予夺一听大臣．所访于牧帅者．实考其淑慝功罪而决行之。”⑤

第三，需选举贤能，培养干吏。王夫之认为选举贤良和有效治理是相辅

---

① 《明夷待访录》卷一《原君》。

② 陆月宏．何谓保天下？：顾炎武的风俗教化思想发微 [J]．学海，2017，(6)：201－205.

③ 刘小平．儒家为何必然需要法治？：黄宗羲的“法”理论及其内在转向 [J]．法制与社会发展，2020，26(5)：86－101.

④ 彭国翔．公议社会的建构：黄宗羲民主思想的真正精华：从《原君》到《学校》的转换 [J]．求是学刊，2006（4）：44－49.

⑤ 《读通鉴论》卷二十七《懿宗》。

相成的关系，对君主而言，吏治澄清最重要的是选举宰相，宰相是重要的行政官吏。此外还需亲贤臣、远小人，积极培养和储备人才，为国家形成“养士”风气，如此则吏治可清。

康熙帝是清朝最英明神武的君主，文治武功亦为可观，他的监察思想在清朝一直占据着统治地位。他认为治国之本，不在治民而在治官，只有治官得体，吏治彰明，才能够安定民心，使百姓勤于生产，安居乐业。在监察法律和监察人员的关系上，康熙认为治理国家，任何监察法律都需要依靠监察人员去执行，“有治人，始有治法”，自古以来，天下动乱，民生多艰的本质原因就在于吏治不清。[①] 康熙三十六年（公元 1697 年）亲自下诏，鼓励都察院官吏积极纠劾百官的不法行为。如：

《钦定大清会典条例·都察院》言：

“国家设立言官，职司耳目，一切吏治民生得失利弊，皆宜殚思毕虑，据实直陈。近见满汉科道官建白甚少，殊非朕责望言路之意，嗣后应各矢公忠，研求时务，凡有可以裨益国家之事，悉据所见奏闻，以俟采择。但不得怀挟私情，纷更定例。剿袭陈言，浮泛塞责，其有真知灼见应纠劾者，即行参奏。亦不得暗受嘱托，代人报复苛责细事，希图倾陷。”[②]

康熙三十六年，所颁上谕主要强调三个方面的内容，第一，要求言官积极谏议，凡吏治利弊，民生得失及其军国大事，都可上书谏议。第二，要求言官纠弹百官。面对科道言官上书甚少的情况，康熙鼓励监察官吏积极弹劾百官的不法行为，以便激浊扬清，使得吏治清明。第三，弹劾必须属实。顺治年间，重开明朝“风闻言事”之制，此做法虽然有利于君主控制群臣，但不利于政治稳定，且损害了监察工作的有效性和严肃性，于是康熙帝要求弹劾之事必须属实，不可挟私报复，扰乱国家正常政治秩序。

但从后来的执行来看，“风闻言事”之制并没有完全禁止，清朝后期重开“风闻言事”之制，主要目的是加强封建专治统治。从某些方面来看，康熙对御史监察的工作持支持态度。如：

《清代名人仪式·气节类》言：

（任葵尊）巡视北城，亲王诸府公侯第宅多在辖下，骄悍尤难治。公偶出，

---

① 薛秀娟．清朝监察立法制度及其历史镜鉴研究 [M]．北京：九州出版社，2019：27 - 29.

② 《钦定大清会典条例》卷一百四十五《都察院》。

有锦衣骏马突其前，公叱呵之。众不敢曰："此某王所嬖千金旦也。"公大怒，身逐之，……公叱缚之，予杖四十。王大恚，入奏，天子曰："非凌汝，行者吾法，汝庇优，亏吾法。"①

不久之后，御史任葵尊又因执法严格，受到权臣亲贵的恐吓，康熙命葵尊掌其犯罪者面颊三十，交给九门提督进行定罪。但涉及清朝贵族的根本利益时，康熙也有所包庇，如康熙四十二年（公元 1703 年），御史刘若鼐弹劾曾任山西巡抚、两江总督的满洲正红旗噶礼残政害民，收受贿赂，提拔心腹。但康熙更相信噶礼在回奏中的辩解，此事不了了之。四十五年巡城御史袁桥接到山西商人郭明奇的上告，再次弹劾噶礼的不法行为，噶礼在康熙的包庇下再次逃脱惩罚。直至五十三年，噶礼因杀母案件东窗事发，最终自尽而亡。②三藩之乱时，为筹集军饷，康熙纵容两江总督阿席熙私自敛财，盘剥百姓，加大粮饷筹集力度，导致江南地区民不聊生。

康熙年间一代贤相陈廷敬认为，对官吏的操守，不能仅仅依靠传统的儒家道德学说来约束。欲使官吏廉洁奉公，还需从礼法制度等角度出发，将监察的重点放到官吏选举上。第一，需对捐纳官吏进行严格把控，捐纳官吏也需通晓儒家经典，忠君爱民，否则即使捐纳再多的钱粮也不应授予官职。第二，保举官吏担保人需承担连带责任，如保举人在保举过程中存有不法行为应从重惩处，如果被保举人为官后存有不法行为，保举人若为督府官吏则降职二级，若为道府官吏，则降职三级。第三，行政官员需深入一线，宣传教化，减少形式主义，严格执法。若有私加火耗、投机自肥、贪污腐败等违法犯罪活动，士绅百姓可以上告。③

康熙主要功绩在于维护统一多民族国家的稳定，文治武功虽有可取之处，但中后期却一味宽容。康熙时代党争不断，先有索尼、苏克萨哈、遏必隆、鳌拜四大辅臣之间的争权夺利，后又有索额图和明珠之间的党争及"九王夺嫡"之间的权力争夺。在此背景下，监察官员卷入党争之中，实际监察效果不佳。

雍正继位之后，面对康熙遗留下来的吏治腐败，国库空虚的局面，他从严治吏，对监察工作异常重视。雍正元年（公元 1723 年），继位之初即颁布

---

① 《清代名人轶事》卷四《气节类》。

② 薛秀娟．清朝监察立法制度及其历史镜鉴研究 [M]．北京：九州出版社，2019：19－22.

③ 薛秀娟．清朝监察立法制度及其历史镜鉴研究 [M]．北京：九州出版社，2019：34－35.

谕令。如：

《钦定大清会典条例·都察院》言：

"朕仰承大统，一切遵守成宪，尤以求言为急。在京满汉大臣，外省督、抚、提、镇仍令折奏外，尔等科道诸臣，原为朝廷耳目之官，凡有所见，自应竭诚入告，绝去避嫌顾忌之私，乃为尽忠。"①

雍正再次重申监察官员为朝廷"耳目之官"，明确要求都察院、六科给事中等监察官吏每日轮流上奏，独奏或二三人通奏一折都可，上奏可无所不言，不论事情之大小，若无事上奏须说明原因。同时，雍正要求各省布政使、按察使、道员、知府等官员将本省监督工作进行汇报，以下制上。如此一来，全国各地官员的情况可以汇集至皇帝处，以奏折制度强化了对官吏的监察。

清朝八旗制度建立之初，实为一种以旗统兵且以旗统民的"联邦制度"，②经天命、天聪、顺治、康熙等数位君主对八旗旗主权力的不断削弱，最终确定了皇帝在八旗中至高无上的地位。但在各旗内部，都统等上层领导依然存有部落制思想，将旗人视为自己的家臣和奴隶，肆意勒索。针对此种情况，雍正颁布上谕，鼓励检举监察。如：

《钦定大清会典条例·都察院》言：

"谕外任旗员，受该旗都统、参领及五旗本王恣意需索者，许本官据实封章，密详督抚转奏。倘督抚瞻顾容隐，许本官封章揭都察院转为密奏，倘不为奏闻，即各御史亦得据揭秘奏，务期通达下情，以除积弊。"③

为了提高行政效率，维护君主权威，驾驭文武群臣，实施有效监察，雍正帝又发展密折制度，曾下诏至都察院和六科给事中，凡是有利于军国大事，惩治不法，促进吏治或者直接劝谏皇帝，甚至民生民情，水旱蝗灾等都可以通过密折上奏。但上奏内容及皇帝批示不可泄露，若未经允许泄露，将遭受严重惩处。如年羹尧罪状之一即为泄露奏折内容。④

雍正皇帝为清朝一朝君主中最知道吏治弊端之人，以铁腕手段降伏利益集团，进行利益的重新分配。在位期间实行的"摊丁入亩""火耗归公""官

---

① 《钦定大清会典则例》卷一百四十五《都察院》。

② 孟森．清史讲义［M］．北京：北京理工大学出版社，2016：17.

③ 《钦定大清会典则例》卷一百四十五《都察院》。

④ 《清史稿》卷二百五十九《年羹尧传》。

绅一体纳粮”“改土归流”等政策，有利于统一多民族国家的巩固发展，在一定程度上抑制了特权阶级的腐败和不法，百姓受到部分实利，给乾隆时代留下了一个良好的开端。

乾隆皇帝汲取康熙后期一味宽容和雍正时期一味严厉的利弊，为政前期勤于国事，在官吏监察中严宽结合，对科道监察也较为重视。乾隆曾下诏指出言官陋习，他认为科道陋习积弊已久，对待君主刻意逢迎，不敢上书谏议，国家大事亦不敢积极发言，但对于臣子又吹毛求疵，不从大处着手，专挑细节性问题，且有结党营私的倾向。因此下诏如下。

《钦定大清会典条例·都察院》言：

“朕孜孜求治，常恐不及，使偶有阙失，言官果能切实指陈，朕自乐于听受。即大臣中或有过失，果能据实弹劾，亦足为用人鉴戒。若徒剿袭肤辞，则史册具在，尽足披览，何用伊等喋喋陈奏乎？倘错会朕意，转生畏葸之念，则又不知朕推诚布公之心者也。”[①]

由上可知，乾隆虽鼓励言官进行谏议，但不许风闻言事或喋喋不休，陈奏细枝末节之事，所奏之事必须有所依据，将监察落于实处。但乾隆后期，宠臣和珅弄权，贪赃枉法，招权纳贿，而乾隆本人则沉醉于“十全老人”等表面文章。游乐嬉戏，流风所及，使得整个官僚阶层趋于腐败，御史言官也多懒政、怠政。如：

《大清高宗纯皇帝实录·乙巳》言：

“六科给事中、十五道御史所办案件，俱系笔帖式代为呈画，惟京畿道办理案件，偶有上堂之时，其余六科并不进署，其十四道虽同京畿道进署，并不上堂。”[②]

乾隆五十五年（公元1790年），左督御史舒常到任一年后，对都察院御史尚未完全认得，监察人员之懈怠和监察之实际效果可想而知。

（二）清朝中期的监察思想

乾隆后期政治逐渐腐败，苗乱及白莲教起义接踵而来，后虽被平定，但耗费国力无数，成为清朝衰落的起点。嘉庆继位后国势衰微，社会矛盾加剧，

① 《钦定大清会典则例》卷一百四十五《都察院》。

② 《大清高宗纯皇帝实录》卷一千三百六十三。

国力持续下滑，监察官员本身也多有贪赃枉法者，官场风气不佳。面对此种状况，嘉庆帝数次下诏，明令监察官吏需积极纠核百官，自身也需保持风宪之骨。但实际效果有限，于是嘉庆特制作的《谏臣论》一篇，要求御史言官必须抄录背诵，牢记心中，引以为戒。部分内容如下：

《清仁宗御制文余集·谏臣论》言：

"洗心涤虑，长存以言事君之诚，尽摒取巧谋利之伪，做天子之耳目，为朝廷之腹心。"

"效学朱云、魏征之劲节，立志公正，不畏权要，见坏法乱纪之事，直进弹章。"①

由此可见，嘉庆帝的《谏臣论》主要表现在三个方面，第一，明确监察官吏为"天子耳目"这一本质属性，监察官吏需忠诚于君主；第二，要求监察官吏效仿朱云、魏徵，积极谏议；第三，监察官吏需不畏强权，公正无私，对百官违法乱纪之事积极弹劾。

但就嘉靖帝的办事风格而言，并没有做到严厉监察、虚心纳谏。如翰林院编修洪亮吉上书指出嘉靖想要励精图治却以自己喜好为主，未能履行国法；虽有权臣和珅被诛，但依然有宠臣在侧扰乱朝政；赏罚不明，言路阻塞，吏治不肃，大多数官员都在钻研升官发财之道，为官多苟且之人，而且洪亮吉也针对嘉庆帝处理政务不够积极的行为提出了批评。嘉庆帝闻此大怒，将洪亮吉革职拿问，交部议处，判处死刑，后因众人求情，改为充军伊犁。②

道光年间，列强入侵，政治腐败，外辱频发，天朝上国的美梦初步破灭，严重的民族危机引发了清朝统治的政治危机和社会危机。在此形势下，有识之士纷纷上书，谏言奏事，道光帝为人节俭，也颇能接受众人的谏言。科道官吏在民族危机面前对官吏的不法行为多有弹劾，就目前所见的清朝科道官员上陈奏书统计，道光时期数量最多，被采纳的数量也最多。③

但道光晚年听信宠臣曹振镛之言，对科道官员上书谏议和弹劾的事情，一律严加审查，一旦与事实不符，则将该言官交给刑部议处。在维持纠弹有

---

① 《清仁宗御制文余集》下卷《谏臣论》。

② 《清史稿》卷三百五十六《洪亮吉传》。

③ 薛秀娟．清朝监察立法制度及其历史镜鉴研究 [M]．北京：九州出版社，2019：121－123.

效的同时未能鼓励言官的积极性，使言官群体唯唯诺诺，明哲保身，不再积极上书。官场整体风气堕落，懒政、怠政之风盛行，即使皇帝亲自下令催促也多无济于事。如为了解决京控案件未按期完结的问题，道光帝于道光十八年（公元1838年）七月，十九年二月、七月，二十年二月，二十一年七月五次下诏要求按期处理，但并无实际效果。

咸丰、同治两朝外有西夷之灾祸，通商开埠，割地赔款持续增多，内有杨洪太平天国起义，国内水旱蝗灾多发。中央政府为了筹集平定叛乱的军饷，大开捐官之门，使得吏治腐败不堪，监察部门形同虚设，毫无成效而言。后又开设关卡征收“厘金”，各级官吏盘剥无度，百姓身处水深火热之中。

（二）清朝后期的监察思想

在平定太平天国的过程中，清朝上层部分有识之士及曾国藩、李鸿章、左宗棠等汉族地主阶级认识到西方坚船利炮的重要性，遂开展以“自强求富”为目标的洋务运动。在此过程中翻译西方书籍，派遣留学生，建造军工厂，引进近代工业，训练新式军队，以求挽救统治危机及民族危机。在客观上促进了西方近代民主、宪政思想的传播，丰富了中国传统监察思想。

改良思想家郑观应对晚清吏治腐败和选举僵化大加批判。他认为国家之所以贫弱而难敌西方诸国，吏治之腐败是主要原因。但整顿吏治，澄清官场不能仅仅依靠旧有的监察制度和监察人员，更应从源头培养人才和建立立宪政体。旧有的经史教育和科举制度导致被选官吏理论和实践相分离，品德和行为也无法进行考察，他建议在中国传统教育的基础上引进西方教育，采用文武分科，逐层教育的办法。开设西学各科，采用分科考试的办法，选举优秀人才。①

郑观应对科举制度所选举的官吏多无实际行政经验，将事务假手胥吏导致吏治更加腐败有着十分清楚的认识。如：

《郑观应文选·致姚伯怀太守》言：

“夫以二十行省之政，四百兆庶民之事，而是非黑白操纵一听乎胥吏，有不上下相蒙，同缘为奸乎？”②

---

① 毛鹏程．试论郑观应科举取士与学校育士思想 [J]．考试与教育，2020(4)：38－43.

② 夏东元．郑观应文选 [M]．澳门：澳门历史学会、澳门历史文物关注协会出版，2020：179.

如此情形必然造成下情不能上达，官吏多中饱私囊，贪赃枉法。郑观应认为对官吏进行有效监察，必须改革国家制度，建立君主立宪政体，广兴民权，建立议会制度。他在《盛世危言》中对英德两国君主立宪制度进行了详细介绍，但以他的思想实质来看，他并不是要建立如英国一般的君主立宪政体，而是建立如德、日一般的半君主立宪政体，君主依然需保持较大的权力，以强化对官吏的监察。

同时，郑观应认为议会是下情上达的民意机关，也是展示公议、对官吏实施有效监察的机关。如：

《郑观应文选·与李际唐太史书》言：

“现当预备立宪时代，都中资政院、各省谘议局实为监督政府及地方行政官之机关。”①

“商界之董事会与政界之资政院、谘议局无异，盖亦一立法机关，出于监督地位。”②

郑观应虽没有把议会视为完全的权力机关，但他认为立法权应由皇帝和议会共同行使，③这实际上扩大了民权，强化了民众的监察权。

另一位改良思想家王韬相比郑观应更为激进，他因曾上书太平天国而遭清政府通缉，遂游历南洋及西方各国。新加坡、斯里兰卡及西方各国的政治制度与社会之富裕使其深感震撼，于是，坚持君主立宪政体，提倡“君民共主”。

王涛认为清朝官场之所以腐败无能、效率低下、贪赃枉法，根本原因有三点，其一，在于封建君主地位太高，与民众缺乏有效的沟通，身处两者之间的官吏有了自由发挥的空间，因而吏治腐败；其二，在于中国数千年之君主专制制度和官僚体系，导致官员升迁、惩处均由上级和皇帝决定，百姓对此毫无权力，官吏只需搞定上级和皇帝即可安然无事，如此则难免官官相护，唯利是图，侵渔无度；其三，在于清朝中央集权最终导致国家权力集中于君主一人之手，为了维护统治，君主采用各种方式监察群臣并使其相互牵制，

---

① 夏东元．郑观应文选 [M]．澳门：澳门历史学会、澳门历史文物关注协会出版，2020：176－177.

② 夏东元．郑观应文选 [M]．澳门：澳门历史学会、澳门历史文物关注协会出版，2020：176－177.

③ 杨宽情．郑观应宪法思想探析 [J]．实学文化丛书：传统实学与现代新实学文化（二），2017：306－328.

官员之间不相信任，遇事推卸责任，导致行政效率低下。

因此他提出三点建议欲图解决清朝官场之弊病，第一，废除捐官制度，打击经营跑官，精选优秀人才。王韬认为政府为了弥补财政亏空进行的捐官无异于饮鸩止渴，捐纳出身的官吏上任之后无不以盘剥百姓，收回捐款为己任，应选举孝悌贤良、忠君爱民、精通新学的官吏。第二，需严厉打击贪污腐败，明确官吏升职制度，塑造政府形象和公信力。王韬指出清朝官场贪污腐败已成风气，大官取之于小官，小官取之于百姓，即使有一二清廉之官在官场也难以立足。因此需从思想、制度和法律三个方面严厉打击贪污腐败，颁布官吏升迁的明确标准，使百姓对政府和官吏增强信心，增强政府公信力，重新塑造政府形象。第三，需明确岗位职责，提高行政效率。清政府虽然各部门都有具体的规章制度，但这些制度老旧且不够全面，职责划分亦不够明确。因此，相关官吏遇事推诿，互卸责任，看似官吏众多，实则无官办事，所以需明确职责，打击因循苟且、尸位素餐现象，提高行政效率。

康有为从封建社会专制主义中央集权政治体制出发，提出“民权”“平等”“宪政”等政治思想，意图从根本上改变君主专制政体，建立君主立宪政体来限制君权，维护民权，控制官权，强化对于官僚阶级的监察。他提倡民权，如：

《日本变政考卷六》言：

“夫人主之为治，以为民耳。以民所乐举乐选者，使之议国政、治人民，其事至公，其理至顺。”①

对君主与人民的关系，康有为认识如下：

《实理公法全书》言：

“民之立君者，以为己之保卫者也。盖又如两人有相交之事，而另觅一人以作中保也。故凡民皆臣，而一命之士以上，皆可统称为君。”②

康有为从根本上否定了天子“受命于天”的观点，认为清朝官场之所以弊端重生，监察不力，君主要为此承担一定的责任。此外，官吏权力过于集中，无法形成分权制衡，也是造成官场弊端的原因之一。他提倡三权分立。如：

---

① 康有为．康有为全集（第 4 集）[M]．北京：中国人民大学出版社，2007：170.

② 康有为．康有为全集（第 1 集）[M]．北京：中国人民大学出版社，2007：152.

《变法先后有序乞速奋乾断以救艰危折》言：

“夫国之政体，犹人之身体也。议政者譬若心思，行政者譬若手足，司法者譬如耳目，各守其官，而后体立事成。然心思虽灵，不能兼持行；手足虽强，不能思义理……”①

康有为从君主立宪和广兴民权的立场出发，提倡改革国家政治制度，以民权牵制皇权、官权，从而澄清官场弊病，使国家重获新生。康有为兴民权之思想，梁启超称之为“中国倡民权者，以先生为首。”②

梁启超的监察思想在康有为思想的基础上有所发展，他借用西方的政治学说，认为要挽救危亡、整顿吏治必须倡导民权，开启民智，设立议会，建议君主立宪政体。以民权和议会权力对皇帝和官吏的行为进行有效的约束。如：

《梁启超选集》言：

“自秦迄明，垂二千年，法禁日密，政教日夷，君权则日尊，国威则日损。”③

再如：

《饮冰室全集》言：

“三代以后，君权日益尊，民权日益衰，为中国致衰之根源。”④

梁启超为了使百姓有权力监察官吏，他认为必须从制度着手，一方面要实现立法权和司法权的分离，政党之间相互为民争取权利。另一方面需建立议会，将决议和监察权归于议会。如：

《饮冰室全集》言：

“一曰议决法律，二曰监督财政。法律非经国会赞成不能颁布，预算非经国会画诺不能实行。国会有立法权，监督政府之权。”⑤

然而维新变法失败后，康、梁潜逃外国，清王朝在辛丑之役中也认识到了统治危机和变法图强的重要性。于是，开展新政改革，在官制改革中，将都察院改为中央直辖五院之一，扩大其监察权力。但此时清朝已积重难返，无力回天，最终在辛亥革命的隆隆炮声中走向灭亡。

① 康有为．康有为全集（第 4 集）[M]．北京：中国人民大学出版社，2007：86.

② 梁启超．康有为全集（第 12 集）[M]．北京：中国人民大学出版社，2007：437.

③ 李华兴，吴嘉勋．梁启超选集 [M]．上海：上海人民出版社，1984.27.

④ 梁启超．饮冰室全集·文集之一 [M]．北京：中华书局，1989.128.

⑤ 梁启超．饮冰室全集·文集之二十二 [M]．北京：中华书局，1989.39.

三、清朝时期的监察法规

我国古代的监察法规在宋朝之前较为薄弱，到了元朝才有了较大发展。如元朝的《设立宪台格例》、明朝的《宪纲》，都集中国古代监察法规之大成，清朝统治者以少数民族身份入主中原，为稳定政治、维护统治，对监察法规的制定更为重视。

清朝入关后，在沿用明朝律法的同时，组织专业人员参照汉、唐、宋、金之法，进行了大规模的制度和法规建设。尤其在清朝中前期的康熙、雍正、乾隆三代为监察立法的黄金时期，监察法规更为系统、严密，基本构建出完整的监察法规体系。主要分为三个层次的立法，第一，综合性监察法规，如乾隆年间整理编纂而成的《钦定台规》，它是古代最为完整的综合性监察法规。第二，为中央部门的监察立法，针对部门实际情况制定，用以补充《钦定台规》的不足，如《都察院则例》《巡方事宜》等；各部院颁布的法规，如《六部现行则例》《钦定六部处分条例》《钦定吏部则例》《钦定吏部处分则例》《钦定兵部则例》《钦定兵部处分则例》等。第三，为专门事项的监察立法和地方性监察法规。

（一）综合性监察法规《钦定台规》

《钦定台规》首次颁布于乾隆八年（公元1743年），于嘉庆七年（公元1802年）、道光七年（公元1827年）、光绪十六年（公元1890年）三次重新修订，增加了清朝历代皇帝对监察部门颁布的圣谕及制定的监察条例的内容。于光绪十八年完成。《钦定台规》合计四十二卷，内容分为八类，每类下辖若干科目，以时间为序排列内容，现将其八类内容叙述如下。①

其一为巡典，下有圣制、圣谕和上谕三目，为清朝历代皇帝对监察人员的劝诫和要求。“圣制”是历代皇帝亲自所作，如康熙帝之《御制台省箴》，嘉庆帝之《御制都察院箴》《御制谏臣论》，光绪帝之《声色货利论》等，为有清一朝监察思想的集中体现。“圣谕”和“上谕”则汇集了清朝立国以来历代皇帝对科道言官的指示。

① 光绪朝《台规》内容最为全面。本文在写作中，如未特别标明，引用《台规》内容均出自光绪朝《钦定台规》，载于《钦定台规二种》（第二册），故宫博物院编，海南出版社，2000年版。

其二为宪纲，下有序官、陈奏、典礼、考绩、会谳、辩诉六目，为清王朝监察机构的设置及监察人员的职责规定。“序官”规定了监察部门的机构设置、官员品秩、具体职责及历史沿革；“陈奏”是都察院御史言官上奏谏议或弹劾百官时需要遵守的奏事制度；“典礼”是御史言官在百官朝会、郊祭之礼、重大节日、外交事宜对相关人员礼仪进行纠劾的制度；“考绩”是御史言官对官吏考核、官吏选举、升迁时期的流程监察要求；“会谳”是御史言官与大理寺、刑部等司法部门组成“三法司”会审重要案件，对司法进行监察的具体要求；“辩诉”是监察人员处理具体诉讼案件的原则和程序的要求。

其三为六科，下有通掌、分掌两目，为吏、户、礼、兵、刑、工六科的职责。“通掌”是对六科的共同要求；“分掌”是根据各科具体的工作权限，确立吏、户、礼、兵、刑、工六科不同的职责。

其四为各道，下有通掌、分掌两目，为河南、江南、浙江、江西、山东、山西、陕西、湖广、福建、四川、广东、广西、云南、贵州、京畿等十五道及稽察宗人府御史、稽察内务府御史的办事制度。“通掌”规定了各道及御史言官共同遵守的职责和要求。“分掌”则是根据各道的实际状况和各个特设监察机构的不同职责分别规定的职责。

其五为五城，下有纲领、条教、听断、保甲、纠捕、赈恤、禁令、界址、司坊、街道十目。“五城”是“五城察院”的简称，清朝将京城分为东、西、南、北、中五城，进行分区管理，因京城之中皇亲国戚、百官重臣、豪强之家颇多，五城察院派遣御史对京城治安及不法情况进行监察弹劾，同时负有京城地区诉讼审理、赈济百姓、宣讲国家政策等职责。

其六为稽查，下有京通十六仓、户部三库、八旗、宗人府等衙门、考试、铨选六目，是都察院派遣科道言官对口监察四个重要机构及考试、铨选两事的部门。具体内容为监察官吏对京通十六仓、户部三库、八旗、宗人府等衙门和考试、铨选两事进行监察的具体职责。

其七为巡察，下有漕粮、盐政、游牧三目，为巡视御史所应遵循的具体职责。“漕粮”规定了巡漕御史的具体职责；“盐政”规定了巡盐御史的具体职责；“游牧”规定较为庞杂，既规定了巡视牧场、马场等地的规定，还列举了清朝前期巡视茶马、屯田、巡视台湾等地区御史的具体职责。

其八为通则，下有考选、升转、仪注、公署四目，为监察部门所属科、道等官员的选拔要求、选拔方法、升迁制度和具体职责的内容。这在一定程度上反映了清王朝对监察机构和监察官员自身的要求。①

通过以上的分析可看出，清朝监察法规《钦定台规》，内容清晰，体系完善，明确了监察官吏的具体职责，涉及清朝中央政府监察的各个方面，就具体的监察内容而言，主要明确了四个方面的内容。

第一，御史言官需规劝皇帝，谏议国政。清朝皇帝大多鼓励言官进行谏议，如天聪帝。

《钦定台规·训典二》言：

“都察院各官系朝廷谏诤之臣。朕躬如有不亲政务、忠良失职、奸邪得位、有罪者录用、有功者降调等事，尔等有所见闻，即行规谏。”②

再如，顺治帝亦有诏令鼓励谏议。

《钦定台规·训典二》言：

“凡事关朕躬，何令不信，何政有差……言官各据见闻，极言无隐。”③

雍正皇帝也数次下诏，鼓励言官积极上奏，对皇帝的过错进行劝谏。但雍正时期，科道合一，六科给事中失去了封驳审议的权力，成为与都察院御史职权无二的官员。雍正帝之后，清朝御史言官极少直接上书对皇帝进行谏议。除此之外，出于笼络汉臣稳定部族统治的需要，清朝统治者经常鼓励御史言官上奏参与军国大事，《清史稿》中职官责任划分，都察院左都御史也有参与军国大事的权力。嘉庆帝曾鼓励言官上书，匡议国政。如：

《钦定台规·训典二》言：

“臣工建白，惟当于用人行政之大端，剀切敷陈，以收兼听并观之效。”④

道光帝亦言：

《钦定台规·训典二》言：

“九卿、科道有奏事之责者，于用人行政一切事宜，皆得据实直陈。”⑤

但从历史实际来看，清朝统治者并不重视汉族御史言官的意见，而以满

---

① 《钦定台规》卷一《凡例》。

② 《钦定台规》卷二《训典二·圣谕》。

③ 《钦定台规》卷二《训典二·圣谕》。

④ 《钦定台规》卷四《训典四·圣谕》。

⑤ 《钦定台规》卷六《训典六·圣谕》。

族官吏的意见为主，地方督抚一职也多由清朝贵族担任，汉族士人集团并无实际权力。及至洪杨太平天国起义，清朝八旗难以为用，湘淮军成为平叛主力后，汉族士人集团才又一次登上政治舞台的中心。

第二，御史言官需监察百官，积极纠劾。《钦定台规•列官》中明确规定，由御史言官对百官进行日常监察、考核，整顿官场纪律，都察院在监察中要做到有理有据，明辨是非，纠正官吏一切不法行为。清朝历代皇帝也多次下诏，明令要求。如：

《钦定台规・宪纲二》言：

“文武大臣果系奸邪小人，构党为非，擅作威福，紊乱朝政，致令圣泽不宣，灾异叠见。”①

再如：

《钦定台规・宪纲二》言：

“上至诸王、下至诸臣，孰为忠勤，孰为不忠勤及内外官员之勤惰、各衙门政事之修废，皆令尽言。”②

但除了清朝早期天下未定之时，有一二言官如王煦、于成龙等勇于弹劾清朝贵族不法行为，并取得良好效果外，待天下鼎定，都察院之监察，大多数情况下是清朝统治者监视汉臣、维护统治的工具。清朝后期如曾国藩、李鸿章等重臣对清朝贵族的不法行为，亦不敢放手弹劾。

第三，御史言官需严格审计，稽查财政。清朝入主中原，一统天下后，对财政监察异常重视，如工程建设，工价在五十两白银以上或修造工程在一百两白银以上，均需监察官吏进行监察。无论是中央政府还是地方政府，亦无论是皇室还是国家、军政或民政，凡是涉及国家资金的使用，都需要都察院审计监察。各级政府需建立财务会计账册，每年在朝廷规定时期将账册送往都察院，由监察御史进行审计考核。

除了六科给事中、十五道监察御史的财务审计外，还有非常规性的中央巡视审计监察。清政府仿照中国旧制，设立巡视仓库、巡视漕运、巡视工程、巡视盐政、巡视税收等专职御史，对财务问题进行专业审计稽查。

第四，御史言官需审理案件，监察刑名。清朝对重大案件有“三法司会

---

① 《钦定台规》卷十《宪纲二・陈奏》。

② 《钦定台规》卷十《宪纲二・陈奏》。

审”和“九卿会审”制度。“三法司会审”为刑部、大理寺、都察院三司会审，吏、户、礼、兵、刑、工六部，再加都察院、大理寺、通政司会同办案，称为“九卿会审”。作为监察人员的都察院人员不仅可发表自己对案件的看法和定罪建议，还需对政府各个部门是否及时、公正审理案件进行监察，防止以权谋私、贪赃枉法、冤枉良善、偏袒一方。

此外，都察院可受理诉讼，审理案件。都察院下属部门刑科给事中有满汉官吏各一人，负责稽查刑名。五城察院负责京城地区的治安问题，小罪可直接定刑处理，大罪则移送刑部或其他有关部门处理。凡各地上诉至都察院的案件，大案需上奏或与刑部联合处理，小案可自行定刑或发回原籍重新审理。

（二）部门监察法规

1. 都察院监察法规

（1）《都察院则例》

现存的《都察院则例》共有两个版本，其一为上下二卷本，其二为缺失了第二卷的六卷版本。因六卷版本内容较两卷版本更为详细，增加了五城巡城御史的职责，故本书以六卷本为例进行说明。详细内容如下。

第一卷为《宪纲》，《宪纲》是清朝皇帝颁布的监察谕令和监察部门、监察人员职责的总纲。

第二卷为《则例二》，已缺失。

第三卷为《则例三》，主要包括稽查中央六部及其他部门事件，各部门规定时间内完事注销，京畿道地区公文审计，监察户部下属三大仓库，监察工程二库，监察宗人府相关事宜，监察内务府相关事宜，监察理藩院银库，内外馆及照看俄罗斯使节来访，监察八旗有关事宜，监察五城有关事宜，监察步军统领衙门有关事宜，监察直省补参事宜，监察直省难结事宜，监察移咨直省事宜，监察会议会审，京官审查，地方官吏审查，军政，盐政的考核，议处，验看月官，验看因公将革人员，科道官吏的将革留任，监察议叙人员，监察满洲荫生，监察笔帖式，监察六科笔帖式，监察笔帖式考试，监察司坊官俸满保题等三十个部分的内容。[①]

---

① 焦利．清代监察法研究［D］．中国政法大学博士论文，2006：28－30．

第四卷为《则例四》，主要包括谳狱、协同司法部门审案、热审、秋季审案、巡视监狱、勾决、州县揭报、侍仪监察、朝会礼仪监察、祭祀礼仪监察、文职乡试与会试监察、武职乡试与会试监察、殿试考试监察、会同审议、出差、巡视五城、巡视仓库、巡视漕运、巡视盐政、巡察台湾、巡察盛京、巡视船厂、巡视黑龙江、台制沿革、监察内开外传、监察补授掌道、监察补授给事中、御史定额、直月、监察督催所、监察两厅分掌、笔帖式定额等三十个部分的内容。①

第五卷为《则例五》，主要包括巡城执掌、司坊分理、督促事件期限、五城地界，进行条教宣讲（宣讲圣谕）、管理栖流所、监察孤贫、赈济银米、羁禁口粮、督促禁止遗弃婴孩、捕、救火、巡夜、义冢、命案、盗案、窃案、发缘之案处理等十八个部分的内容。②

第六卷为《则例六》，主要包括监管官员赴任，废员回籍，乡会试禁约，书吏役满，驱逐游情，处理邪教，私角，吓诈，拐骗，霸占，赌博，煤窑，戏馆，经纪，马匹耕牛，监察火房，监察保结，监察取保，监察送刷，监察清理街道，监察沟渠，石路，民房，监察客店，监察教场，河谁，追承，羁禁，监察递解，监察供应，监察书吏，监察宅乘，监察总甲，监察捕役，监察杵作等三十五个部分的内容。③

综上所述，可知相比前代监察法规，清朝监察法规极其完善，涉及政府部门及其工作的方方面面，几乎将监察工作做到了极致。因《钦定台规》在不断修订完善，增加新的内容，作为《钦定台规》的补充，《都察院则例》则自乾隆朝后内容一直固定，沿用至清朝末年。

（2）《巡方事宜》

都察院监察官吏除了常规性定制监察外，还有非常规性巡视监察。为了明确巡视官员的具体职责，防止巡视过程中以权谋私、私相授受。清朝于顺治十八年（公元 1661 年）制定《巡方事宜》，作为专门的巡视法规。具体内容如下。

《圣祖仁皇帝实录·顺治十八年二月》言：

---

① 焦利. 清代监察法研究 [D]. 中国政法大学博士论文，2006：28－30.

② 焦利. 清代监察法研究 [D]. 中国政法大学博士论文，2006：28－30.

③ 焦利. 清代监察法研究 [D]. 中国政法大学博士论文，2006：28－30.

“一、禁地方官谄媚巡方，私派供应。二、察州县官于额外私派。果有私派，即行纠参。如巡按不纠，以溺职论。三、巡按于属官内，清廉贤能者，不举，而反劾，贪酷茸者，不劾，而反举，被臣衙门及科道访察纠参，革职，从重处分。四、纠参大贪，应首严于藩臬道府。今后若但以庸冗老病塞责者，将该御史从重治罪。五、巡按于地方利弊，要必实心详察。差满后，曾兴何利，除何弊，册报臣衙门详核。真实者，以优等论叙。草率虚许者，题参惩处。六、访拿衙蠹，必先本院衙门奸恶，其次督抚司道府厅州县分司衙门，及地方棍豪。实系大奸大恶之人，务须严拿，毋致巧脱漏网。其该管官隐匿，即行参处。如已揭报，而御史故为宽纵，指称访拿名色，捉拿无罪之人，诈取财物，随复纵放者，该抚即行纠参。七、巡按入境，及出巡地方，铺陈等物，应自携带。蔬薪，发银买办。如地方官献媚取荣，及巡按携带主文书役家人厨役前站之类，以致扰驿累民，督抚访确，即行题参。一巡按入境后，属员不得越境参谒。其随巡该道刑官，办理公事之后，即令速回。其督抚按互相馈遗结纳，照旧禁革。互纠之法，原欲彼此觉察，然从未有督抚指参一巡方者。今后御史倘有不法而督抚明知不纠者，一并议处。八、考核御史，立为上中下三等。其在地方清·慎端严、恪遵上谕、洁己爱民、奖廉去贪、兴利除害、听断明恪、锄蠹捍患、恤民瘼、察核钱粮、招抚流移、垦荒兴学等事，无不修举，又能大破情面，纠察地方恶宦劣衿者，照例酌量分别加级、纪录，回道管事。其次谨慎奉法、察吏安民者，准其回道管事。其行事碌碌，无实政及民者，参送吏部降调外用。至于有徇情贪贿等弊，一经访确，即据实纠参，革职治罪。”①

由上可知，《巡方事宜》可分为四个方面的内容。其一，对御史自身的廉洁要求。御史巡视过程中所需物品应自行购买，公事花费按照规定报销，随从人员亦需自己携带，不可扰民，地方官吏不可私自供应御史。其二，对于巡视地方官吏的监察要求。御史巡视中若发现地方官吏或豪强贪赃枉法、鱼肉百姓，是为奸恶之人，需按律处理不可包庇，督抚可对巡视御史进行监察。其三，御史在巡查过程中发现优秀人才需及时举荐，负有为国荐贤的责任。其四，御史需对巡视区域内的官吏进行考核，需将恪守上谕、勤政爱民、兴利除害、明断讼狱等作为官吏的考核标准，严格考核。

① 《圣祖仁皇帝实录》卷一《顺治十八年二月》。

但值得注意的是，《巡方事宜》颁布的日期为清朝顺治十八年，当时天下尚未完全平定，中央政府制定此法规，亦有收买人心之意。此后，对此法不甚重视，清朝中后期，几近废弃。

2. 各部监察法规

有清一代，除了以中央政府名义颁布的监察法规外，尚有中央各个部门修订的部门法规。中央政府各个部门将自身作用、工作职责、考核标准、奖惩措施等编撰成册，呈报皇帝，经讨论批准后成为部门法规，称为《则例》，也可视为行政系统内部的监察条例。此类法规如现在行政机关的部门法，并非一成不变，而是根据新情况、新问题对《则例》进行增删。清朝乾隆时期规定，各部《则例》五年一小修订，十年一大修订，以保持《则例》的时效性。鉴于本书篇幅，遂选取《六部现行则例》《钦定六部处分条例》，吏部的《钦定吏部则例》《钦定吏部处分则例》，兵部的《钦定兵部则例》《钦定兵部处分则例》进行说明。

（1）《六部现行则例》

清朝康熙后期，在《会典》中已颁布的六部监察条例基础上，将清朝初年至康熙四十一年（公元 1702 年）颁布的各级官府管理条例、办事规则进行汇总，形成《新纂更定六部现行则例》，简称《六部现行则例》。《六部现行则例》按照吏、户、刑、兵、礼、工的六部顺序排列，对各部具体规则、办事流程、所有权限、制裁措施有着极其详细的规定。如其中《刑部则例》规定官员因公事私自借取钱财，玩忽职守造成罪犯潜逃，或动用法律允许以外的刑罚致犯人毙命、通贼叛卖、京官失察、私自出海贸易，以及对他人有诬告的行为，都属于违反刑事法规的行为，应对其严厉惩处。《六部现行则例》对维护行政效率、官场纪律，防止以权谋私、贪赃枉法，促进政治稳定、生产恢复发挥了重要作用。

（2）《钦定六部处分条例》

《钦定六部处分条例》是在《六部现行则例》的基础上编撰形成，对官员违反条例的处分更为细致。初修订于康熙年间，后于雍正三年（公元 1725 年）、乾隆七年（公元 1742 年）、光绪十三年（公元 1887 年）三次进行补充修订，对吏、户、刑、兵、礼、工六部职责与违反职责奖惩进行了明确规定。具体内容如下。

“吏部下属条款：降罚、升选、举劾、考绩、赴任、离任、本章、印信、限期九类。

“户部、礼部下属条款：催征、解支、盘查、承追、科场、学校、田宅、户口、盐法、钱法、关市、灾赈十二类。

“刑部下属条款：盗贼、人命、逃人、杂犯、提解五类。

“吏部、户部下属条款：归旗、事故、旷职、营私、书役、仓场、漕运七类。

“礼部、兵部下属条款：仪制、祀典、文词、服饰、驿递、马政、军政、海防、变法九类。

“刑部、工部下属条款：审断、禁狱、河工、修造四类。”①

(3)《钦定吏部则例》

清朝一朝吏部下辖四司，分别是文选清吏司、验封司、稽勋司和考功司，主要负责全国文官选举、监察、封赏、致休之事。四司在《钦定吏部则例》下分别形成《吏部铨选司（文选清吏司）则例》《吏部验封司则例》《吏部稽勋司则例》《吏部考功司则例》。如《吏部验封司则例》主要包括以下六类监察与管理的内容。

其一为世爵，主要包含功臣封爵、爵位世袭、有爵位之人犯罪处置、绿营问题等相关条款；其二为封典，主要包含官员请封的品级，敕封妻子、子女、父母的问题，官员父母去世丁忧等相关条款；其三为恩荫，主要包含恩荫的次序，受恩荫人员的考试，受恩荫人员的录用等相关条款；其四为难荫，主要包含难荫录用，残于王室追封等相关条款；其五为土官，主要包含云南、贵州、广西、四川等省份少数民族地区土官的承袭、降罪、封赏等相关条款；其六为书吏，主要包含书吏调补，被充作书吏等相关条款。②

再如，《吏部稽勋司则例》主要包括以下七类监察与管理内容。

其一为公式，主要包含京城之中满汉官吏相忧分别题奏，丁忧官员丁忧结束后再行任命等相关条款。其二为丁忧，主要包含官员丁忧的相关制度，丁忧期间的要求，丁忧分明嫡长，丧事期间家中不嫁娶等相关条款。其三为回籍，主要包含外任汉族官吏丁忧启程回家、回家期限，废员丁忧不许回家

---

① 张晋藩主编．中国古代监察法制史［M］．南京：江苏人民出版社，2017：432－433.

② 薛秀娟．清朝监察立法制度及其历史镜鉴研究［M］．北京：九州出版社，2019：57.

等相关条款。其四为服满，主要包含官吏丁忧期间朝廷有事需酌情起复，丁忧结束后再行任命等相关条款。其五为旗员事故，主要包含在京城之中旗人丁忧、治丧规定，丁忧结束后重新任命的相关条款。其六为终养，包含在外任官的旗人停止终养，汉族官吏申请终养等相关条款。其七为杂例，主要包含官员呈报出继，独子出继，申请加入八旗旗籍等相关条款。①

（4）《钦定吏部处分则例》

《钦定吏部处分条例》规定了吏部下辖各司的具体职责，对行政流程亦有较为详细的规定。具体内容一共分为以下四十九项。

“吏部：有公式、降罚、升选、举劾、考绩、赴任、离任、本章、印信、限期、归旗、事故、旷职、营私、书役十五项；

“户部：有仓场、漕运、田宅、户口、盐法、钱法、关市、灾赈、催征、解支、盘查、承追十二项；

“礼部：有科场、学校、仪制、祀典、文词、服饰六项；

“兵部：有驿递、马政、军政、兵器、海防、边防六项；

“刑部：有盗贼、人命、逃人、杂犯、提解、审判、禁狱、用刑八项；

“工部：有河工、修造两项。”②

（5）《钦定兵部则例》和《钦定兵部处分则例》

《钦定兵部则例》编撰于康熙末年，在雍正三年（公元 1725 年）再次修订之后以满汉两种文字颁布，主要规定兵部下辖军官的选举、日常的考核、违纪的处分及重要军事使节的选派等事宜。《钦定兵部处分则例》以《钦定吏部处分则例》中事关兵部的六项条款为基本原则，在其中增添了处分、量刑等条款，使其更加系统、严密。

以上所举各个部门的《则例》作为国家监察律法的重要补充，为促进清朝官吏的廉洁，防止贪赃枉法，规范行政流程，有效进行监察发挥了重要的作用，也促进了清朝政治与统治的稳定，更成为中国古代监察法制的重要财富。

---

① 焦利. 清代监察法研究 [D]. 中国政法大学博士论文，2006：38.

② 张晋藩主编 . 中国古代监察法制史 [M]. 南京：江苏人民出版社，2017：434.

（三）专门事项的监察立法和地方监察法规

1. 专门事项的监察立法

在清朝监察法规体系中，除了综合性监察法规和部门则例监察法规外，还有针对专门事件制定的监察法规。如针对内务府会计和审计事宜制定的《总管内务府会计司则例》；针对八旗人员的管理、监察和奖惩制定的《钦定八旗则例》；针对军队军需物品的管理和监察制定的《军需则例》；针对新疆等少数民族地区的管理和监察制定的《钦定回疆则例》；针对漕运的管理和监察制定的《漕运条例》。此外，《科场条例》对科举考试中监考和管理的职责也有十分明确的规定，《垦荒考成则例》则对地方官吏劝课农桑、进行垦荒、恢复经济等制定了具体的监察和奖惩措施。

2. 地方监察法规

中央政府制定的监察法规，往往从全国性需要出发，并不能完全考虑各个地方的实际情况。所以，除了国家法和部门、专项事务则例外，还有考虑民风民俗、经济水平、政教实际后制定的地方性法规。地方性法规一般以省为单位，由省级领导商议制定颁布，如《江苏省例》《晋政辑要》《治浙成规》《福建省例》《广东省例》等。[①] 主要规定了各省官吏职权范围、行政流程、奖惩措施三个方面的内容。

在清人看来，国家律法不可轻易改动，部门条例则可以因时修订，省例尤其需要因地制宜，符合省份实际状况。省例可以作为国家律法和部门条例的补充，在当时的地位和作用上受到人们的广泛认可。强化监察，对于促进官员忠于职守、清正廉洁也发挥了重要作用。

四、清朝时期的监察体制

清朝统一天下后，出于发展部族政治，维护满人权益的需要，一方面口头上提倡“满汉一家”，尊重汉族的文化制度。另一方面强化监察，建立起完整的监察网络，将行政、军事、司法、财政、科教等官吏全部纳入监察之中，

---

① 薛秀娟．清朝监察立法制度及其历史镜鉴研究 [M]．北京：九州出版社，2019：57.

尤其重视对汉族官吏和知识分子的监察。就清朝的监察体制而言，形成都察院和六科为核心的中央政府监察，形成以督抚、按察使、道员制度为核心的地方监察，即使是特殊系统抑或边远地区，也派遣专职御史进行监察。从而建立起完整的监察体系，将中国古代专制主义中央集权下的监察法制发展到顶峰。

（一）都察院监察体制

《钦定台规》规定，都察院为清政府最高监察机关，直接对皇帝负责，独立行使监察权，下辖都察院本部、六科给事中、十五道监察部门、五城察院、宗室御史处和稽查内务府御史处等部门。现分别叙述如下。

1. 都察院本部

清朝未入关之时，为进行监察、维护统治和强化皇权，仿照明制设立监察机构。崇德元年（公元 1636 年）设立都察院，起初设立承政、左参政、右参政等官职，但并无定员。崇德三年规定都察院设置承政一人，主持院内事务；左参政二人、右参政二人；理事官满人二人、蒙古人二人、汉人二人。

顺治元年（公元 1644 年）清朝入关后，再次仿照明制将承政改称为都察院左都御史，参政改称为左副都御史，左都御史和左副都御史均由满人担任。另行设立左佥都御史一人，由汉人担任。顺治三年改制为左副都御史满人、汉人各一人，品秩为正三品；顺治五年改制为左都御史满人、汉人各一人，品秩为正三品；顺治十六年再行规定，左都御史品秩为正二品。康熙元年（公元 1662 年）将其品秩升为正一品，康熙九年又降为正二品。雍正八年（公元 1730 年）左都御史品秩又升为从一品，乾隆十三年（公元 1748 年）改为正二品，从此成为定制。左都御史为都察院最高官长和实际负责人，与中央政府六部尚书地位相同，此七位部门长官合称为“七卿”。都察院“右”衔官称为地方督抚加官，一般并不在都察院任职。

都察院的主要职责如下。

《清史稿·职官二》言：

“掌察核官常，参维纲纪。率科道官矢言职，率京畿道纠失检奸，并豫参朝廷大议。凡重辟，会刑部、大理寺定。祭祀、朝会、经筵、临雍，执法纠不如仪者。”①

都察院本部下设都事厅、经历厅、值月处、督催所。都事厅主官为都事，品秩为正六品，下辖笔帖式数十员，都事厅掌管书写奏章，并负责与礼部、工部、刑部有关的事宜。经历厅主官为经历，品秩亦为正六品，经历厅负责监察胥吏，负责吏部、户部、刑部与之有关事宜。值月处负责值日事宜，每日以满人御史一人值日，接收政府各个部门有关八旗的一切事宜，并负责内阁传抄等事。督催所为乾隆十三年（公元1748年）设立，每年派遣满族、汉族御史各一人，负责催促都察院下辖各个机构所办理之事，促使其按期完成。②

2. 六科

六科是中央政府对吏、户、礼、兵、刑、工六部设立的监察机关，分为吏科、户科、礼科、兵科、刑科、工科。清朝顺治、康熙年间仿照明制六科与都察院分置，六科不仅有对口监察六部的权力，对于皇帝诏书亦有封驳之权。雍正元年（公元1723年）为了强化皇权，减少制约，加强对百官的监察，将六科划归至都察院，使其成为都察院下属机构，从此科道合一。

六科各设置掌印给事中满人、汉人各一人，给事中满人、汉人各一人，下属办事人员吏科有笔帖式十五人、户科有笔帖式十五人、兵科有笔帖式十五人、刑科有笔帖式十五人、礼科有笔帖式十人、工科有笔帖式十人。六科人员的主要职责如下。

《清史稿·职官二》言：

“吏科，分稽铨衡，注销吏部，顺天府文卷。户科，分稽财赋，注销户部文卷。礼科，分稽典礼，注销礼部、宗人府、理藩院、太常寺、光禄寺、鸿寺、国子监、钦天监文卷。兵科，分稽军政，注销兵部、鉴舆卫、太仆寺文卷。刑科，分稽刑名，注销刑部文卷。工科，分稽工程，注销工部文卷。”③

科道合一后，六科失去了对皇帝诏令的封驳之权，成为专门监察六部的机构，尤其是雍正七年设置军机处后，朝廷军国大事所下诏令均以“廷寄”的形式直接发出，军机处重臣有时尚且不知，六科制约皇权的作用完全消失。

---

① 《清史稿》卷一百一十五《职官二》。

② 张晋藩主编．中国古代监察法制史[M]．南京：江苏人民出版社，2017：410－411.

③ 《清史稿》卷一百一十五《职官二》。

3. 各道

都察院按照省区划分，清朝中前期设立十五个道用以监察地方，每道设置掌印监察御史满人、汉人各一员，监察御史各道数量不一，有的道不设监察御史，一般每道数量为一至三人，下设具体办事人员笔帖式三十二人和经承四十九人。满洲八旗、汉军八旗监察掌印御史在旗官吏品秩为三品，顺治年间改为七品，康熙年间改为四品，乾隆年间定制为从五品。

十五道监察御史除了巡视盐政、巡视漕运、巡视仓库、提督学政、监察属地官吏外，还需分别监察在京中央政府部门（不可监察军机处），其上级主管部门都察院亦包含在内，具体划分如下：

《历代职官表·都察院上》言：

“京畿道分理都察院事，及直隶、盛京刑名，稽察内阁、顺天府、大兴、宛平县事务。河南道分理河南刑名，照刷部院诸司卷宗，稽察吏部，詹事院步兵统领门及五城察院事务。江南道分理江南刑名，稽察户部、宝泉局、左右翼税务衙门、十二仓及总督运漕、磨勘三库、月终奏销之籍。浙江道分理浙江刑名，稽察礼部、都察院之事。山西道分理山西刑名，稽察兵部、翰林院、六科、中书科、户部仓场衙门及所属坐粮厅，同时稽察大通桥与通州二仓事务。山东道分理山东刑名，稽察刑部、太医院、总督河道及催促五城衙门盗案牍缉捕之事务。陕西道分理陕西刑名，稽察工部、宝源局，复勘在京工程。湖广道分理湖广刑名，稽察通政司、国子监事务。江西道分理江西刑名，稽察光禄寺事务。福建道分理福建刑名，稽察太常寺事务。四川道分理四川刑名，稽察銮仪卫事务。广东道分理广东刑名，稽察大理寺事务。广西道分理广西刑名，稽察太仆寺事务。贵州道分理贵州刑名，稽察鸿胪寺事务。云南道分理云南刑名，稽察理藩院、钦天监事务。”①

光绪三十二年（公元 1906 年），清政府为了挽救统治危机实行新政，在监察体制改革中认识到有两省设置一道和新增省份无道，对于监察实属不便。于是，将江南道一分为二，设置为江苏道和安徽道；将湖广道亦一分为二，设置为湖北道和湖南道。同时新增设立辽沈道（监察辽宁地区）、甘肃道（监察甘肃及宁夏部分地区）和新疆道（监察新疆地区），全国合计二十二道。②

---

① 《历代职官表》卷一十八《都察院上》。

② 《清史稿》卷一百一十五《职官二》。

4. 五城察院

顺治元年（公元 1644 年）清军入关占领北京，将北京城分为东南西北中五部分，称为“五城”，为维护治安和稳定秩序设立“五城兵马司”，各设品秩为正六品的指挥一人，品秩为正七品的副指挥二人。但因北京为清朝中央政府所在地，各地方官员来京时多投机钻营，交通贿赂，多有不法，于是要求都察院派遣御史进行巡城，统称“五城御史”。顺治十年规定，五城御史满族、汉族、汉八旗旗籍各一人；雍正元年改为满族、汉族御史各一人，具体人员由都察院派遣，一年更换一次。

五城御史不仅有巡视监察、弹劾不法的权力，而且有部分执法权。主要权力分为四个方面，其一为管辖五城十坊的人命和盗窃案件，五城中每城分为二坊，合计为十坊，凡在自己辖区内发生人命案件，由五城指挥亲自前往查看，发生盗窃案件，由副指挥率下属前往查看。其余案件由五城当值巡察御史审理，凡杖罪以下的案件可以直接判决，有期徒刑以上需交给刑部进行最终判决。其二为掌管赈济贫民，抚育孤寡。五城之中设置有粥厂、粜米厂、育婴堂、普冀堂等机构，以便赈济贫民，抚育孤寡，康熙二十年（公元 1681 年）于五城中设厂十五处，后改为四处，给京城之中贫困家庭发放救济金。但在实际中，这些机构并没有发挥应有的作用，反而给御史和大小官吏造成中饱私囊的机会。其三为稽查五城街道，掌管栅栏启闭，雍正七年（公元 1729 年）为了有效维护京城治安，并使京师整洁有序，特于五城之中各设立五城巡检一员，管理街道及坊间栅栏、坊门的开启和关闭，乾隆年间将此责任归属于五城察院的下属人员。其四为召集贤良，宣讲诏令。顺治十六年（公元 1659 年）于五城中各城设立公所，每月选择黄道吉日，由五城御史召集辖区内良善之人，于公所门前聚集，宣讲朝廷诏令，用以教化百姓。

5. 宗室御史处

宗室御史处是都察院下属的监察机构，主要监察管理清朝贵族的机构宗人府和内务府。康熙后期治理国家一味宽松，导致吏治腐败，清朝贵族更为嚣张跋扈，多有不法行为。雍正帝为了对清朝贵族加强监察，于雍正五年（公元 1727 年）设立宗室御史处，又被称为稽查宗人府衙门。同年制有稽查宗人府御史印章，由都察院御史中具备清朝宗室身份的二人管理，一人掌管印章，另一人协助进行管理，下另行设立办事人员经承三人。

主要职责有三点，其一，监察宗人府府库中的钱粮出入，每月需两次核对注销宗人府钱粮账册；其二，需将八旗子弟中爱新觉罗皇室子弟每月婚丧嫁娶、工资抚恤、所借钱粮的账册汇集审计，年终之时上奏；其三，关外盛京将军所管辖的爱新觉罗皇室所用钱粮按照春秋两季进行上报，亦需审计。

6. 稽查内务府御史处

稽查内务府御史处又被称为稽查内务府御史衙门，雍正四年（公元 1726 年）初建，因其部分职权和宗室御史处相同，再加满族贵族反对颇多，于是在雍正十三年撤销此机构。乾隆三年（公元 1738 年）复行设立。该机构设置内务府御史二人，由陕西道和贵州道中满人御史担任，另行设立办事人员经承三人。

主要职责有三点，其一，对内务府内各个下属机构支出钱粮进行审计监察，每年年终进行注销，上奏皇帝，发现问题时需及时检举；其二，对于广储库、六库内储备物资进行详细检查，防止以权谋私、监守自盗，对进出库账目进行详细审计，农历每月五日、二十五日进行注销；其三，监察紫禁城内是否有客流人员，若有发现闲杂人等需及时检举，否则自己也将遭受御史的弹劾。

（二）通政司监察体制

顺治元年（公元 1644 年），清军入主北京后仿照明制设立通政司，主要职责为掌管接收各省题本，除此之外尚有部分监察和司法的权力。如康熙六十一年（公元 1722 年）之前登闻鼓设置于都察院，由都察院下属御史进行管辖、审理申诉事宜，后顺治帝将其放在长安右门外，康熙六十一年之后交由通政司进行管辖。于是，通政司下设登闻鼓厅，主管官军民等申诉冤屈之事。小事可以自行处理，大事需上奏皇帝或者交给相关部门进行处理，如果发现上诉人进行诬告，则将上诉人交给刑部，罪加一等从重处罚。

此外，通政司长官和吏部、户部、礼部、兵部、刑部、工部、都察院、大理寺主官合称为“九卿”，凡是遇到重大案件或者皇帝要求，则与其余“八卿”共同审案，可以发表自身对案件的判决意见，并对参与审理的官吏进行监察，防止其以权谋私，不公判处。

（三）总督和巡抚监察体制

1. 总督监察体制

在清朝监察体制中，都察院监察官员分为左、右两系，左系官衔为都察院官员实际所有，右系官衔为各省总督、巡抚的加官，以示其亦有监察权力。总督又可以称为“制军”或者“制台”，是清代地方最高官员，具有辖区内军事、行政、经济、监察各种权限，为名副其实的封疆大吏。清朝一般设置直隶总督、两江总督、闽浙总督、湖广总督、陕甘总督、四川总督、两广总督、云贵总督，另有管理漕运的漕运总督和管理黄河河道的河道总督。总督一般加都察院右督御史官衔，品秩为从一品，有监察自己辖区内文武官吏的权力。

2. 巡抚监察体制

巡抚为一省内最高长官，品秩本为从二品，一般加都察院右副都御史官衔后，升为正二品。巡抚亦可以被称为“抚军”或“抚台”。按照清朝规定，总督驻地所在省份为防止政出多门，一般不设巡抚，所以直隶（河北）、湖北、福建、四川、广东、云南六省巡抚由总督兼任。其余各省均设立巡抚总管一省行政事务。主要职责如下。

《清史稿·职官三》言：

“掌宣布德意，抚安齐民，修明政刑，兴革利弊，考核官吏，会总督以诏废置，标下有参将、游击等官。其三年大比充监临官，武科充主试官，督、抚同。”①

可见就监察方面而言，巡抚可以监察全省所有官员及关税、漕运事宜，战争时期督促粮饷，对于三年一次的乡试和武职考试亦可进行监察。

（四）按察司和道员衙门监察体制

1. 按察司监察体制

清朝省级政府中提刑按察使司和承宣布政使司合称为“二司”，提刑按察使司简称为按察司，主官为按察使，品秩为正三品。全国共设按察使十八人，分别为直隶按察使、江苏按察使、江西按察使、湖南按察使、湖北按察

---

① 《清史稿》卷一百一十六《职官三》。

使、浙江按察使、福建按察使、山东按察使、山西按察使、陕西按察使、河南按察使、云南按察使、贵州按察使、广西按察使、广东按察使、甘肃按察使、四川按察使、安徽按察使，新疆不设按察使，由镇西与迪化道员兼任。

按察使的主要职责为：

《清史稿·职官三》言：

“按察使掌振扬风纪，澄清吏治。所至录囚徒，勘辞状，大者会藩司议，以听于部、院。兼领阖省驿传。三年大比充监试官，大计充考察官，秋审充主稿官。”①

可见，按察使除了负责监察一省官吏、澄清吏治外，还有部分司法权。对于一般案件可以直接审判，一省重大案件和则承宣布政使商议后处理，或上报刑部、都察院听其意见后处理。此外，三年一次的乡试，由按察使担任监考人，五年一次的地方官吏考核按察使担任考核人，每年秋天审理案件按察使担任审议人。

2. 道员衙门监察体制

道员也被称作“观察”，明朝时期已有设立，但当时多为临时差遣性质的官员。“道员”本身无品秩，清朝入关之后，为减轻省级官员工作强度，在承宣布政使下设参议等职，驻守一方，一般管理、监察三四府，称之为“守道”，又在提刑按察使下设佥事等职，分开巡视一省各地，称为“巡道”。另外尚有为监察专门事项设立的道员，如粮储道、盐法道等。因其官名目庞杂不便管理。清政府遂于乾隆十八年（公元 1753 年）裁撤相关官员，将其统称为“道员”，品秩为正四品，高于知府，低于布政使、按察使。

道员沿袭前制，亦有“守道”和“巡道”之分，全国合计有“守道”二十二人，“巡道”七十二人。“守道”一般一省设置最多三人，最少一人，有数个省份不设。“巡道”除了黑龙江地区不设之外，其余各省一般设置三四人，最多为六人，最少为一人。此外，尚有专职性“道员”，如管理海关监察的海关道，进行盐政监察的盐法道，管理河道监察的河道道等。一般来看，“守道”道员主要负责钱粮监察，“巡道”道员主要负责刑法监察。若道员有加衔，如加“兵备”衔，则有管理地方治安，监察守备之下的军事监察权。

---

① 《清史稿》卷一百一十六《职官三》。

五、清朝时期监察的特点

满族趁明末天下动乱，在汉族投降派的带领下，以数十万部众入主中原，旋而一统天下，建立中国古代最后一个封建王朝，其制度、经济、文化建设亦为可观。然而，清朝以八旗为中心的部族政治观念始终是统治思想的中心，结盟于蒙，对汉人严加防范，终在西人东来的数千年未有之变局前难以应付，在内外危机中走向灭亡。就清朝监察而言，无论是监察思想、监察法规，还是监察体制建设，都达到了中国古代封建王朝监察的顶峰。清朝的监察制度有以下特点。

其一，专制主义中央集权强化，部族政治意识明确，监察人员完全依附于皇权。明朝洪武时期废除宰相，清朝雍正时期设立军机处，从而将中国古代专制主义皇权推向巅峰。皇帝“乾纲独断”，监察官吏完全依附于皇权，科道官员的弹劾奏章是否有效取决于皇帝个人好恶。清朝以满族八旗为根本，以八旗人员监视汉族官吏和人民，监察制度和法规的要求也主要是对汉族官吏而言，满族官吏即使犯罪，皇帝亦多有包庇，有时弹劾者反而会遭受惩处，言官群体无法做到公正严明，积极弹劾。

其二，监察法规健全，条款则例清晰，但执行不力。清朝沿袭中国古代各朝的监察法规，集其大成，层级明确。既有中央监察法规《钦定台规》，又有中央政府部门的行政监察规章，如《都察院则例》《巡方事宜》《六部现行则例》《钦定六部处分条例》《钦定吏部则例》《钦定吏部处分则例》《钦定兵部则例》《钦定兵部处分则例》等。还有省级部门针对地方实际情况，因地制宜制定的地方条例，如《江苏省例》《晋政辑要》《治浙成规》《福建省例》《广东省例》等，建立了从上至下的监察法规体系。但在具体执行中，有法而不用，有例而不为，造成清朝官场吏治尤为污浊的局面。

其三，监察体制建设完善，特务性监察危害较小，监察网络完整。清朝形成了中央和地方两级监察体制，中央以都察院为主，都察院下设都察院本部、六科给事中、十五道监察部门、五城察院、宗室御史处、稽查内务府御史处等机构。地方总督一般加都察院右督御史衔，巡抚一般加都察院右副都御史衔，对辖区官吏亦有监察之权，省级部门按察使，地方道员都有监察之责，从而建立起从上至下的监察网络。相比明朝设立的锦衣卫、东厂、西厂、内厂等特务机构，清朝无明确的特务监察机构，因此特务性监察所造成的危害也较小。

其四，只有对百官的监察体制，没有对皇帝的谏议体制，文化监察尤为专制。蒙元和清朝都以少数民族占据正统，清朝雍正年间实施“科道合一”，六科给事中遂失去了明朝时期对皇帝诏令的封驳权限，成为和御史一样的监察官员，没有明确的对皇帝进行谏议的权限。清朝以游牧民族入主中原，文化水平比汉族较低，为了施行思想统治，减少汉族人民的反抗，极力推行文化专制主义。在学术思想领域强化监察，不断实施文字狱，造成知识分子沉溺于考证辞章，脱离现实，思想僵化，无经世济民之实用。

后　记

小学三年级时，母亲在县城的新华书店给我买了一本少儿版《三国演义》。翻阅数次后，“大意失荆州”到“白帝城托孤”之间的内容我却不愿再看，因为我无法理解上天为何要如此对待汉室忠良。其德昭昭、其志烈烈的先主怎就落得兵败山倒的结局？蜀汉存在的意义又是什么？后来才逐渐明白这世间不是所有的事情都有结局和未来，在某些没有结局和未来的事情中更需全力以赴，勇敢面对。当蜀汉的理想主义者打起“汉贼不两立，王业不偏安”的大旗时，成败或已不再重要，因为他们给予我们的是精神的传承和无尽的希望。

同年暑假，我以给家中七亩玉米地上完化肥为代价，母亲花费数天工资给我买了套《中华上下五千年》。通过这套历史启蒙书，我知道了秦始皇、汉武帝、唐太宗、宋太祖、明太祖、卫青、霍去病、杨业、岳飞、文天祥、史可法、孔子、孟子、荀子、韩非子、庄子、朱子、王阳明……他们的事迹和思想在塑造着我，也塑造着每一个真正的中国人。我在为清末割地赔款痛心疾首的同时，明白了我们的先祖也曾创建如此璀璨的功业，建立了强大的国家，这种璀璨和强大足以使后人哪怕卑微在尘埃之中，面对国家命运时只需回头一望，便有勇气挺直脊梁，继续前行。

后来随着翻阅史书的增多，我对历史现象逐渐变得“麻木”，更多关注历史的内在机理，但史书中有关个体命运的偶然和必然，使我痛苦不堪。在我看来，历史的魅力在于史册不是简单的文字，而是无数先贤波澜壮阔的一生，他们在求索、奋进中对抗着个体和时代的命运，在太多明知不可为而为之中走向自己的归宿，此种归宿除了传承还有宿命。但他们如此的一生也仅是史书上的几个字而已，更可悲的是更多的人连这几个字也不曾拥有。所以，本书写作时我慎之又慎，希望以自己粗浅的学识，能给古人一个使之含笑九泉的公论，自己也知此举无异于痴人说梦，但至少应为之努力。

因时间原因，再加手头尚有其他事情，自己目前的主业也不是进行历史研究。所以，未及收集更多史料，导致本书魏晋南北朝时期、宋辽夏金时期、蒙元时期的章节略显单薄，清末和民国时期的监察法制未能写出。若以后安定下来，我将对魏晋南北朝时期、宋辽夏金时期、蒙元时期增补资料，将清末、民国时期的监察法制亦加叙述，形成完整的《中国监察法制史》。

这本《中国古代监察法制简史》，仅为我一孔之见，欢迎读者批评指正。本书只是自己在临近而立之年，对前面近二十年读史之后的一次写作尝试，书中有许多不足与遗憾。但正如个人，不足与遗憾才能让人更加深刻，因为不足与遗憾也是生命中不可或缺的。我们要做的是反思、总结走过的路，然后努力前行。

苟继楠
2025 年 3 月于北京

参考文献

[1]（汉）司马迁撰，（宋）裴骃集解，（唐）司马贞索隐，（唐）张守节正义．史记（简体字本）[M]．北京：中华书局，1999.

[2] 翦伯赞．中国史纲要（上）[M]．北京：北京大学出版社，2006.

[3] 翦伯赞．中国史纲要（下）[M]．北京：北京大学出版社，2006.

[4] 邱永明．中国古代监察制度史 [M]．上海：上海人民出版社，2006.

[5] 李东阳，等撰，大明会典 [M]．申时行等，重修。扬州：广陵书社，2007.

[6] 彭浩，陈伟，工藤元男主编．二年律令与奏献书 [M]．上海：上海古籍出版社，2007.

[7] 朱绍侯，齐涛，王育济主编．中国古代史（上）[M]．福州：福建人民出版社，2010.

[8] 朱绍侯，齐涛，王育济主编．中国古代史（下）[M]．福州：福建人民出版社，2010.

[9] 吴天墀．西夏史稿 [M]．北京：商务印书馆，2010.

[10] 傅乐成．隋唐五代史 [M]．北京：九州出版社，2010.

[11] 邹纪万．魏晋南北朝史 [M]．北京：九州出版社，2010.

[12] 梁涛．孟子解读 [M]．北京：中国人民大学出版社，2010.

[13] 钱穆．国史大纲（上）[M]．北京：商务印书馆，2010.

[14] 钱穆．国史大纲（下）[M]．北京：商务印书馆，2010.

[15] 钱穆．中国近三百年学术史（新校本）[M]．北京：九州出版社，2011.

[16]（汉）班固．汉书 [M]．北京：中华书局，1962.

[17] 陆玖译注．吕氏春秋译注 [M]．北京：中华书局，2011.

[18] 梁启超．中国近三百年学术史（新校本）[M]．北京：商务印书馆，2011.

[19] 陈高华，等校著．元典章 [M]．北京：中华书局，天津：天津古籍

出版社，2011.

[20] 傅乐成主编．中国通史（宋辽金元史，王明荪著）[M]. 北京：九州出版社，2012.

[21] 魏徵．隋书 [M]. 北京：中华书局，1973.

[22]（后晋）刘昫．旧唐书 [M]. 北京：中华书局，1975.

[23]（宋）欧阳修．新五代史 [M]. 北京：中华书局，1974.

[24] 脱脱．宋史 [M]. 北京：中华书局，1985.

[25] 脱脱．辽史 [M]. 北京：中华书局，1974.

[26] 脱脱．金史 [M]. 北京：中华书局，1975.

[27] 张廷玉．明史 [M]. 北京：中华书局，1974.

[28] 吕思勉．读史札记 [M]. 北京：译林出版社，2020.

[29] 岑中勉．隋唐史 [M]. 上海：上海古籍出版社，2013.

[30] 攀树志．明史十二讲 [M]. 北京：中华书局，2013.

[31] 孟森．明史讲义 [M]. 南京：江苏人民出版社，2013.

[32] 台湾三军大学编著．中国历代战争史（第一到第十八卷）[M]. 北京：中信出版社，2013.

[33] 吕思勉．秦汉史 [M]. 南京：江苏人民出版社，2014.

[34] 傅乐成．中国通史（上）[M]. 北京：中信出版社，2014.

[35] 傅乐成．中国通史（下）[M]. 北京：中信出版社，2014.

[36] 冯友兰．中国哲学史（上）[M]. 上海：华东师范大学出版社，2015.

[37] 冯友兰．中国哲学史（下）[M]. 上海：华东师范大学出版社，2015.

[38] 吕思勉．中国通史（上）[M]. 武汉：长江出版传媒（崇文书局），2015.

[39] 吕思勉．中国通史（下）[M]. 武汉：长江出版传媒（崇文书局），2015.

[40] 范晔．后汉书 [M]. 北京：中华书局，1965.

[41] 方勇，李波译注．荀子 [M]. 北京：中华书局，2015.

[42]（汉）司马迁撰，张大可注．史记今注 [M]. 凤凰出版社，2015.

[43] 吕思勉．中国政治思想史 [M]. 北京：中华书局，2015.

[44] 龙仕平．《睡虎地秦墓竹简》文字研究：以《说文解字》为主要参照系 [M]. 长沙：岳麓书社，2019.

[45] 温海清．元史 [M]. 上海：上海人民出版社，2015.

[46] 张海英．明史 [M]. 上海：上海人民出版社，2015.

[47] 李梦生译注．左传译注 [M]. 上海：上海古籍出版社，2016.

[48] 杨天宇译注．礼记译注 [M]. 上海：上海古籍出版社，2016.

[49] 陈振．宋史 [M]. 上海：上海人民出版社，2016.

[50]（唐）房玄龄．晋书 [M]. 北京：中华书局，1996.

[51] 李延寿．南史 [M]. 北京：中华书局，1975.

[52] 李延寿．北史 [M]. 北京：中华书局，1974.

[53] 贾大宏注释．尚书 [M]. 北京：金城出版社，2017.

[54] 张晋藩主编．中国古代监察法制史 [M]. 南京：江苏人民出版社，2017.

[55] 林剑铭．秦汉史 [M]. 上海：上海人民出版社，2019.

[56] 游彪．宋史 [M]. 北京：中信出版集团，2017.

[57] 何孝荣．清史十五讲 [M]. 南京：凤凰出版社，2010.

[58]（日）增井经夫．大清帝国 [M]. 程文明译．北京：社会科学文献出版社，2017.

[59]（明）陈邦瞻．元史纪事本末 [M]. 王树民点校．北京：中华书局，2018.

[60] 萨孟武．中国社会政治史（三国两晋南北朝卷）[M]. 北京：生活·读书·新知三联书店，2018.

[61] 萨孟武．中国社会政治史（隋唐五代卷）[M]. 北京：生活·读书·新知三联书店，2018.

[62] 萨孟武．中国社会政治史（宋元明卷）[M]. 北京：生活·读书·新知三联书店，2018.

[63]（西晋）陈寿．三国志 [M]. 徐寒注译．天津：天津人民出版社，2019.

[64]（唐）李林浦等撰．唐六典 [M]. 陈仲夫点校．北京：中华书局，

1992.

[65] 彭勃，龚飞．中国监察制度史 [M]. 北京：人民出版社，2019.

[66] 张晋藩主编．中国古代监察制度史 [M]. 北京：中国方正出版社，2019.

[67] 陈寅恪．陈寅恪魏晋南北朝史讲演录 [M]. 万绳楠整理．天津：天津人民出版社，2019.

[68] 彭勇．明史 [M]. 北京：人民出版社，2019.

[69] 戴逸．清史三百年 [M]. 北京：北京人民出版社，2019.

[70] 周良霄．元史 [M]. 上海：上海人民出版社，2019.

[71]（明）宋濂．元史 [M]. 北京：中华书局，1976.

[72] 赵尔巽．清史稿 [M]. 北京：中华书局，2020.

[73] 吕思勉．先秦史 [M]. 南京：江苏人民出版社，2020.

[74] 吕思勉．两晋南北朝史 [M]. 南京：江苏人民出版社，2020.

[75] 吕思勉．隋唐五代史 [M]. 南京：江苏人民出版社，2020.

[76] 钱穆．秦汉史 [M]. 北京：九州出版社，2015.

[77] 钱穆．中国历代政治得失 [M]. 北京：生活·读书·新知三联书店，2020.

[78] 李锡厚，白滨．辽金西夏史 [M]. 上海：上海人民出版社，2020.

[79] 郑天挺，南柄文主编．清史 [M]. 上海：上海人民出版社，2020.

[80] 孟森．清史讲义 [M]. 南京：江苏人民出版社，2020.

[81] 吕思勉．三国史话 [M]. 成都：四川文艺出版社，2021.

[82] 南柄文，汤纲．明史 [M]. 上海：上海人民出版社，2021.

[83] 吴晗．明朝大历史 [M]. 长沙：岳麓书社，2021.

[84] 石磊译注．商君书 [M]. 北京：中华书局，2022.

[85] 张觉译注．韩非子译注评 [M]. 上海：崇文书局，2022.